ブルース・コールドウェルによる序文

ブルース・コールドウェル（Bruce Caldwell）は、米デューク大学経済学部教授。専門は経済学史。シカゴ大学から刊行されているハイエク全集の編集責任者。著書に *Hayek's Challenge: An Intellectual Biography of F. A. Hayek*、『実証主義を超えて——20世紀経済科学方法論』（中央経済社刊）。

凡例　［＊］は、ハイエクの原注。数字の注は、編者コールドウェルの編注のうち、訳者が必要と判断したもの。

『隷従への道』はF・A・ハイエクの最もよく知られた著作であるが、世に出るまでのいきさつはどうみても不吉なものだった。『隷従への道』の最初の形は、ロンドン・スクール・オブ・エコノミクスの学長ウィリアム・ベヴァリッジ宛のメモである。ファシズムは死に行く資本主義の最後のあがきだという当時の一般的な見方に反論する内容で、一九三〇年代に書かれた。のちにこのメモが発展して論文の形で雑誌に掲載される。その一部は大部の書に組み込まれる予定だったようだが、第二次世界大戦中にハイエクはこれだけを一冊の本にまとめて発表することを決めた。イギリスのラウトレッジからの出版はすんなり決まったものの、アメリカでは三社から断られ、ようやくシカゴ大学出版局が承諾したという経緯がある。

『隷従への道』はイギリスの読者を対象に書かれているため、シカゴ大学出版局長のジョゼフ・ブラントは、アメリカでベストセラーになるとは考えなかった。そこで、ニューヨーク・ヘラルド・トリビューンの著名なコラムニストで作家でもあるウォルター・リップマンに序文を書いてもらおうとした。内部のメモによると、リップマンが序文を書いてくれれば二、三〇〇〇部は売れるかもしれないが、そうでないと九〇〇部がせいぜいだろうと見積もっていたらしい。残念ながら、多忙なリップマンには断られた。一九四〇年の共和党大統領候補で、一九四三年に著書『ワンワールド』がベストセラーになっていたウェンデル・ウィルキーにも断られている。[1]最終的に、ニューヨークタイムズの書評委員だったジョン・チェンバレンが引き受けた。

ブラントが自分の予感に金を賭けるタイプの男でなかったのは運がよかったと言うべきだろう。シカゴ大学出版局は一九四四年の初版以降、『隷従への道』をなんと累計三五万部以上売り上げたと見積もっている。そこにラウトレッジの数千部が加わる。同社が信頼できる数字を発表しないので、実際に何部売れたのかはわからない。さらに少なからぬ数の翻訳も出回っているはずだが、こちらも部数がはっきりしない。理由の一部は、冷戦中に鉄のカーテンの向こうで地下出版の形をとって発行されたためである。[2]

言うまでもなく、誰もがこの本を好きになるとは限らない。とくに知識人は同書を見下し、ときに辛辣に批判した。当時在米イギリス大使館に勤務していた外交官のアイザイア・バーリンは、一九四五年四月に友人に宛てて「あの不愉快なハイエク博士の本をまだ読み続けている」と手紙を書いている。[3] 経済学者のガーディナー・ミーンズはバーリンほど根気がなく、五〇ページほど読んだところで、エンサイクロペディア・ブリタニカのウィリアム・ベントンに「もう我慢できない」と書き送った。[4] 哲学者のルドルフ・カルナップにいたっては、ミーンズの根気すら持ち合わせていなかったらしい。ハイエクの友人であるカール・ポパーに宛てた手紙には、「あなたがハイエクを褒めるとは驚いた。もちろん私自身は読んでいないが、たしかにアメリカではよく読まれ、議論の的になっている。が、褒めるのは自由企業経済と野

1　Wendell Wikie, *One World* (Simon and Schuster, 1943).
2　五〇周年記念版の序文を書いたミルトン・フリードマンは、「出版に関するメモ」の中で、シカゴ大学は一九九四年までに約二五万部を売り上げたほか、二〇カ国語近い言語への翻訳契約が締結され出版されたと記している。三五万部という数字は、二〇〇五年に出版局が推定値として発表したものである。
3　Letter, Isaiah Berlin to Elizabeth Morrow, April 4, 1945, reprinted in *Isaiah Berlin: Letters, 1928-46*, ed. Henry Hardy (Cambridge: Cambridge University Press, 2004), p. 540.
4　Letter, Gardiner Means to William Benton, December 28, 1944, in the University of Chicago Press collection, box 230, folder 2, University of Chicago Library, Chicago, Ill.

放図な資本主義に賛同する輩ばかりで、左派はハイエクを反動と見なしている」とある。[5]

カルナップのように、ハイエクを読もうとしないくせにハイエクについてすっかりわかった気になっている人たちは、ほんとうに読んだら意外に思うにちがいない。左派は第3章を読んでみることだ。そこではハイエクは、すくなくとも一九四四年の時点で認めてよいと考える政府介入に言及している。[6]右派は、一九五六年にアメリカで発行されたペーパーバック版の序文を読むといい。そこではリベラルと保守のちがいが述べられていて興味深い。実際に読んでみたら、右も左も驚くことだろう。

本稿では、ハイエクのこの小さな本のルーツを辿り、どのようにアイデアが生まれ、どのように形になっていったのかを探りたいと考えている。次に、肯定・否定両面の反応に触れ、最終的に『隷従への道』が大衆的人気を博した経緯を跡づける。多くの議論を呼んだ著作であるから、根強い批判のいくつかについても論評するつもりだ。批判の中には十分な根拠がないものがあったことを指摘したい。『隷従への道』が広く読まれたことはまちがいないが、必ずしも注意深く読まれたわけではなかった。最後に、同書がいまなお失わない今日的意義について触れる。[7]

イギリス人、ナチス、社会主義

ウィーン出身の若き経済学者フリードリヒ・Ａ・ハイエクは、一九三一年初めにロンドン・スクール・オブ・エコノミクス（ＬＳＥ）にやって来た。貨幣理論について四回の講演を行うためである。これはのちに『価格と生産』（邦訳春秋社刊）として出版されている。[8] 貨幣論はタイムリーなテーマだった。というのもイギリス経済は一九二〇年代を通じて停滞しており、恐慌が始まると事態は悪化する一方だったからである。講演は、ときにハイエクのアクセントのせいで聞き取りにくかったものの、ゆたかな学識に裏付けられていた。この講演が評価されて一九三一年秋学期から客員教授の資格を与えられ、翌年にはトゥック教授職としてＬＳＥで経済

5　Letter, Rudolf Carnap to Karl Popper, February 9, 1946, quoted in Mark Notturno, "Popper's Critique of Scientific Socialism, or Carnap and His Co-Workers," *Philosophy of the Social Sciences*, vol. 29, March 1999, p. 41. カルナップの言葉からすると、どうやらスウィージーによる書評（一九四四年一一月五日）は読んだらしい。この書評では、『隷従への道』を「反動主義者の教科書」だと揶揄している。

6　一九七六年版の著者自身の序文では、この見方をいくらか修正している。

7　今日的意義というものは、言うまでもなく、時と場所の制約を受ける。新しい世代の読者はまたちがった教訓を得ることだろう。したがってこの序文を読む読者は、これがアメリカ人の経済史研究者によって書かれ、最後の推敲が二〇〇五年末だったことを心に留めてほしい。

8　F. A. Hayek, *Prices and Production* (London: Routledge and Sons, 1931).

学・統計学講座を受け持つことになる。そして第二次世界大戦が終わるまで、ＬＳＥにとどまることになった。

ハイエクがロンドンに来る前の年の夏は、イギリスにとって、いやヨーロッパ全土にとって苦難の時期だった。恐慌の深刻化に加え、欧州大陸の金融危機のためイギリスの金《きん》は流出し、ついには労働党政権の崩壊、金本位制の放棄にいたる。さらに秋には、露骨な保護貿易主義的関税が導入された。おまけにハイエクのイギリス上陸自体も少なからぬ論争を伴っていた。というのも一九三一年八月にハイエクはジョン・メイナード・ケインズの新著『貨幣論』（邦訳東洋経済新報社刊）について書評の前半部分を発表し、物議をかもしていたからである。[9]ケインズは数カ月後に激越な調子で返事をよこした。一九三一年から三二年にかけて、ケインズとの論争、のちにはケインズ・サーカスの一員であるピエロ・スラッファとの論争に、ハイエクはかなりの精力を注ぎ込むことになる。

とはいえ翌年に教授職を確保したハイエクは、一九三三年三月一日に行う初講義に備え、新しいテーマに注意を向けている。[10]講義は、次の問いかけから始まる――経済学者の助言はたびたび有効だったにもかかわらず、よりによって第一次世界大戦後の危険な時期に世間から時代遅れと見なされるようになったのはなぜか。この問いに答えるために、ハイエクは知的潮流の推移をかんたんに振り返る。そして、前世代の経済学者たちは社会学への理論的アプローチを批判することによって経済学全般の信頼性を傷つけたと指摘し、世論はその影響を不当に強く受けてきたと述べた。いったんそうした土壌が出来上がってしまうと、恐慌の対策として、経済学のまじめな研究にはとうてい耐えられないような空想的解決を提案してもかまわないと考えられるようになる。ハイエクは講義の最後に、そうした誤った考え方の例として、当時イギリスで目につくようになった社会主義的計画経済への熱狂ぶりを挙げた。そして、こうした誤りを先導してきたのは、ドイツ歴史学派に属す経済学者だと指摘した。一九世紀最後の一〇年間に、ビスマルクの経済顧問を務めていた学者たちである。

　ドイツ歴史学派をやり玉に挙げたハイエクの選択は、いくつもの点で意味深長だった。第

9　John Maynard Keynes, *A Treatise on Money*, 2 vols. [1930], reprinted as volumes 5 and 6 (1971) of *The Collected Writings of John Maynard Keynes*, ed. Austin Robinson and Donald Moggridge, 30 vols. (London: Macmillan [for the Royal Economic Society], 1971-89). ケインズおよびスラッファとの書簡を含むやりとりは、以下に収録されている。*Contra Keynes and Cambridge: Essays, Correspondence*, ed. Bruce Caldwell, vol. 9 (1995) of *The Collected Works of F. A. Hayek* (Chicago: University of Chicago Press, and London: Routledge).

10　F. A. Hayek, "The Trend of Economic Thinking," *Economica*, vol. 13, May 1933, pp. 121-37; reprinted as chapter 1 of *The Trend of Economic Thinking: Essays on Political Economists and Economic History*, ed. W. W. Bartley III and Stephen Kresge, vol. 3 (1991) of *The Collected Works of F. A. Hayek*, op. cit., pp. 17-34.

一にドイツ歴史学派は、大戦前の時点で、ハイエクが属していたオーストリア学派の宿敵だった。[11] 第二に、ドイツ歴史学派の経済学者はたしかに保守的な帝国主義者であり、ドイツ帝国建設の旗ふり役であってドイツ社会民主党に反対してはいたが、しかし数々の社会福祉改革を設計した実績もあった。ビスマルクは社会主義者を抑圧したものの、改革は支持した。これらの改革は、すくなくとも部分的には、社会主義者の立場を弱め、帝国を強化するように設計されていたからだ。おそらくハイエクは、イギリスの聴衆が現在の自国との類似性に気づいてくれることを期待したのだろう。民主主義を毛嫌いし第三帝国の建設を目論むアドルフ・ヒトラーがワイマール共和国の首相に就任したのは、ハイエクの初講義のほんの一カ月前の一月三〇日のことである。数日と経たないうちに、ヒトラーはヒンデンブルク大統領に、公安を脅かしかねない集会・出版・言論の自由を停止する大統領令に署名させた。あきらかに共産主義者と社会主義者を狙い撃ちにした命令である。そしてハイエクの初講義があった日の朝には、ドイツ国会議事堂が放火され炎上したことを世界中が知っていた。ナチスの対応はすばやかった。放火は共産主義者の仕業であるとして、弾圧の口実にしたのである。半世紀前の一八七五年に、皇帝ヴィルヘルム一世狙撃事件を社会主義者の仕業だとして、ビスマルクが社会主義者鎮圧法を制定して弾圧したように。

ドイツ情勢は悪化の一途をたどった。同じ三月には共産主義者が大量に逮捕されるとともに社会民主党の幹部が拘束され、政府に批判的な新聞社は閉鎖され、憲法擁護派は一掃された。悪名高い全権委任法が可決成立し、ヒトラーが事実上の独裁権力を握ったのもこの月である。四月にはドイツ全土でドイツ系ユダヤ人の排斥運動が起き、同月末には商業組合が標的になった。五月にはドイツ全土の大学で学生たちが図書館からナチスの思想に合わない本を掠奪し焚書の儀式を行うという騒ぎになる。中でも大々的だったのが、五月一〇日にベルリンのオペラ広場で行われたもので、大量の本がかがり火に投げ込まれ、戦闘歌が歌われ演説が行われる様子が全国放送で流された。不吉な春だったと言えよう。

ハイエクが行った社会主義批判は、かなりの不興を買った。のちの本人の回想によると、「かなり知的な学生の一人が私のところへやって来た。そして厚かましくも、これまであなたは学生に尊敬されていたが、今日の話ですべてぶちこわしになったと言った。反社会主義の立場を明確にしたら誰からも敬意を払われないという」[12]。だがハイエクにとっては、ドイツの出来事に対するイギリスの知識人の解釈のほうがよほど心配だった。ドイツ実業界の名士たちは

11　両学派の歴史については、以下を参照されたい。Bruce Caldwell, *Hayek's Challenge: An Intellectual Biography of F. A. Hayek* (Chicago: University of Chicago Press, 2004), chapters 1-4.

当初ヒトラーの台頭を支持しており、他の階級は渋々それに従っていた。このことと、のちにナチスがあからさまに左翼を弾圧したことから、イギリスでは多くの人が、ナチズムとは資本家が誘発した政治運動であるとか、あるいは（資本主義はいずれ衰退すると信じているマルクス主義者は）社会主義の必然の勝利を否定するブルジョワの最後の抵抗だと考えていたのである。ハイエクの回想によれば、LSEの学長もそうした解釈を広めている一人だった。

「すでに一九三九年の時点で、イギリスは非常に特殊な状況に陥っていた。大勢の人が、国家社会主義は社会主義に対する資本主義的反動運動だと考えていたのだ。いまとなっては信じがたいことだが、その主導者の一人はベヴァリッジ卿だった。社会主義に対抗しているのは国家社会主義者と資本主義者だと彼は本気で信じていた。そこで私はこの件に関するメモをベヴァリッジに宛てて書いた。その後、それを発展させて雑誌に寄稿した[13]……」

どうやらハイエクは日付を勘違いしているようだ。問題のメモにはベルリンでの学生による焚書が言及されており、それが一九三三年春だったことを考えると、書かれたのは同年の五月か六月初めだったと思われる。メモのタイトルは「ナチス社会主義」だった[14]。この中でハイエクは、国家社会主義は「正真正銘の社会主義運動」であると主張して、当時の一般的な見方に反論している[15]。この主張を裏付けるために、彼は国家社会主義の特徴として、自由主義に対する敵意、経済の規制、一部幹部の社会主義的なバックグラウンド、反合理主義的傾向などを挙げた。そして、ナチスが政権掌握に成功したのは、ドイツ人が戦前の秩序への回帰を望む反動思想にかぶれているからではなく、ビスマルク時代から徐々に根を下ろしてきた反自由主義的傾向のためだと指摘している。要するに社会主義もナチズムも、ドイツ歴史学派の経済学者たちの反自由主義の土壌から芽生えたのであり、しかもいくらか遅れてではあるが、多くの国がドイツと同じ道を歩んできているという。これは恐るべき警告である。最後にハイエクは「集産主義に内在する論理からすれば、このイデオロギーが一定範囲にとどまることは不可能である」とし、集産主義がどのように抑圧につながるかを示唆しているが、この重要な点につ

12　この回想は、ハイエクが評伝作家ビル・バートレーに提供した情報カードから抜き出したものである（バートレーは評伝が完成しないうちに一九九〇年に死去した）。

13　F. A. Hayek, *Hayek on Hayek: An Autobiographical Dialogue*, ed. Stephen Kresge and Leif Wenar (Chicago: University of Chicago Press, and London: Routledge, 1994), p. 102.

14　オリジナルのメモは、以下で発見された。Friedrich A. von Hayek Papers, box 105, folder 10, Hoover Institution Archives, Stanford, Calif. メモから発展した論文とパンフレットがそれぞれ一九三八年と三九年に発表されていることから考えても、またベヴァリッジが一九三七年にLSEを離れたことから考えても、回想の「一九三九年」は誤りだと断定できる。

15　F. A. Hayek, "Nazi-Socialism", appendix.

いて細部には立ち入っていない。[16]

回顧録にも記されているように、ハイエクは最終的にこのメモを手直しして雑誌に寄稿した。これは一九三八年四月に「自由と経済制度」というタイトルで掲載されている。翌年には、これに加筆して政治パンフレットの形で出版した。[17] 二つを比べてみると、のちに『隷従への道』に見られる思想が付け加えられていることがわかる。一九三八年の論文ではファシズムと社会主義の関連性を改めて強調する一方で、社会主義的計画経済の致命的欠陥に注意が向けられている。具体的には、計画経済は「さまざまな目的の相対性重要性について、実際には存在し得ないような完璧な合意を前提とする。したがって計画を立てるためには、計画当局はこまかな価値体系を国民に強要しなければならない」という指摘がそれだ。[18] そして、仮に民主的な手続きを経て立派な計画が立てられたとしても、それを実行する段になったら、当局はプロパガンダから強制にいたるまでさまざまな手段を行使せざるを得ないとし、その理由を懇切丁寧に説明している。

一九三九年のパンフレット版ではさらに新しいアイデアが加えられ、中央集権的な計画経済と自由主義下での一般的なルール作りが対比されている。そして競争経済においては価格システムが調整メカニズムとして働くことを解説するとともに、自由主義下の経済政策の分析も行った。[19] これらはすべて『隷従への道』に取り込まれている。

一九三〇年代半ばにかけて、ハイエクは社会主義と闘う過程で新しい論点を発展させていった。その一方で、古い議論をイギリスに伝える役割も果たしている。第一次世界大戦直後から行われていた社会主義の実行可能性を巡る議論では、ハイエクの師であるルートヴィヒ・フォン・ミーゼスが重要な理論形成に寄与したが、この論争の大半はドイツ語の出版物の紙上で展開されたものだった。渡英したハイエクは、イギリスの学界でも計画経済を巡って同じような議論が繰り広げられていることを知って、かつての議論のいきさつを彼らに教えてやろうと決意する。そして重要な論文を集めて自ら編集し、一九三五年に『集産主義的計画経済――社会主義の可能性を巡る批判的研究』というタイトルで発表した。[20] 同書には、ミーゼスの画期的な論文「社会主義連邦における経済計算」などが収録され、ハイエクによる序文と、全体の

16　同上。
17　一九三八年の論文、三九年のパンフレットは以下に収録されている。F. A. Hayek, *Socialism and War: Essays, Documents and Reviews*, ed. Bruce Caldwell, vol. 10 (1997) of *The Collected Works of F. A. Hayek*.
18　F. A. Hayek, "Freedom and the Economic System" [1938], op. cit., p. 182.
19　同上、pp.193-209.
20　F. A. Hayek, ed., *Collectivist Economic Planning: Critical Studies on the Possibilities of Socialism* (London: Routledge and Sons, 1935; reprinted, Clifton, NJ: Kelley, 1975).

まとめの論文が付いている。[21] ハイエクは、序文では社会主義を巡って欧州大陸で展開された議論の概要を解説し、「議論の現状」と題する最後の論文では、社会主義国家に競争を導入する方式（これはのちに「市場社会主義」と呼ばれるようになる）を「似非《えせ》競争」と切り捨てている。[22] 同書はさっそく社会主義者の反発を買う。中でも急先鋒はポーランド出身の経済学者オスカー・ランゲだった。市場社会主義を擁護したランゲの論文は、のちに『社会主義の経済学理論』と題する本に収録されている。[23] ハイエクはランゲとやはり社会主義擁護論者のH・D・ディキンソンに対し、数年後に書評の形をとって反論した。[24]

以上の三本の論文がハイエクの初期の社会主義批判を構成しているが、紙面のほかにLSEの教室でも（もちろんそこから飛び火して教官室でも）議論が闘わされた。ハイエクは一九三三〜三四年の夏学期（四月下旬から六月末まで）に「集産主義経済の問題点」と題する講義を行ったが、ただちに社会主義擁護派が反応し、翌年に「計画経済の理論と実際」という講座を開講している。当初はヒュー・ダルトンが、のちにはエヴァン・ダービンが担当した。[25] LSEの講義日程を見ると、一九三六〜三七年の夏学期には、毎週木曜日の午後五〜六時にハイエクを、六〜七時にダービンを受講できることになっている。さすがにこれはひどいとわかったのだろう、翌年には曜日がずらされ、ダービンが水曜日、ハイエクが木曜日になった。

こうして第二次世界大戦が間近に迫る時期に、ハイエクは著作で、論文で、そして教室で、同業者が支持する社会主義的な提案を片端から批判していたわけである。『隷従への道』は多くの点でその延長線上にあると言えるが、アカデミックな議論にとどまっていない点を見落とすべきではない。一九三〇年代の終わり頃になると社会改革を求める声が高まり、過激な改革を要求する傾向も見受けられた。ファシズムと見まがうような組合国家を求める者、民主主義との中間的な政体を模索する者、公然と社会主義を支持する者、といった具合である。だがイデオロギーはともかく全員が一致していたことが一つあった——科学的な計画が絶対に必

21 Ludwig von Mises, "Economic Calculation in the Socialist Commonwealth," translated by S. Adler, in F. A. Hayek, ed., *Collectivist Economic Planning*, op. cit., pp. 87-130.

22 F. A. Hayek, "The Present State of the Debate," in *Collectivist Economic Planning*, op. cit., pp. 210-43. ハイエクの序文には「問題の性質と経緯」という表題がつけられている。まとめの論文は、*F. A. Hayek, Socialism and War* に収録されている。

23 Oskar Lange, "On the Economic Theory of Socialism," in *On the Economic Theory of Socialism*, ed. Benjamin E. Lippincott (Minneapolis: University of Minnesota Press, 1938; reprinted, New York: McGraw Hill, 1956), pp. 57-143.

24 F. A. Hayek, "Socialist Calculation: The Competitive 'Solution'" [1940], reprinted as chapter 3 of *F. A. Hayek, Socialism and War*, op. cit., pp. 117-40.

25 ダルトンもダービンも議会労働党にさまざまな面で協力し、ダルトンは一九四五～四七年に財務大臣を務めている。両人には後段でまた触れることになろう。

要である、さもないとイギリスは生き残れない、ということだった。

こうした状況で、フェビアン社会主義者のシドニーとビアトリス・ウェッブ夫妻は『ソビエト共産主義は新しい文明か』と題する二巻からなる大部の書を発表し、ソビエト訪問時に感銘を受けた「科学信仰」を称賛するとともに、大規模な科学的計画こそがイギリスを恐慌から救う道だと述べた。[26] 一九三三年にフランクフルトから脱出し、最終的にＬＳＥの教授になった社会学者のカール・マンハイムも、包括的な計画経済を採用しない限り、イギリスは中欧諸国と同じ運命をたどることになると警告している。マンハイムの見方からすると、計画経済は必然であり、唯一の問題はそれが全体主義に向かうか、民主主義に向かうか、ということだった。こうした主張をしたのは経済学者だけではない。自然科学者から政治家にいたるまで、世間で尊敬されている著名な知識人が援護射撃をした。[27]

しかし誰もが「計画経済」という言葉をさかんに口にしたものの、実際にそれがどういうものかを明確に理解している人はほとんどいなかった。ＬＳＥの同僚でハイエクの友人だったライオネル・ロビンズは、この状況を次のように的確に描写している。

「〈計画〉はいまや万能薬と見なされている。だがこの言葉の意味はきわめて曖昧だ。ごく一般的な議論では、計画とは、好ましいと見せかけたいほぼすべての政策を意味している……

平均的な市民は、ナチスであれ、共産主義者であれ、にわかリベラルであれ、『世界がいま必要としているのは計画経済だ』といった発言を歓迎する。その実、彼らはこの発言を『世界がいま必要としているのは満足できる政策だ』というふうに受けとっているのである」[28]

ロビンズのこの一文が示唆するとおり、当時は党派やイデオロギーを問わずあらゆるところに計画論者がいた。そこで、複雑な社会にとって計画が実際に何を意味するのかをあきらかにすることが、ハイエクのもう一つの重要なテーマとなった。

一九三九年までには、本を書くための材料はほとんどそろっていた。だがまだどういう形でまとめるかが固まっていなかった。ハイエクは一九三〇年代を通じて、論争以外の時間の大半を理論研究に費やしており、最終的に『資本の純粋理論』（邦訳春秋社刊）として一九四一年

26 Sidney and Beatrice Webb, *Soviet Communism: A New Civilization?* 2 vols. (London: Longmans, Green, 1935).

27 たとえば以下が挙げられる。Sir Daniel Hall and others, *The Frustration of Science* (London: Allen and Un- win, 1935; reprinted, New York: Arno Press, 1975); Findlay MacKenzie, ed., *Planned Society: Yesterday, Today, Tomorrow. A Symposium by Thirty-Five Economists, Sociologists and Statesmen* (New York: Prentice Hall, 1937); and Harold Macmillan, *The Middle Way: A Study of the Problem of Economic and Social Progress in a Free and Democratic Society* (London: Macmillan, 1938). 戦間期のイギリスの知識人が抱いていた思想的傾向については、以下を参照されたい。Bruce Caldwell, *Hayek's Challenge*, op. cit., pp. 232-37.

28 Lionel Robbins, *Economic Planning and Economic Order* (London: Macmillan, 1937), p. 3.

に公刊することになる著作の執筆と推敲に明け暮れていた。[29]この作業は一九三九年八月にひとまず完了する。大学時代からの友人フリッツ・マハループに宛てた手紙の中で、ハイエクは新しい本の構想を語っている。それによると、科学的な方法と社会問題との適合性を探り、思想史を体系的に分析して、過去一〇〇年(サン゠シモンからヒトラーまで)の社会動向の基本原理をあきらかにするという。[30]ハイエクはこの計画を「理性の濫用」と名づけた。そしてこの構想から『隷従への道』が生まれることになる。

戦時中のハイエク

一九三九年九月一日、ドイツはポーランドに侵攻し、その二日後にイギリスとフランスがドイツに宣戦布告した。その週のうちにハイエクはイギリス情報省の担当局長宛に手紙を書き、ドイツ語圏向けの情報戦に協力する用意があることを伝えている。手紙にはさまざまな作戦のアイデアを書き出したメモを同封した。その中でハイエクは歴史を踏まえたプロパガンダを行うことを提案し、イギリスとフランスが自由の原則に則っていることを強調すれば、ドイツの偉大な詩人や思想家が過去にとった立場と同じであること、しかしドイツ国民は「過去六〇年間、すなわちビスマルクの時代から、歪んだ歴史観を教え込まれていたこと」を示せるとしている。[31] だが彼の熱意は相手にほとんど感銘を与えなかったようだ。一二月三〇日付で情報省から丁重ながらきっぱりした断りの返事が来た。

翌年五月になって戦争が本格化すると、LSEの同僚は次々にさまざまな官庁から協力を依頼され職場を離れていった。ハイエクは一九三八年にすでにイギリスの市民権を取得していたにもかかわらず、移民であるため公職のポストを与えられず、戦時中も講義と執筆を続けるほかなかった。イギリス政府がいっこうに自分を登用しないことにハイエクはあきらかに苛立っており、マハループに宛てた手紙の中で「自分のような人間を活用しないとは、まったく不快だ」と不満を述べている。[32] とはいえこの頃にはハイエクの研究は大いに進捗しており、マ

29　くわしくは、F. A. Hayek, *The Pure Theory of Capital*, ed. Lawrence A. White, vol. 12 (forthcoming) of *The Collected Works of F. A. Hayek*, op. cit. を参照されたい。

30　ウィーン大学でハイエクと同級生だったマハループは、ロックフェラー奨学金を得て一九三三年にアメリカに渡った。ヨーロッパ情勢が悪化する中、ユダヤ人であるマハループはアメリカに留まることを決意する。ハイエクとマハループがひんぱんに手紙をやりとりしていたおかげで、ハイエクの戦時中の活動をくわしく知ることができる。マハループは、ハイエクがアメリカの版元を探したときにも力添えをした。

31　F. A. Hayek, "Some Notes on Propaganda in Germany," p.2. ハイエクのメモは九ページにおよんでいる。

32　Letter, F. A. Hayek to Fritz Machlup, June 21, 1940, Machlup Papers, box 43, folder 15, Hoover Institution Archives.

ハループに本の概要を知らせている。「第一部は、『自由と経済制度』に手を加えたものになる」[33]。ハイエクは同書の第一部を「傲慢」、第二部を「報復」と呼んでいた。

一九四〇年の残りをハイエクは「理性の濫用」の執筆に充て、歴史に関する章を書き上げて、方法論に関する章に取りかかっていた[34]。だがその年の終わり近くになって、彼は最後の部分を書き換え、『隷従への道』として独立させる。当初ハイエクは「ペンギンブックスの六ペンス本」で出すつもりだったようだ[35]。なぜ彼は営々と続けて来た努力を放棄して、より一般的で「政治的」な小さい本に注意を傾けるようになったのだろうか。おそらく明確な答を知ることはできまい。だがそれらしい理由はいくつかわかっている。連合軍が戦争に負けたら、西洋文明それ自体が犠牲になる。だがハイエクは、連合軍が勝利した場合に起きることも心配していた。

戦時には、大量の資源を平時の消費財と資本財の生産から軍事物資の生産へと移転させることになる。工場は軍に徴発され、機械設備は軍事物資の生産用に改造され、何をどれだけ作るかも政府が決めることになる。消費財の生産が縮小されるため、インフレ懸念が強まる（戦時中のインフレはとりわけ好ましくない。というのも、インフレは債権者にとって痛手だが、まさに政府は国民に戦時国債を買わせて債権者にさせようとしているからだ）。そこで、インフレを防ぐために一段の政府介入が必要になる。標準的な政策対応は、物価を凍結し配給制度を徹底すること、つまり基本的な消費財について自由化価格制を廃止することだ。乱暴に言えば、戦争中は市場経済が大なり小なり放棄され、経済のかなりの部分が政府の統制下に置かれる。ハイエクの懸念は、社会主義者が戦後にもこうした統制を続けるつもりではないか、ということだった。

こうした懸念を抱いたのは、ハイエクが最初ではない。第一次世界大戦前にすでに、哲学者のオットー・ノイラートはウィーンで開講されたオイゲン・フォン・ベーム＝バヴェルクの

33　同上。

34　これらは別々に発表された（"The Counter-Revolution of Science," *Economica*, N.S., vol. 8, February 1941, pp. 9-36; May 1941, pp. 119-50; August 1941, pp. 281-320; and "Scientism and the Study of Society," *Economica*, N.S., vol. 9, August 1942, pp. 267-91; vol. 10, February 1943, pp. 34-63; vol. 11, February 1944, pp. 27-39）。最終的に修正を施されて以下に収録された。F. A. Hayek, *The Counter-Revolution of Science* (Glencoe, IL: The Free Press, 1952; reprinted, Indianapolis, IN: Liberty Press, 1979). #さらに二〇一〇年には、"Studies on the Abuse & Decline of Reason（理性の濫用と衰退）"のタイトルで、コールドウェル編集のハイエク全集第一三巻に収録されている。ここには、"The Counter-Revolution of Science（科学による反革命）"の全文と、"Individualism and Economic Order（個人主義と経済秩序）"の導入部 "Individualism: True and False（真の個人主義と偽りの個人主義）"が収められている。

35　Letter, F. A. Hayek to Fritz Machlup, January 2, 1941, Machlup Papers, box 43, folder 15, Hoover Institution Archives.

経済セミナーで「戦時経済」の支持を執拗に主張し、セミナーに参加したミーゼスの不興を買っていた。ノイラートは、戦時中の中央集権的計画経済は、平時の経済運営の模範になると主張したのである。戦後経済の社会主義化を推奨する彼らの提案を目の当たりにして、ミーゼスは計画経済を批判する最初の論文を書いている。興味深いのは、ハイエクが『隷従への道』を執筆中も、ノイラートがまだ活動していたことだ。ナチスの弾圧が本格化したため彼はオランダに亡命し、その後イギリスに渡り、戦争中はオックスフォードにいた。[36]

イギリス人は大陸の社会主義に染まり切っていたわけではないが、危険な徴候はそこかしこに見られた。一九三〇年代の知識人の間で、計画経済は「失敗した資本主義」と全体主義の「中間」に位置づけられるという理解が行き渡っていたのは、じつに懸念すべきことだった。ハイエクが「科学の信奉者」と呼ぶ連中の主張は無視できない影響力を持っていた。そうした主張の一端を、週刊誌ネイチャーの「科学と戦争の遂行」と題する特集号に見ることができる。

「戦争への科学の寄与は大きく、科学諮問委員会はこのことに重要な責任を負っている。この仕事は、戦争が終わっても継続される。近代戦の圧力下で十分に機能した組織が、平時にも同じようにうまくいくとは限らない。だが、政策策定を始め政府の施策に直接的かつ効果的な影響をおよぼすという科学の当面の関心は、今後も変わることはない。科学は、人類をより よい方向へ導くことができるのであり、それを誇示する機会を逃してはならない」[37]

次の週には、ネイチャー誌の読者は同様の主張をバーバラ・ウートンの書評で読むことになる。そこには「社会・政治問題へのアプローチはいまだに前科学的だ。呪術まがいの非科学的な姿勢を捨て、科学の特徴である客観性と無慈悲な正確性を重んじない限り、いかにみごとに物質的環境を征服してみても、不合理な社会環境のせいでそれは無意味になり、むしろ危険になるだろう」[38]。こうした主張の背後には、科学こそがより合理的な社会の再建に貢献するのだという進歩主義的な信念が隠されていた。

また、当時の政治的な情勢も考慮しなければならない。戦局が連合軍に有利になってくると、当然ながら戦後世界についての期待が生まれてくる。一九四二年初めには、労働党が「古い世界と新しい社会」と題するパンフレットを発行し、戦後復興の原則を示した。主なものを

36 第二次世界大戦の終わり頃、ハイエクとノイラートの間では書簡のやりとりがあった。まずノイラートが『隷従への道』の感想を書き送り、次の手紙で論戦を挑む。これに対してハイエクは、執筆に忙しいからと応じなかった。

37 Editorial, "Science and the National War Effort," *Nature*, vol. 146, October 12, 1940, p. 470.

38 Barbara Wootton, "Book Review: Marxism: A Post-Mortem," *Nature*, vol. 146, October 19, 1940, p. 508.

挙げてみよう。

「戦間期の無計画な競争経済に立ち戻ってはならない。そこでは、一般大衆を犠牲にして少数の特権集団が繁栄していた」

「古い競争経済を駆逐し、計画経済を採用すべきである」

「民主主義の基本は、計画的な生産にある」

「農工業の戦時中の統制を維持し、戦後の利益争奪戦を阻止することが、社会再編の大前提である」[39]

こうした主張は、ハロルド・ラスキによる提案に反映され、一九四二年五月二六日に党大会に提出された。ラスキは「先陣を切って、終戦前に基本的な生産設備を国有化するとともに、生産と流通の統制を戦後も継続しなければならない」と述べている。[40]

だが党大会で煽り立てるのと、具体的な政策を実行することとはまったくの別物である。後者の契機となったのは、あの有名なベヴァリッジ報告だった。[41]

ＬＳＥの前学長だったベヴァリッジが「社会保険と関連サービスに関する省間委員会」の委員長に就任したいきさつは興味深い。この委員会が一九四一年初めに設置されるにいたったそもそものきっかけは、失業手当、疾病手当、年金などを支給する当時の社会福祉プログラムに対して、複雑すぎると労働組合から不満の声が上がったことにある。しかし大蔵省は戦費調達に狂奔しており、プログラムの包括的な見直しをすればさらに出費が増えるだけだと気乗り薄だった。そこで大蔵省は、うまいこと弥縫策を練り上げてくれそうな「無難」な委員長を推薦し、委員にはやはり妥当な中級官僚が指名されるよう根回しをする。そこへ労働大臣のアーネスト・ベヴィンが横やりを入れ、ベヴァリッジを指名するよう画策し、ついに成功したというわけだ。一説によれば、ベヴィンの意図は「強引なベヴァリッジをとにかく労働省から追い払う」ことにあったという。[42]

問題の委員会は最終的に一二七件のデータを収集するのだが、一九四一年一二月の時点では、まだ一件しかベヴァリッジの手元に届いていなかった。それでも、最終報告に盛り込むべ

39　National Executive Committee of the Labour Party, *The Old World and the New Society: A Report on the Problems of War and Peace Reconstruction* (London: Transport House, n.d.), pp. 3-4.

40　Professor H. J. Laski, "A Planned Economic Democracy," *The Labour Party Report of the 41st Annual Conference* (London: Transport House, 1942), p. 111.

41　ただし、ベヴァリッジの評伝作家も記しているとおり、「一九四一年六月の時点ですでに……ベヴァリッジ委員会が詳細に調査するさまざまな問題について改革を求める声は高まっており、その方向で世論も形成されていた」。

42　Brian Abel-Smith, "The Beveridge Report: Its Origins and Outcomes," in *Beveridge and Social Security: An International Perspective*, ed. John Hill, John Ditch, and Howard Glennerster (Oxford: Clarendon Press, 1994), p. 14.

き点を網羅した中間報告を出すというベヴァリッジの決意は揺るがない。ベヴァリッジがどういう男であれ、「無難」でないことだけはたしかだった。彼の提案には戦後イギリスを福祉国家として甦らせる構想が示されており、家族手当、包括的社会保険、国民皆保険、完全雇用の実現などが盛り込まれていた。

大蔵省はこの提案に必要な費用に怖気をふるったが、一九四二年を通じてベヴァリッジは講演やラジオ番組などで報告の大筋を巧みに示唆し、大衆の支持を取り付けると同時に、報告提出の暁には政府が無視も却下もできないように下地を作った。ベヴァリッジはまさに有能な興行主だったと言えよう。一九四二年一二月二日に二九九ページにおよぶ最終報告書が政府刊行物として発行されると、政府刊行物センターには一五〇〇メートルを越す長蛇の列ができたという。[43] 総計で五〇万部が売れたというこの報告書は、イギリスのみならず、全世界に多大な影響をおよぼした（アメリカでは、迅速に提供できるよう「イギリス版の写真による複製」が用意され、あっという間に五万部を売り上げた）。[44]

かくしてベヴァリッジ報告は大成功を収めたわけである。戦間期のイギリス経済は完全に麻痺しており、二度とあの経験はしたくないと誰もが思っていた。そのうえ戦争で万人が平等の犠牲を強いられたことから、戦後復興でも負担を平等にすべきだという気運も高まっていた。開戦後しばらくは空爆や戦争関連の仕事で（いや、戦争と無関係の仕事などなかった）大勢の人々が負傷したから、国民皆保険は当然と考えられたのである。こうした戦争による世論の趨勢の変化を逃さず、ベヴァリッジは未来を変えようとした。[45]ベヴァリッジ報告には「提言の三つの指針」が示されているが、その第一の指針には「戦争によってあらゆる歴史的建造物が破壊されたいまこそ、この辛い経験を生かすチャンスである。世界の歴史における革命的な瞬間は、革命のための時であって、継ぎ当てでごまかすべき時ではない」という一文があり、彼の考えが明白に示されている。[46]そしてこう考えたのは、ベヴァリッジだけではなかった。

戦間期のウィーンで成人したハイエクが、こうした文章を読んで不穏な既視感《デジャビュ》に囚われた

43 ちなみに列の長さを報告したのはベヴァリッジ夫人である。おそらく彼女は人づてに聞いたのだろう。

44 Brian Abel-Smith, "The Beveridge Report," op. cit., p. 18.

45 ベヴァリッジの評伝作家によれば、「社会保険改革案は氷山の一角にすぎず、ベヴァリッジにとってはさして重要ではなかった。当時彼の頭にあったのははるかに壮大な社会再建計画であり……土地と住宅の国有化、全国統一の最低賃金、七五％の工業生産施設の国有化、公共・民間投資を担当する公共事業体、所得・物価・人員配置の恒久的国家管理などが含まれていた」という。したがって、戦後の労働党政権が行った改革はベヴァリッジ個人の野望に比べると甚だしく小規模であり、政府介入の度合いもはるかに小さかった。それでも福祉国家が建設されたことはまちがいない。しかもそれは、「完全雇用」の維持について政府が責任を持つことが前提になっていた。

46 Sir William Beveridge, *Social Insurance and Allied Services* (New York: Macmillan, 1942), p. 6.

ことはまちがいない。だから『隷従への道』の中で、ハイエクはイギリスで顕著に表面化したこの動きを逆転させようとした。経済学の観点から社会主義の計画経済を批判するだけでは不十分だと感じられた。そこで彼はイギリス人に自由主義と民主政治の偉大な伝統を思い出させようとし、敵が推進している集産主義や組合国家的な社会の組織化と自由主義とを鮮烈に対比して見せた。さらに、政府がすべてを計画する社会に(「自由のための計画」という形容矛盾はあっても)自由はないということをはっきりと示したのである。

アメリカで版元を探す

一九四二年八月八日付けの手紙で、ハイエクは当時ワシントンの外国人資産管理局にいたマハループにアメリカでの版元探しを依頼している。戦争中にマハループがくれた手紙から、イギリス同様アメリカでも自分の本は「解毒剤」として必要かもしれないとハイエクは考えたのだろう。マハループは、「アメリカで四〇歳以上の人と話したら、アルヴィン・ハンセンは別として、だいたいは健全でかなり保守的だとわかるだろう。彼らはケインズとハンセンで育った世代で、自分たちの経済観が政治にどのような影響をおよぼすか、まったくわかっていない」と書いて寄越したのである。[47] ハイエクは夏が終わる頃にマハループの元にタイプ済みの原稿を送った。その時点では最後の三章（うち二章は戦後に向けた提言を書く予定だった）が完成していなかったが、翌年に順次送っている。[48]

マハループはまずマクミランに原稿を持ち込むが、あっさり断られる。[49]マハループはマクミランからの書状の内容を後日ハイエクに報告している。「率直に申し上げて、この本が売れるとは思えません。また個人的には、ハイエク教授は英米両国で現在主流の思想から外れていると感じます」[50]。次にマハループは、ハイエクの希望に応じてウォルター・リップマンに原稿を送った（この時点で原稿は完成していた）。リップマンはリトル・ブラウンに持ち込んでくれ

47　Letter, Fritz Machlup to F. A. Hayek, October 23, 1942, Hayek Papers, box 36, folder 17, Hoover Institution Archives, copyright Stanford University.

48　一九四三年六月一三日付けの手紙で、ハイエクは第13章と第14章を「二カ月前に」送ったこと、第15章と新たな序文を同封することをマハループに伝えている。マハループは同年八月九日付けの手紙で受領を確認した。どちらの書簡も、以下に保管されている。Machlup Papers, box 43, folder 15, Hoover Institution Archives.

49　マハループはブラッキストンの学術出版部門の編集顧問を務めており、ブラッキストンはハイエクが望むなら出版を引き受けてもいいとマハループに伝えている。だが同社は営業部門を持っていないため、本の売り込みがまったくできない。そこでマハループは他社に活路を求めるほうがいいと判断した。

50　Letter, Fritz Machlup to F. A. Hayek, January 21, 1943, Machlup Papers, box 43, folder 15, Hoover Institution Archives, copyright Stanford University. なお差出人のパトナム氏は、パラグラフの終わりに次のように書いている。「もしこの本が他社から出版され、ノンフィクション分野でベストセラーになるようなことがあったら、それは人間誰もが犯す判断ミスの一つとして大目に見てください」。まったくそのとおり。

たが、これも断られる。「一般読者向けにはむずかしすぎる」という理由だった。[51] そこでマハループはヘンリー・ギデオンに依頼する。ギデオンは当時ブルックリン大学の学長になっていたが、その前は一連の政治パンフレットの編集に携わっており、前出の「自由と経済制度」を手がけたことがあった。ギデオンは原稿に強力な推薦状をつけて、ハーパー・アンド・ブラザーズの経済編集長オードウェイ・ティードに持ち込む。これも失敗に終わった。ハーパーがなぜこの本を引き受けられないかについて、ティードは自身の感情を込めて語っている。「この本がたいへんに骨を折って書かれたことはわかりますが、いかんせん余分なことが多すぎます。ここに書かれている内容は、半分の枚数で書けたでしょう」[52]

この時点で、アメリカの版元探しを始めてから一年近くが過ぎていた。このとき救世主として登場したのが、法学者のアーロン・ディレクターである。[53] 彼はその頃マハループと同じくワシントンにいて、一九四三年夏に原稿に目を通していた。一〇月にディレクターはシカゴ大学の教授仲間だったフランク・ナイトとヘンリー・サイモンズに手紙を書き、シカゴ大学出版局で出してくれないかと打診する。この手紙に返事は来なかったが、ナイトが出版局に働きかけてくれたことはまちがいない。翌月末、ディレクターはこのやりとりの間に入手したイギリス版のゲラをシカゴに送り、すぐに決断してくれと迫る。[54]

出版局はこれに応じてナイトに原稿の評価を依頼した。一九四三年一二月一〇日付けの評価報告を読む限りでは、ナイトはあまり熱烈ではないものの、一応推しているようだ。冒頭では「みごとな成果」だと激賞し、主な結論には賛同できると述べている。だがその後に二ページにわたって弱点を指摘した挙げ句、「全体としてすぐれた作品であるが、主題の範囲は狭く、論じ方もやや一方的である。アメリカで広く読者を獲得できるかどうかは疑わしい。まして、

51　Letter, Fritz Machlup to Harry Gideonse, September 9, 1943, Machlup Papers, box 43, folder 15, Hoover Institution Archives, copyright Stanford University.

52　Letter, Ordway Tead to Fritz Machlup, September 25, 1943, Machlup Papers, box 43, folder 15, Hoover Institution Archives. ティードはさらに「しかもここでは否定するばかりで、読者に対し今後どう考えるべきか、どのような政策を講じるべきか、一切手がかりが示されていない」と付け加えた。これは多くの人が指摘するところである。

53　アーロン・ディレクター（一九〇一～二〇〇四）はシカゴ大学で経済学を学んだのち、一九三三年に財務省に入省するまでしばらく大学で教えていた。彼は一九三〇年代にLSEにいたこともあり、そこでハイエクと知り合っている。一九四六年にディレクターはシカゴ大学ロースクールの教授になった。妹のローズはミルトン・フリードマンと結婚している。

54　シカゴ大学出版局の編集者ジョン・スクーンの回想によると、「あの本をアメリカで出版するという提案をしてきたのは、ハイエクを知っていて原稿も読んでいた経済学部の教授だった。それとほとんど同時に、ハイエクの友人で、以前大学にいたがいまはワシントンで働いている人物が見本を送ってきた」（一九四五年五月二日付けの書簡）。スクーンも出版局長のブラントも出版局に加わったのは一九四四年だから、これは又聞きの情報ということになる。とはいえ彼の手紙はなかなか示唆に富む。

多くの読者の見方を変えられるとは思えない」と結論付けている。[55]

このような玉虫色の報告を出されたら、出版局が即座に原稿を送り返して来てもおかしくなかった。しかし局長代理のジョン・マクニールは、これはまだ検討の余地があると考えて、一二月一四日にやはり経済学教授のヤコブ・マルシャックにも評価を求める。マルシャックは社会主義者だったが、はるかに好意的で、六日後にはこう書いてよこした。「ハイエクの著作は、この国により学問的な議論を巻き起こすだろう……この本は情熱をもって書かれ、重要な理論をこのうえなく明快に説きあかしている……このような本を無視するわけにはいかない」。[56]出版局は二つの報告書に基づいて会議を開き、アメリカ版の出版を決める。こうして一九四三年一二月二八日付けでハイエクに承諾書が出された。

出版までに詰めるべき点がいくつかあり、マハループがハイエクの代理として交渉に当たった。翌年一月初めにシカゴ大学出版局の申し出を受理したのもマハループである。なにしろハイエクが吉報を知ったのは一カ月近く後になってからだった。[57]重要な決定事項の一つは、イギリスを指して「この国」と呼ぶ表現がイギリス版では頻出するため、原稿の打ち直しが必要になったことである。[58]このほかに出版局から二つの変更が提案されたが、どちらもハイエク側は拒否している。一つは、タイトルを『社会主義――隷従への道』としてはどうか、というものだった。これはマハループもハイエクも誤解を招くとして却下した。批判の対象は社会主義だけではないし、中央集権的な計画経済は右寄りでも左寄りでも採用できる。ハイエクが「党派を問わずすべての社会主義思想の持ち主」に同書を捧げたのも、このためだった。もう一つの提案は、各章の冒頭に引用された格言を削除してはどうか、というものである。これにハイエクは激怒し、電報で返事をしている。「インヨウサクジョニハドウイシナイ」[59]。かくして引用は残された。もちろん表題ページのデイヴィッド・ヒュームの引用も、である。どうしたわけか、同じく表題ページにあったアレクシス・ド・トクヴィルの引用は、アメリカ版の初版

55 Frank Knight, reader's report, December 10, 1943, University of Chicago Press collection, box 230, folder 1, University of Chicago Library.

56 Jacob Marschak, reader's report, December 20, 1943, University of Chicago Press collection, box 230, folder 1, University of Chicago Library.

57 Hayek's letter to Machlup, February 2, 1944, Machlup Papers, box 43, folder 15, Hoover Institution Archives を参照されたい。

58 日本語版でも「この国」という表現を適宜修正している（訳注）。

59 ハイエクは一九四四年二月二日付けの手紙で、編集者のスクーンに対し、引用が外せない理由を説明している。「その章で論じる主題を冒頭の引用で表すことによって、章全体のトーンが決まるのです。私は意図的にその章の結論を言わずに済ますことがありますが、それは、すでに引用で表現されているからなのです。ですから、引用を削除することはこの本にとって非常な災難にほかなりません……」。この書簡は以下に保管されている。University of Chicago Press collection, box 230, folder 1, University of Chicago Library.

にはなかった。何版かあとになると、ヒュームの引用も次のページに移された。本書ではどちらも元の位置に戻してある。[60]

マイナーヒットからアイコン的存在へ

『隷従への道』は一九四四年三月一〇日にイギリスで刊行された。初刷りは二〇〇〇部だったが、一カ月で売り切れたため、二刷り二五〇〇部がすぐに発注された。こちらもすぐに売り切れたが、その後は七月に新たに紙の割当が発表されるまで何の動きもなかった。イギリスでは紙不足のため、その後も増刷は滞ることになる。[61] そして七月にはオーストラリア版が出版された。[62]

アメリカ版は初刷り二〇〇〇部が一九四四年九月一八日月曜日に刊行された。一般向けの刊行に先立って書評家向けの見本刷りが送付されており、早くも次の日曜日のニューヨークタイムズに、ヘンリー・ハズリットによる書評が書評欄の冒頭に掲載される。ハズリットは同書を高く評価していた。同じ日にヘラルドトリビューンにも好意的な書評が掲載されている。九月二八日までに二刷と三刷が発注され、累計一万七〇〇〇部になった。[63] シカゴ大学出版局にとってはまずまずのヒットである。

そして一〇月末に出版局に一通の手紙が届く。この手紙がきっかけで、『隷従への道』は大ヒットへ、そして文化的アイコンにまで上り詰めることになるのである。じつはギデオンの助言にしたがい、出版局は当時リーダーズ・ダイジェストにいた「放浪の編集者」マックス・イーストマンに『隷従への道』を献本していた。イーストマンはすっかりこの本が気に入り、社主兼編集長のデウィット・ウォレスにダイジェスト版の作成許可を求めたのである。[64] 二〇ページほどのダイジェスト版は一九四五年四月に誌面に発表される。ブック・オブ・ザ・マン

60　ハイエクはたくさんの引用をしているが、残念なことに章の冒頭の引用も含め、しばしば不正確である。たとえば一九四四年二月二六日付けの手紙で、ハイエクはマハループにアクトン卿の有名な言葉「権力は腐敗する、絶対権力は絶対的に腐敗する」を直してくれと頼んでいるが、その直したものまでまちがっていた。マハループはそれをそのまま版元に伝えたが、おそらくはシカゴ大学出版局の校正係が直してくれたのだろう、出版されたときには正しい引用になっていた。件の書簡は以下に保管されている。Machlup Papers, box 43, folder 15, Hoover Institution Archives.

61　Jeremy Shearmur, "Hayek, The Road to Serfdom, and the British Conservative Party," *Journal of the History of Economic Thought* によると、イギリス版の要約は、保守党に割り当てられた紙を流用してラウトレッジから出版されたという。要約を作成したのは保守党議員のアーチボールド・ジェームスである。表題ページにはヒュームとトクヴィルの引用に代えて、保守党党首であるウィンストン・チャーチルの言葉が掲げられていた！

62　F. A. Hayek, *The Road to Serfdom* (Sydney: Dymock's Book Arcade, Ltd., 1944).

63　アメリカにおける出版の経緯については、前出のスクーンの書簡を参照されたい。

64　ペーパーバック版の序文も参照されたい。

ス・クラブに申し込めば一部五セントでリプリントしてもらえる権利付きだった（大量注文も可能で、たとえば一〇〇〇部申し込むと一八ドルで済む）。リーダーズ・ダイジェストは当時八七五万部という発行部数を誇っており、最終的に一〇〇万部を上回るリプリント版が出回ったという。[65]

一九四五年四月初め、ハイエクは著書の販促のためアメリカに到着した。五週間の滞在予定で、当初はいくつかの大学の経済学部で学術的な講演を行う計画だった。ハイエクは大西洋を船で渡って来たのだが、その間にダイジェスト版の掲載号が発行される。そしてアメリカに到着したときには、講演ツアーを仕切るのはプロの興行主になっており、一般市民向けの講演が多数付け加えられていた。最初のイベントはニューヨークのタウンホール・クラブ主催の講演で、三〇〇〇人以上の聴衆が詰めかけ、その模様がラジオ放送された。初めハイエクはこれほど大勢の一般聴衆を相手に話すことに怖じ気づいたが、やがてこの仕事に俄然身が入ったと本人が回想している。[66]

しかし同時に、ハイエクの人柄からすればよく理解できることだが、あまりの称賛の嵐に当惑したこともたしかだ。とりわけ、たった二〇ページのダイジェスト版しか読んでいない人や、それどころか一九四五年二月にルック誌に掲載された漫画バージョンしか読んでいない人からの賛辞には、当惑を通り越して心配になった[67]。趣旨が誤解されることを恐れたのである。そこでシカゴの新聞に、「フリードリヒ・ハイエク、自著を語る」の見出しでハイエクの発言が掲載される運びとなった。ここで彼は次のように述べている。「私はどの党派にも肩入れせず、またいかなる思想を支持する意図もなくこの本を執筆したつもりである。しかしこの本がある一つの党のみに歓迎され、他の党派から軒並み批判される状況に、最初は困惑し、いまでは懸念を覚えている」[68]。ハイエクは、ある経営者団体の招きで講演を行った際には、政府介入

65　リーダーズ・ダイジェストは、一九四五年の発行部数を公表している。Croswell Bowen, "How Big Business Raised the Battle Cry of 'Serfdom'," *PM*, Sunday, October 14, 1945, p. 13 によると、一〇〇〇万部である。ミルトン・フリードマンはメモの中でリプリントの部数を六〇万部と述べているが、これはおそらくスクーンの書簡にあった見積もりをそのまま流用したのだろう。五月からボーウェンの論文が発表された一〇月にかけて爆発的に売れたと考えられる。

66　このときのアメリカ訪問のことをハイエクは自伝で回想している。*Hayek on Hayek*, op. cit., pp. 103-5.

67　リーダーズ・ダイジェストの要約も、ルック誌に掲載された漫画版も、以下に収録されている。Institute of Economic Affairs: F. A. Hayek, *Reader's Digest Condensed Version of The Road to Serfdom*, Rediscovered Riches no. 5 (London: IEA Health and Welfare Unit, 1999). イギリスのシンクタンク、経済問題研究所のジョン・ブランデル所長から二〇〇五年二月二五日に聞いたところによると、二〇〇四年に『隷従への道』の要約（ＰＤＦ形式）は四万回ダウンロードされたという。

68　F. A. Hayek, "Planning and 'The Road to Serfdom': Friedrich Hayek Comments on Uses to Which His Book Has Been Put," *Chicago Sun Book Week*, May 6, 1945.

そのものに反対してはいないことを繰り返し強調している。「いま必要なのは、政府が正当にやるべきことと、政府がやるべきでないことをはっきりと線引きする明確な原則であります。政府介入それ自体に賛成だとか反対だとかいった議論をすることはやめなければなりません」[69]

ハイエクは、自分の主張の一部が無視されていることにも危機感を抱いた。たとえば経営者たちは、「政府は自分たちの業界にあれこれ口を出さないでもらいたい」と考える一方で、「外国企業の参入から自分たちの業界を守ってほしい」と虫のいいことを期待している。ワシントンDCでの講演後に行われた討論では、関税に関する質問に対してハイエクはぶっきらぼうにこう述べた。「みなさんが私の考えをいくらかでも理解しているなら、私が何よりも支持するのは全世界における自由貿易だということはおわかりのはずです」。これを報道した記者によれば「この発言で会場の温度は一気に一〇度下がった」という。[70]

アメリカ・ツアーのおかげでハイエクは「一五分の名声」を得たわけだが、もっと意味のある収穫も手にした。アメリカ滞在中にハロルド・ルーノウと会うことができたのである。ルーノウはカンザス・シティの実業家で、社会貢献や政治への関心が深く、アメリカにおける競争的な事業環境の整備に関する研究に資金を提供する用意があった。数回にわたる協議の末、シカゴ大学でその研究を行うことで話がまとまる。結果的に研究は完成しなかったのだが、このプロジェクトのおかげで、のちに「シカゴ学派」を形成することになる名だたる経済学者がシカゴに結集した。アーロン・ディレクター、ミルトン・フリードマン、のちにジョージ・スティグラーなどである。彼らは全員、一九四七年にハイエクが創設した国際的な研究者団体モンペルラン・ソサエティにも参加することになる。モンペルラン・ソサエティの目的は、「自由主義社会の浸透と向上に貢献する」ことにあった。[71] 数年後にはハイエク自身がロンドンからシカゴ大学に移ってきた。ただし彼は経済学部ではなく、社会思想委員会に参加している。[72]

ハイエクは、『隷従への道』が一部で熱狂的に受け入れられることにも驚いたが、それ以外の人々から激しく攻撃されたことにも驚いたにちがいない。もちろんある程度の批判は予想

69　F. A. Hayek, "The Road to Serfdom, an Address before the Economic Club of Detroit," April 23, 1945, p. 6. 講演の草稿は以下に保管されている。Hayek Papers, box 106, folder 8, Hoover Institution Archives.

70　Marquis W. Childs, "Apostle Hot Potato: Austrian for Whom Senator Hawkes Gave Party Embarrassed Republicans," *Newark Evening News*, May 6, 1945.+

71　これは、モンペルラン・ソサエティの「目的の表明」を締めくくる文章である。この表明文は、一九四七年四月一〇日に採択された。

72　ハイエクの自伝によると、「最終的にシカゴ大学に移籍することになる段取りは、すべてあのアメリカ・ツアーの際に行われた」という。

していたことだろう。学者はむしろ批判を待ち構えているものだ。それは、多くの人が自分の主張をまじめに検討していることの証だからである。[73] おそらくハイエクが予想していたのは、イギリスで社会主義者のバーバラ・ウートンが行ったような批判だったろう。彼女の「率直且つ礼儀正しい」論文について、ハイエクはペーパーバック版（一九五六年）序文の注で言及している。[74] ウートンだけでなく、イギリスでの反論は、労働党の一部の政治家を除き、どれもハイエクの著作を真剣に読んで検討したうえでのものだった。[75]

ところが、アメリカではちがった。最もたちが悪いのは、ハーマン・ファイナーの『反動への道』という下品な本である。これについても、ハイエクはペーパーバック版の序文で触れている。この本に何が書いてあるかは、一行目を読めば一目瞭然だ。「フリードリヒ・A・ハイエクの『隷従への道』は、数十年にわたって民主国家だった国から生まれた、民主主義に対する最悪の攻撃である」。[76] ファイナーに言わせれば、ハイエクが立憲政治と法の支配を支持するのは反民主主義的偏見の表れであって、ハイエクの主張の「真の本質」は「民主主義は危険思想だから制限しなければならない」ということだという。[77] 同書の結論部には、「ハイエクはヒトラー流の民主主義蔑視をあますところなく表現した」とある。[78] 評論家連中もあの手この手で攻撃をしかけてきた。たとえばジョージ・ソールは、すぐさまハイエクに「商工会議所のお気に入り」というレッテルを貼った。[79] 左翼系の新聞ＰＭは、実業界がハイエクの本を売り込んだ手口を書き立てる暴露記事を載せた。この記事の結びの文章は、アメリカでこの本が人々にどう受けとめられたかをよく物語っている。「ハイエクの著書およびその漫画版とリーダーズ・ダイジェスト版は、ニューディール政策に対する不信と懸念を広める絶好のチャンスを大企業

73 一九四四年三月二〇日付けのマハループ宛の手紙の中で、ハイエクはイギリスの新聞に掲載された最初の書評が予想外に好意的だったことに驚きを表明したうえで、「だがすぐに批判が始まるにちがいない」と付け加えている。この手紙は以下に保管されている。Machlup Papers, box 43, folder 15, Hoover Institution Archives.

74 ペーパーバック版の序文も参照されたい。

75 一九四五年の総選挙の際に、のちに首相と財務大臣になる労働党のクレメント・アトリーとヒュー・ダルトンは、ウィンストン・チャーチルがハイエクの思想にかぶれているとして口を極めて罵った。チャーチルはある演説で、労働党が勝てば個人の自由は制限されるだろうと述べている。くわしくは、F. A. Hayek, *Hayek on Hayek*, op. cit., pp. 106-7; cf. Jeremy Shearmur, "Hayek, The Road to Serfdom, and the British Conservative Party," op. cit. を参照されたい。

76 Herman Finer, *Road to Reaction* (Boston: Little, Brown and Company, 1945), p. ix.

77 同上、p.36。「多数による独裁」から個人を守るには憲法による制限が必要だとハイエクが考えていたことは、たしかである。だが彼は計画経済の反対論者であって、民主主義に反対してはいない。それどころか彼の主張が正しければ、自由主義的な政治・経済制度下のほうが、計画経済の下よりも、民主主義はよりよく維持しうる。

78 同上、p.210。

79 George Soule, "The Gospel according to Hazlitt: A Review of *Economics in One Lesson*," *The New Republic*, vol. 115, August 19, 1946, p. 202.

80 Croswell Bowen, "How Big Business . . . ," op. cit., p. 16.

に与えた。そしてもちろん大企業は、このチャンスをすかさず活用したのである」[80]

シカゴ大学出版局は、論争ほど売り上げに貢献するものはないとわかっていたのだろう、ファイナーの本が一九四五年一二月に出版されると、すぐに一部をハイエクに送り、『隷従への道』の改訂版を出し、新しい章を付け加えて反論する気はないかと打診した。こうしてハイエクは、その後数年にわたり、反論を書いては書き直す作業を繰り返す羽目に陥る。一九四八年の日付の入った半ば完成した原稿がアーカイブに残されている。[81]そしてこの原稿の主な要素は、最終的に一九五六年版(ペーパーバック版)の序文という形で発表された。この反論が、批判に真っ向から食ってかかるのではなく、イギリスとアメリカでの受けとめ方のちがいを説明しようと試みている点は、じつにハイエクらしい。ここでもまたハイエクは、英米両国の社会主義体験の相違に理由を求めている。[82]

ダイジェスト版がリーダーズ・ダイジェストに掲載されなかったら、『隷従への道』が広く知られることはなかっただろうし、初版発行から数十年を経てなお記憶されることもなかっただろう。ダイジェスト版が出回ったからこそ、多くの人にハイエクのメッセージが届いたことはまちがいない。その一例として、実業家で慈善家のアントニー・フィッシャーを挙げておこう。フィッシャーはイギリスのシンクタンク、経済問題研究所(IEA)を創設し、その後の保守系シンクタンク・ブームの火付け役となった人物である。彼はダイジェスト版を読み、また一九四五年夏にはLSEの研究室でハイエクと直接話もして感銘を受け、知的論争を刺激する役割を果たした。[83] だがダイジェスト版が、ハイエクの賛同者と批判者双方にとって著書の代用となってしまったことは否めない。その結果、シカゴ大学出版局のジョン・スクーンが言うように、「多くの人はこの本についていまだに生半可な知識しか持っていない。なぜみんな実際に読まないのか。読みさえすれば、ハイエクが何を言いたいのかすぐにわかるのに」という嘆かわしい事態となった。[84] 次節では『隷従への道』に対する主な批判をいくつか取り上げ、かんたんに評価することにしたい。中には根も葉もない批判もあったことが、おわかりいただけるだろう。

81 F. A. Hayek, "Postscript," Hayek Papers, box 106, folder 8, Hoover Institution Archives.

82 ペーパーバック版の序文を参照されたい。一九四八年の未完成原稿では言葉があまり慎重に選ばれておらず、最終稿から一つ手前の一九五五年の草稿でも、出版局から不備を指摘された。最終稿ではその箇所が削除されている。Alexander Morin's letter to Hayek of August 18, 1955, University of Chicago Press collection, box 230, folder 4, University of Chicago Library を参照されたい。

83 John Blundell, "Introduction: Hayek, Fisher and *The Road to Serfdom*," in F. A. Hayek, *Reader's Digest Condensed Version of The Road to Serfdom*, op. cit., pp. 16-25 を参照されたい。

84 John Scoon to C. Hartley Grattan, May 2, 1945, op. cit. を参照されたい。

主な批判

ごく早い段階での批判は、ハイエクの歴史認識が不正確だというものだった。その代表例が、フランク・ナイトの指摘である。ナイトは出版の可否を決める評価報告の中で、ドイツの歴史はハイエクが述べたものよりずっと複雑だと主張している。たとえば社会主義的政策がビスマルク時代から採られていたことは、その後の流れに影響をおよぼした一因にすぎないという。ハイエクがこの点を否定するとは思えない。否定しても、反論は困難だと考えられるからだ。とはいえ、仮にこの点でハイエクが言い過ぎだとしても、公平な評価を下すためには『隷従への道』全体の論理構造を踏まえておくべきだろう。もともと『隷従への道』は、多くの国で自由主義が衰退した経緯を跡づける大著(理性の濫用)の最終部として構想されていた。この文脈に置いてみると、ドイツに関するハイエクの叙述は、より意味が明確になる。この大著の結論部だけを独立した本として発表したのは、ジョークを言わずにオチだけ言うようなものだった。

また、ハイエクが正面から戦いを挑んだ当時の知識人の思潮も考慮する必要がある。『隷従への道』の中で何度も繰り返されているように、当時の多くの知識人は、歴史の論理的帰結として、資本主義崩壊の次に来るのは国家社会主義だと考えていたのである。これに対してハイエクは、今日では大方の人があたりまえのように認めるとおり、ファシズムと共産主義はどちらも全体主義体制の表れだと主張した。そしてファシズムと共産主義は互いに共通点が多いけれども、自由な市場経済を持つ民主主義体制下の政府や経済制度との共通点ははるかに少ないと指摘した。たしかにナチスは共産主義者を毛嫌いして迫害したが、それはナチスが資本主義者だからではない、と。ハイエクはこうしてそれぞれの思想の真の共通性を明確にしようと試みたのだった。

次によく見られた批判は、『隷従への道』は非難に終始して建設的な提案が乏しい、あるいは具体性に欠ける、というものだった。不況が一〇年も続いていたため、資本主義はもう瀕死の状態であり、何か新しい制度に置き換えなければならないと多くの人が考えていた。だがハイエクはいったい何を提案しているのか、というわけである。『新しい共和国』の著者アルヴィン・ハンセンは、ハイエクは「よい計画」と「悪い計画」を区別しているとしたうえで、では両者の境界線がどこにあるのかを読者にはっきり示してほしいと求めた。[85] ジョン・メイナード・ケインズはブレトンウッズ会議に向かう途中で『隷従への道』を読み、ハイエクに宛

85 Alvin Hansen, "The New Crusade against Planning," *The New Republic*, vol. 112, January 1, 1945, pp. 9-10.

てた手紙の中で「偉大な著作」だと激賞し、「精神的にも思想的にもこの本のほぼすべてに同意する。単に同意するだけでなく、深く感銘を受けた」と述べた。[86] ただしそれに続いて「これがどこに一線を引くべきかという問題であることは、あなた自身がよくわかっているだろう。どこかに線引きをしなければならない。この論理を極端まで推し進めることは不可能だ。しかしあなたは、どこにその一線を引くべきかということをどこにも示していない」と書いている。[87]

ハイエクがこれらの批判を真摯に受けとめたことはあきらかだ。彼はその後数年をかけて、『隷従への道』の主張をより精緻に検討し敷衍した論文を二本も書き、政治哲学に多大な貢献をしている。『自由と法』(邦訳春秋社刊)では、自由主義的立憲政治を支える思想について論じ、個人の活動領域とすべきものを定義するとともに、強制力を独占する政府は法の支配によってその強制力を制限されねばならないとした。同書の三分の一を割いて、ハイエクはそうした政治構造と合致する政策を論じている。[88]『法と立法と自由』(邦訳春秋社刊)では、西欧の民主主義が自由主義的な立憲政治の精神を次第に失いつつある、とハイエクは危惧している。これは、社会正義を実現するとの名目で、実際には巧みに組織された特別利益団体の権益に適う抑圧的な法を次々に成立させているからだという。そして、憲法の制約を受けた自由主義・民主主義連邦という理想の政体を実現するための立法改革を提案している。[89]

三番目のタイプの批判は、『隷従への道』でハイエクが行った社会主義批判は、市場社会主義への言及が欠落している点で説得力に乏しく不完全だ、というものである。LSEでハイエクの論敵だったエヴァン・ダービンはこの点を持ち出した最初の一人で、エコノミック・ジャーナル誌に掲載された書評の中で、「経済学者であって社会主義者でもあるわれわれのような人間が書いた著作には一件しか言及しておらず、それも脚注においてだった」と指摘し、したがって「最近の著作はすべて」無視されているとやんわり非難した。[90] ダービンによれば、「民主社会主義」は必ずしも「硬直的な計画的生産」を意味しない。ただ「経済的決断を下す

86 Letter, John Maynard Keynes to Hayek, June 28, 1944, reprinted in John Maynard Keynes, *Activities 1940-1946. Shaping the Post-War World: Employment and Commodities*, ed. Donald Moggridge, vol. 27 (1980) of *The Collected Writings of John Maynard Keynes*, op. cit., p. 385.

87 同上, p.386.

88 F. A. Hayek, *The Constitution of Liberty* (Chicago: University of Chicago Press, 1960).

89 F. A. Hayek, *Law, Legislation, and Liberty*, 3 vols. (Chicago: University of Chicago Press, 1973-79).

90 Evan Durbin, "Professor Hayek on Economic Planning and Political Liberty," *Economic Journal*, vol. 55, December 1945, p. 360. なおダービン自身にも民主社会主義に関する著作がある。Evan Durbin, *The Politics of Democratic Socialism: An Essay on Social Policy* (London: Routledge, 1940; reprinted, New York: Kelley, 1969).

最終責任は、民間企業すなわち株主集団から社会の代表者に移転される」だけだという。[91]ダービンの言う「民主社会主義」は、いわゆる市場社会主義の一変種（ハイエクは「競争社会主義」と呼ぶことが多かった）であり、これについてはオスカー・ランゲが『社会主義の経済理論』の中で解説している。すでに述べたとおり、ハイエクはこの著作の書評を書いてランゲの学説を批判しており、『隷従への道』の競争社会主義に関する原注の中でもこの批判に言及した。[92]

市場社会主義は形容矛盾のように聞こえるにもかかわらず、「中間」の行き方を求める経済学者を魅了してやまない。もちろん市場社会主義は資本主義を批判する思想ではあるのだが、その最初の前提として、完全な競争市場がある種の望ましい効率性を備えていることを認めている。ただ決定的にちがうのは、現実の市場が完全競争と形容しうるものに近いとは認めない点である。彼らは、一九世紀後半にカルテルや独占が登場したときに原初的な競争は姿を消したと考える。したがって現代の資本主義は、競争の短所だけを持ち越し、長所を失ってしまったという。計画的な市場社会主義経済を採用すれば、競争のメリットを生かした真の競争を復活させる一方で、野放図な資本主義につきものの社会的不正義を正すことができる、と彼らは主張した。ランゲが掲げた市場社会主義社会の青写真によれば、消費財と労働者の自由市場は存在するが、生産手段は政府が所有するため、生産資源の市場は存在しない。価格は、中央計画委員会が決定する。需給状況を見ながら（試行錯誤を繰り返して）価格が均衡するまで上下に微調整するという。

市場社会主義は二つの競合するシステムのいいとこ取りをしているように見えるため、たしかに魅力的だった。市場経済の効率と平等主義に基づく社会的正義の両方を、民主的な政策の中で実現できそうに見えたのである。ハイエクは書評の中で、ランゲの構想の細部について的確な疑問を提起した。これらの疑問点から、市場社会主義はよさそうに見えるとしても、実際には機能しないことがわかる。ハイエクがとくに強く批判したのは、ランゲ方式で必要になる価格調整の頻度にランゲが言及していないことだった。これはきわめて重要な点である。仮に相当短期間で調整ができるとしても（それすら困難だとハイエクは考えていたが）、膨大な種類の財の価格を決めなければならないのだから、市場で行われる調整に比べて大幅に遅れをとることはまちがいない。したがって市場社会主義は、効率の点で市場経済に劣る。ハイエクが「このような提案は、静学的均衡の純粋経済理論に囚われすぎた結果として生まれたのではな

91　同上、p.361.

92　F. A. Hayek, "Socialist Calculation: The Competitive 'Solution,'" op. cit. Hayek mentions the review in chapter 3, note 4.

いかと疑わざるを得ない」と述べたことはよく知られている。[93] その後ハイエクは、知識が分散した世界（静学的均衡理論で説明される世界とはまったくちがう）において社会・経済活動をうまく調整するうえで、市場がどのような役割を果たしているかに興味を持ち、研究を深めていくことになる。これは、経済学分野におけるハイエクの重要な貢献の一つとなった。

当時すでにハイエクは、市場社会主義に対する明確な反論を組み立てていた。にもかかわらず、『隷従への道』で一言も触れなかったのはなぜだろうか。一つの手がかりは、ランゲがハイエクに出した一九四〇年七月三一日付けの手紙にある。この中でランゲはハイエクの書評に応えて誤解を解こうとした。

「私は、中央計画委員会による価格決定を現実的な方法として提案したわけではありません。市場が制度的に存在しなくとも、試行錯誤により均衡価格を決定する方法があるという一つの例として挙げたに過ぎません。現実の問題としては、言うまでもなく、実現可能な場合にはつねに市場プロセスを通じて価格を決定することが望ましいと言うべきでしょう……」[94]

この手紙から、市場社会主義の現実的な実行可能性に関する批判をランゲは基本的に受け入れたとハイエクが考えたのだとしたら、敢えて反論しなかったのも頷ける。それにハイエクからすれば、市場社会主義は興味深い理論演習の域を出ておらず、経済学者が黒板の上で論じてみるには結構だが、現実的な提言としてまじめに取り上げるに耐えられる代物ではなかった。もっともダービンはこの意見にけっして同意しないだろうが。

だが、より妥当な理由としては、ハイエクはランゲやダービンのような経済理論家を念頭において『隷従への道』を書いたのではないことを指摘すべきだろう。彼らのような経済学者とは異なり、多くの「計画」信奉者は計画社会がどういうものかを深く考えようともしなかった。彼らにとっては、ロビンズが的確に表現したとおり、計画それ自体が万能薬だったのである。この広く行き渡った漠然とした風潮に対して、『隷従への道』は解毒剤であろうと試みた。世界の病に対する処方箋としてみんなが大好きな計画経済は、理論としてはもっともに聞こえても、世界はそんなふうには動かないのだ、とハイエクは読者に伝えようとした。現にいま戦っている敵の政体では個人の自由に対して厳格な制約が課されているが、ヨーロッパの民主主義はそのような制約を受け入れられないのだということだけは、せめて何とか伝えようとしたのだった。

93 同上、p.123.
94 Letter, Oskar Lange to Hayek, July 31, 1940, reprinted in *Economic Theory and Market Socialism—Selected Essays of Oskar Lange*, ed. Tadeusz Kowalik (Cheltenham: Elgar, 1994), p. 298.

このことで、ハイエクが『隷従への道』の中で敢えて市場社会主義への反論を書き立てなかったのかが説明できるように思われる。市場社会主義は机上の空論に過ぎない、だから広い読者を想定して一般的な議論を展開する本にそのような些末な議論を盛り込むにはおよばない、と考えたのではないだろうか。読者の中に経済学者がいることもハイエクは想定したはずだが、彼らは一九四〇年来のハイエクの主張をよく知っているはずだからわざわざ言及する必要はあるまい、と判断した。そして覚えていなかった場合に備えて脚注で言及したのだろう。

だとすれば、ダービンが以前の著作をすべて忘れているのではないかと皮肉ったときに、ハイエクがむっとしたのも無理はない。一九四八年に書かれた未発表の草稿には、その苛立ちがはっきり表れている。

「ダービン氏は……競争社会主義についてはこのところ多数の著作や論文が書かれているのに、私がまじめに取り上げず、脚注で触れただけだと批判している。だが私はその理論上の価値について論じる用意はあるし、実際にも専門誌に論文を寄稿した。そのことは『隷従への道』の脚注にも明記してある。社会主義系の政党が競争社会主義を真剣に検討するとか、この思想が実際の政治に影響をおよぼすといった徴候がすこしでも表れたら、私はただちに彼らの構想をより深く分析するつもりだ。だがいまのところ、社会主義を奉じる政党の中に、経済活動を組織する手段として競争の活用を考えている党派は見受けられない。したがってそうなるまでは、あのように独創的な理念に反論することは、専門家は別として一般読者を惑わせるだけだと判断した。とはいえ、次のように付け加えることは許されるだろう。競争社会主義の唱道者の一人であるオスカー・ランゲ教授が、国連安全保障理事会でロシアに肩入れする立場をとらなかったら、あるいはまたダービン氏が、同氏の主張と反対のことばかりしているイギリス労働党政権に参加しなかったら、競争という手段を介して自由と社会主義を調和させようとする彼らの願望の真剣さを私はもうすこし信用していただろう、と」[95]

しかしこのあとダービンが事故で急死したためだろう、この部分は序文から削除された。残念ながら、母国ポーランドの政治的現実に迎合するランゲの姿勢は時とともに強まるばかりで、スターリンを持ち上げるような論文を書くほどだった。さらには自らの市場社会主義の理論を放棄し、ポーランド語での再出版を禁じることまでした。[96]

ランゲとダービンが去っても、市場社会主義の夢は経済理論家の間で生き残った。ごく最近の例で言えば、旧ソビエト・ブロック崩壊後の一九九〇年代に復活している。市場社会主義

95　F. A. Hayek, "Postscript," Hayek Papers, box 106, folder 8, Hoover Institution Archives. この時点でダービンは労働党員であり、且つ労働省の政務次官だった。

がこうも長寿なのは、資本主義と社会主義の中間を模索する人々にとって理想的だからである。最近の議論では、ハイエクの批判を一段と強化する新たな論拠が付け加えられており、インセンティブの問題には情報経済学が、想定される政治的阻害要因に関しては公共選択論が援用されている。[97]だがおそらく市場社会主義批判は、一九四八年のハイエクの文章で言い尽くされているのだろう。あの「独創的な理念」が現実の世界でもうすぐ採用されるということでもない限り、あれは専門家だけが関心を持つような理論上の構築物であって、私たちが住んでいる現実の世界とは何の関わりもない、と考えておけばよい。

四番目の、そして最後のタイプの批判は、ハイエクの論調は「不可避論」だというものである。社会がすこしでも計画化に傾斜すれば、坂道を転げ落ちるように必ず全体主義国家に行き着くと論じたという。ダービンはこの種の批判をした一人で、「自由企業制から一歩でも逸脱したり、理性と科学で経済活動を管理できると考えたり、経済の計画をすこしでも試みたりすれば、情け容赦なく隷従への道を歩むことになる」とハイエクは考えていると述べた。[98]ダービンの批判は激しすぎるようにも聞こえるが、「国家が経済の管理を拡大しようとすれば、全体主義に陥ることは避けられない」とハイエクが述べたと考える人々は、社会主義者のバーバラ・ウートンからシカゴ学派のジョージ・スティグラーにいたるまで、すくなからずいた。[99]

ポール・サミュエルソンでさえ、経済学の教科書の中で、一方の軸に政治的自由、もう一方の軸に経済的自由をとり、そこに高い点と低い点を（ちょうど坂道を転げ落ちるように）結ぶ曲線を書き入れて、ハイエクの予測として「自由放任を政府が修正すれば不可避的に政治的隷従に行き着く」と説明した。[100]

ハイエクが、自分はそのようなことは言っていないとひんぱんに抗議したにもかかわらず、こうした解釈がまかり通っていたのである。ハイエクが公に行った抗議としては、一九七六年版の序文がある。「ハイエクは社会主義に向かういかなる動きも必ず全体主義に行き着くと主張した、とよく言われる。その危険は存在するが、本書で言いたいのはそれではない」[101]。

96 Tadeusz Kowalik, "Oskar Lange's Market Socialism: The Story of an Intellectual-Political Career" [1991], reprinted in *Why Market Socialism? Voices from Dissent,* ed. Frank Roosevelt and David Belkin (Armonk, New York: M. E. Sharpe, 1994), pp. 137-54.

97 Bruce Caldwell, "Hayek and Socialism," *Journal of Economic Literature,* vol. 35, December 1997, pp. 1856-90 を参照されたい。新しい情報についてはデータベースを検索されたい。

98 Darbin, op.cit., p.360. ダービンは、ハイエクが非科学的であり、自分の科学的見解に敵対していると繰り返し非難した。

99 Barbara Wootton, *Freedom under Planning,* op. cit., pp. 28, 36-37, 50, および George Stigler, *Memoirs of an Unregulated Economist* (New York: Basic Books, 1985), p. 146 を参照されたい。

100 Paul Samuelson, *Economics,* 11th ed. (New York: McGraw-Hill, 1980), p. 827.

そして公の場でないところでは、一段と強い調子で抗議した。たとえばサミュエルソンには次のような手紙を書いている。

「あなたの書かれた『経済学』の第一一版を一読した限りでは、拙著『隷従への道』について誤った説明をされているようです。こうした誤解はとくに最近ひんぱんに見受けられ、悪意のある歪曲としか思えません。こうした歪曲は、私の主張全般の信用を落とす結果となっています……あなたの著作では、私が『市場経済から一歩でも離れて福祉国家をめざす社会改革に歩み始めたら、不可避的に全体主義国家になってしまう』と主張したことになっています……

ですが、『隷従への道』を読んだことのある人なら、初版から一貫して冒頭に次のように書かれていることを、誠意をもって証言してくれるでしょう…『また、今後の展開が不可避だと言うつもりもない。もし不可避なら、この本を書く意味はなかろう。手遅れにならないうちにいまの取り組みの行く先に気づけば回避できるからこそ、書くのである』[102]……」

この「不可避論」的な解釈はハイエクの敵味方双方に広まっていたし、ハイエク自身が何度もそれに抗議したことを考慮すると、なぜこのような行き違いが起きたのか、ここで解明しておくべきだろう。

サミュエルソンに宛てたハイエクの手紙から、「不可避」という言葉に関する一つの解釈を除外することができる。それは、イギリスにせよアメリカにせよ、今後何をしようともはや後戻りはできない、社会主義の未来は全体主義しかない、といった歴史の不可逆性を表すために「不可避」を使ったのではないということだ。そもそもハイエクは「社会主義と社会の研究」と題する論文の中でまさにこの種の不可避論を批判しており、歴史の法則に基づけば将来予測は可能だとする歴史主義を攻撃しているのである。

ハイエクが使った「不可避」という言葉は、軌道修正しないと隷従への道を進んでしまうという警告の意味で解釈すべきである。ハイエクが『隷従への道』を書いた目的の一つが警鐘

101 一九七六年版序文を参照されたい。ハイエクは「それは本書の言いたいことではない」とはっきり述べている。この部分でハイエクは、広く誤解が広まった責任の一端は、ダイジェスト版や漫画版にあると言いたかったのだと思われる。実際、ダイジェスト版では、不可避ではないと断った部分が削除され、原文では強調表示になっていない箇所がイタリックになっている。「ファシズムとナチズムの台頭は、先行世代の社会主義への傾斜に対する反動ではなく、そうした傾向自体の必然的な結果なのだが、それに気づいている人もまずいない」。前掲ダイジェスト版を参照されたい。

102 Letter, Hayek to Paul Samuelson, December 18, 1980, Hayek Papers, box 48, folder 5, Hoover Institution Archives. ハイエクが、誤解の根源はサミュエルソンであるかのように示唆したのは、正しくない。というのも、この誤解はすでに広く行き渡っていたからだ。なおこの手紙に対してサミュエルソンは謝罪し、将来の著作でハイエクの見解を正確に説明するよう努めると約束した。

を鳴らすことだったのはまちがいない。隷従へと向かう危険性に気づかずにこの道を歩み始めてしまうことをハイエクは何よりも恐れていた。そのことは、デトロイト・エコノミック・クラブでの講演からも読み取ることができる。「議論の末に総意でもってまちがった道を選ぶのではなく、何の警戒もなくそこに迷い込んでしまうからこそ危険は大きいのです」[103]。ハイエクの批判者は、第4章のタイトルが明確に示しているとして、計画は「不可避」なのだと主張した。そして「自由のための計画」を支持しない限り、全体主義に突き進むことになるとハイエクが述べたとしている。だがハイエクが力の限り訴えようとしたのは、全体主義に対抗する手段を示すことではなくて、計画それ自体が全体主義国家へ向かう重要な一歩となるのだと警告を発することだった。

ハイエクを読むもう一つのやり方は、彼は歴史の観点からではなく、論理の観点から述べたのだと解釈することである。ハイエクは、「自由社会主義者」が選択の自由を認め、個人の選択を尊重することは承知していた。彼が否定したのは、そうした価値観を維持したまま広範な中央計画プログラムを実行できるという主張である。「社会主義というものは、大方の社会主義者が同意しない方法でしか実現し得ない」と彼は単刀直入に述べている[104]。仮に「自由社会主義」の実験として始めたとしても（現実の世界でそうした例はないが）、全面的な計画経済を実施するためには、計画当局が生産に関してすべての決定を下さなければならない。そして何であれ決定を下すためには、政治的な支配を強めざるを得ない。真の計画社会の実現をめざす場合、経済の支配と政治の支配を切り離すことはできないのである。これが、計画経済に反対するハイエクの論理的な根拠だった。これについては一九三九年のパンフレット「自由と経済制度」でも簡潔に論じている。

「結局のところ、計画が必要だという合意があっても、個別の計画について合意を形成する民主的な手続きがうまく機能しないとなれば、政府なり誰か一人の人間なりに、その責任において実行する権限を与えざるを得ない。そして計画を実行に移すには、全体を指揮する責任者は民主的な手続きの束縛を免れる必要があるという考えが、次第に受け入れられるようになる[105]」

『隷従への道』を執筆中にハイエクが最も懸念していた国々（西欧の民主国家とアメリカ）

103 F. A. Hayek, "The Road to Serfdom, an Address before the Economic Club of Detroit," op. cit., p. 4.

104 『隷従への道』第10章。

105 F. A. Hayek, "Freedom and the Economic System" [1939], op. cit., p. 205. 講演でハイエクの主張を解説すると、聴衆から厚生経済学におけるアローの不可能性定理との類似性を指摘されることが一度ならずあった。

は、左翼政治家がどう言おうと完全な中央集権的計画経済にはいたらなかったし、生産手段の全面国有化にもいたらなかった。たとえば、イギリスでそうした動きが最も顕著だったのは終戦直後だが、一九四〇年代後半のピーク時でさえ、産業の国有化率は二〇%にとどまった。

ハイエクの主張を不可避的な動向を予言したものとみなす人々は、この結果を以て、歴史は彼の主張を覆したとみなすだろう。ハイエクが警告を発したのだと考える人々は、災厄からの救い主として感謝するだろう。だがハイエクの論理を厳密に捉えるなら、西欧の民主国家がその後に辿った道のりだけを見て、ハイエクの主張の当否を論じることはできない。たしかに西欧の民主国家の多くは実質的に福祉国家となったし、ハイエクは福祉国家の危険性をのちに指摘してもいる。だがそうした国の出現は、それらが成功であれ失敗であれ、『隷従への道』で主張されたハイエクの論理を覆すものではない。福祉国家は社会主義国家ではないのである。

ハイエクの論理的主張を評価する正しい方法は、現実の世界の政体のうち、生産手段を完全に国有化し、且つそれなりの経済効率を実現し、財と職業の選択の自由をある程度確保している例がいくつあるか、を問うことだ。それを数え上げたうえで、生産手段を国有化し、広範な計画と統制に向かい、それに伴って個人の自由が失われた例がいくつあるか数えて、両者を比べる。これが正しい評価方法だと認められるなら、ハイエクの主張の正しさは全面的に証明されたことになる。そう、完全な社会主義を実現できるのは、大方の社会主義者が同意しない方法をとったときに限られるのである。

『隷従への道』の今日的意義

『隷従への道』を読むこと（あるいは読み直すこと）は、楽しいという人もいれば、腹立たしいという人もいることだろう。この本は今日もなお、ハイエクの思想に対する共感の度合いを測るバロメーターとなる。若い読者はすこしばかり当惑するかもしれない。論文としての要素を備えてはいるが、ハイエク自身も認めるとおり、「時事的な小冊子」の要素も大いに持ち合わせているからだ。[106] また、第三帝国の歴史に疎い読者にとっては、ユリウス・シュトライヒャーやロベルト・ライといった名前は聞き覚えがないにちがいない。それに、リチャード・アクランドの「前進」運動や「臨時国家経済委員会」のことを覚えている人は、いまやほとんどいないだろう。

106　一九七六年版序文を参照されたい。

しかし同時に『隷従への道』には、時代を超えた思想が詰まっている。ハイエクがこの本を書いた直接の目的は、イギリスの読者に対し、法の支配に基づくあなた方の自由民主主義は軽蔑の的になるべきものではなくて国家の宝なのだと、時代遅れの邪魔な遺物ではなくていまなお力強い社会の指針なのだと、説得することにあった。これをどう受けとるかは各自の解釈に大きく左右されるにしても、ハイエクのメッセージには、ときたま見直すだけでは済まされない訴求力がある。

『隷従への道』のもう一つのテーマは、戦時体制が市民社会におよぼす危険を警告することだった。こちらのほうは、本文の特定箇所ではなく序文のほうから明確に読み取れるかもしれないが、これが執筆の大きな動機だったことはまちがいない。というのも、戦時中には、長い苦難の末に勝ちとった市民の自由があっさりと放棄されてしまう危険性が高いからだ。さらに危ないのは、政治家が口実としての戦争の魅力を本能的に察知していることである。国家存亡の危機となれば、共通の利害や共通の目的に訴えることが可能になる。戦時であれば、指導者は国民に犠牲を求めることができる。全員が団結して敵に立ち向かわなければならない。本物の戦争のときはたしかにそうだとしても、大勢を結集させる手腕に長けた抜け目のない政治家は、党派を問わず、平時であっても戦争の比喩を巧みに使う。最近の例のごく一部を挙げるだけでも、麻薬戦争、貧困との戦い、対テロ戦争、といった具合である。[107] 本物の戦争以上にこれらの戦争が厄介なのは、きりがないことだ。この手の戦争は永遠に焚き付けられる。

ハイエクは、こうした好戦的な表現に注意せよと呼びかける。戦争を効果的に戦い勝利を収めるために、国家の権力や規模が大きくなりがちであることをハイエクはとりわけ懸念していた。政治家や官僚がいかなる美辞麗句をつらねようと、彼らが権力を愛していることに疑いの余地はない。そしていったん手にした権力が、敵や危険が過ぎ去ったのちにすみやかに手放された例はまずないのである。権力はつねに監視しなければならないが、とりわけ戦時には、そして政治家が「これは戦争だ」と思い込ませようとするときにも、個人の自由を守ろうとする人々は権力に注意を怠ってはならない。[108]

最後に、読者は『隷従への道』の中に、そしてハイエクのすべての著作の中に、思想の力に対する明確な是認を読み取ることができるだろう。このことに関しては、おそらくケインズ

107　二〇〇四年にトロントで開かれた『隷従への道』出版六〇周年記念行事への寄稿の中で、スティーブン・ホロウィッツがこれらの適切な例を指摘してくれたことに感謝する。

108　権力者の憂慮すべき数々の例については、以下を参照されたい。Robert Higgs, *Crisis and Leviathan: Critical Episodes in the Growth of American Government* (New York: Oxford University Press, 1987).

の『一般理論』の最後の章にみられる一文が最もすぐれていると思われる。

「……経済学者や政治哲学者の思想というものは、正しいかまちがっているかを問わず、一般に考えられているよりもはるかに影響力がある。いや、世界を統べるものはこれ以外にまずないと言ってよい。誰からも思想的な影響は受けていないと思い込んでいる実務家は、たいていの場合、時代遅れになった経済学者の考えに囚われている。血迷った権力者は、天からのお告げを聞いているつもりかもしれないが、彼らの狂信的な思いつきは、じつは何年か前のお粗末な学者が考えたことの二番煎じなのだ。こうした思想がじわじわと浸透する威力に比べたら、既得権益の力は誇張されていると言ってよい」[109]

きっとハイエクは、この一節に即座に賛同するだろう。そしてたぶん、この一節には次のような意味が込められていると付け加えるのではないだろうか——いまの自分の考えがどこから来たのかを知らずにいれば、自らの運命を危険にさらすことになる、と。ハイエクが費やした長い苦闘の歳月、当時の人々がもはや時代遅れだとか反動だと片付けていた理念に捧げた粘り強い支持を思い起こすとき、思想の力を最もよく認識していたのは、二〇世紀にはハイエクを措いていないと言ってよいだろう。

109 John Maynard Keynes, *The General Theory of Employment, Interest and Money* [1936], reprinted as vol. 7 (1973) of *The Collected Writings of John Maynard Keynes*, op. cit., p. 383.（邦訳『雇用、利子および貨幣の一般論　上下』岩波文庫）

NIKKEI BP CLASSICS

THE ROAD to SERFDOM

隷従への道

FRIEDRICH HAYEK

フリードリヒ・ハイエク
村井章子［訳］

日経BP社

フリードリヒ・ハイエク

Photo: The Washington Post / Getty Images

THE ROAD TO SERFDOM by F.A.HAYEK.

Japanese Translation Rights arranged with Routledge,
a member of the Taylor & Francis Group
through The Asano Agency,Inc. in Tokyo.

From : "THE ROAD TO SERFDOM" Edition 1
by Bruce Caldwell (ISBN 9781315728124).
Reproduced by permission of Taylor & Francis Books UK.
Japanese Tanslation Rights arranged with Tayloy & Francis Group
through The English Agency (Japan) Ltd.

党派を問わずすべての社会主義思想の持ち主に捧ぐ

どのような自由も突然失われることは稀である。

――デイヴィッド・ヒューム[1]

どの時代に生きたとしても私は自由を愛しただろう。
だがいまこの時代には、私はよろこんで自由を崇拝する。

――アレクシス・ド・トクヴィル[2]

1　David Hume, *Essays Moral, Political, and Literary* (Alexander Kincaid, 1742, 1752)（邦訳『ヒューム道徳・政治・文学論集　完訳版』名古屋大学出版会刊）

2　Alexis de Tocqueville, *De la démocratie en Amérique* (1835-40), Section 4, Chapter vii.（邦訳『アメリカのデモクラシー』岩波文庫）

目次

隷従への道

初版序文

社会事象を専門に扱う研究者が政治について書くなら、第一の義務としてそう断らねばならない。よって、本書は政治に関する本であることをお断りしておく。社会哲学の論文を思わせるような壮大で格調高い書名にすることもできたが、真実を隠したくはなかった。もっとも書名がどうあれ、本書の本質は変わらない。私が言わんとすることはある種の根源的な価値観に根ざしている。本書の議論全体が依拠するこの根源的な価値観を余すところなくあきらかにすることが、著者にとっては第一の義務に劣らず重要な第二の義務である。本書の中でしかるべくこの義務を果たせたことを願う。

ただ、ここで一つ付け加えておきたいことがある。本書は政治を論じてはいるけれども、本書で提示した考えは、けっして私の個人的な利害から形成されたわけではないということだ。この点は、本を書く者として誰にも劣らぬ自信を持って言える。私が望ましいと考える社会が、この国の大多数の人より私個人に大きな利得をもたらすと信ずべき理由は何一つ見当たらない。それどころか社会主義に与する同僚からは、君が反対する社会でこそ、経済学者としてもっと重要な地位に就けるだろうといつも言われている。もちろん私がその思想に賛同すればの話だが。もう一つ、自分が社会主義に反対の立場をとるのは、育った環境で慣れ親しんだ思想と異質だからという理由ではないことにも自信を持っている。じつは私が若い頃に抱いていたのはまさにその思想であり、だからこそ経済学の研究を職業として選んだからである。政治的意見の表明には利害絡みの動機があると勘ぐるのが昨今のはやりのようだが、そう言いたがる人たちに対しては、こう付け加えておこう。この本を書かないほうがよい理由、あるいは出版しないほうがよい理由は無数にあったのだ、と。仲よく付き合っていきたい多くの人に不快感を与えることはまちがいないし、自分の専門によりふさわしく、かつ長期的により重要だと思う仕事をしばらく棚上げせざるを得なかった。それに何より、自分の志はすべて純粋に学問的な研究に向かっているにもかかわらず、本書の執筆が研究成果の評価にマイナスに働くことも確実である。

それでも私が本書の執筆を逃れられない義務だと考えた大きな理由は、将来の経済政策についていて現在行われている議論には奇妙かつ重大な特徴があり、しかも一般の人はそれに気づくことが容易ではないからである。その背景として、経済学者の大半がここ数年の間に戦時体制に取り込まれ、公的な立場上沈黙せざるを得なくなったことが挙げられる。その結果、この種の問題を巡る世論は、素人や変人、あるいは下心があり自説を押し売りする連中に先導されるようになった。その度合いは憂慮すべき域に達している。公の場で発言できない多くの人も、現在のこうした傾向を危惧しているにちがいない。となれば、本を書く時間のまだある者が、そうした危惧を公言せずにいてよいとは思えない。このような事情でなかったら、国策の問題を論じるのは、私などより権威のある適任者によろこんで委ねていたはずである。

本書の中心的な主張を初めて論じたのは「自由と経済体制」と題する論文だった。この論文は「コンテンポラリー・レビュー」誌一九三八年四月号に掲載され、のちに加筆訂正のうえ、H・D・ギデオンス教授が編集した「公共政策叢書」(シカゴ大学出版局、一九三九年)に収録されている。[1] これらの掲載論文から一部の再録をご承諾いただいたことに対し、編者と出

1 F. A. Hayek, "Freedom and the Economic System," *Contemporary Review*, April 1938, pp.434-42.

版社に感謝する。

ロンドン・スクール・オブ・エコノミクス
一九四三年一二月、ケンブリッジにて

F・A・ハイエク

一九五六年アメリカ・ペーパーバック版序文

もし私が始めから主にアメリカの読者を想定して書いていたら、本書はいくぶんちがったものになっていただろう。しかしたいへん広く読まれるようになったいまとなっては、アメリカにふさわしくない箇所があるとしても、書き直すわけにはいくまい。だが、この国で初めて出版されてから一〇年以上を経たいま、新装版が発行される運びとなったことは、当初の目的を説明するよい機会かもしれない。また、この国での予想外の、そして多くの意味で興味深い成功についても、すこしばかり所感を述べるよい機会だと感じている。

本書は第二次世界大戦中にイギリスで書いたもので、イギリスの読者のみを念頭に置いていた。正確に言えば、イギリスのあるきわめて特殊な人々に呼びかける目的で書いたのである。本書を「党派を問わずすべての社会主義思想の持ち主」に捧げたのは、けっして見せかけではない。本書の原点は、左翼思想に共感を抱いている友人や同僚と繰り返した議論にあり、この議論が『隷従への道』の論点にもつながっている。

ドイツでヒトラーが政権を掌握したのは、私がロンドン大学で教えるようになってから数年が過ぎたときである。[1] それでも私はヨーロッパ大陸の情報にはつねに注意を払っており、戦争が始まる直前まで大陸の情勢に通じていた。全体主義的なさまざまな運動の発端とその後の発展をつぶさに見て来た私の目には、イギリスの人々がこうした運動の性格を完全に見誤っているように映った。社会的な事柄に関して「進歩的な」意見を持っている友人たちに、とくにその傾向が強かったのである。このことを懸念した私は、戦争が始まる前にすでに、本書の骨子となる主張を短い論文にまとめておいた。

しかし戦争が始まってみると、敵国の政治制度、さらには新たに連合国に加わったロシアの政治制度に関して広く浸透したこの誤解は、重大な危険をもたらすと考えるようになった。そしてこの危険に対しては、もっと組織的な努力で対抗する必要があると感じた。その時点ですでに、イギリスが戦後に試みるつもりの政策は、まさに自由の破壊につながる種類のものであることがはっきりしていたからである。

こうしたわけで、本書は次第にイギリスの社会主義的知識人に対する警告の書という形をとるようになった。戦時中は印刷が滞りがちだったこともあり、出版にこぎつけたのは一九四四年春のことである。このような時期になったために、私の主張に耳を傾けてもらうには同盟国の政治体制に対する意見は差し控えるべきだと感じ、主にドイツの動きを例に挙げて議論を展開することになった。

本書は適切な時期に出版されたように見えたし、イギリスでの成功にはすっかり満足したものである。アメリカとはまったく種類のちがう成功ではあるが、けっして劣るものではない。本書はおおむね私の狙い通りに受けとめられ、対象とした読者によって真剣に検討された。

たしかに労働党の一部の大物政治家は、社会主義の国家主義的傾向に対する私の批判をことさらに取り上げ、外国人が書いたからという理由で本書を攻撃したが、これは例外である。本書の対象とした人々が、自分の思想を真っ向から批判している本書の結論を論じる思慮深く

1 ハイエクは一九三一～三二年度にロンドン・スクール・オブ・エコノミクス（LME）経済学の客員教授を務め、年度終了時にトゥック経済学・統計学教授に任命された。ハイエクはロンドン大学と書いているが（たしかに任命したのはロンドン大学であるが）、実際に教えていたのはLMEである。

受容的な姿勢に、私は深く感じ入ったものである。* 同じことが、本書が出版されたヨーロッパの他の国にも当てはまる。中でも、スイスで出版されたドイツ語版がついにドイツにも届けられたとき、ポスト・ナチス世代がきわめて好意的に受けとめてくれたことは、本書が私にもたらしてくれた望外の喜びの一つとなった。

　アメリカではイギリスに数カ月遅れて出版されたが、ここでの反応はかなりちがっていた。本書を執筆している時点では、アメリカの読者にアピールするとは露ほども考えていなかった。研究生としての短期間のアメリカ滞在からすでに二〇年の歳月が過ぎており、その長い年月の間、アメリカの思想の潮流がどのような展開を示してきたかもくわしく知らずにいた。[2] だからアメリカの人々にとって本書がどのような直接的意味を持つのか、私にはわからなかった。本書の出版を三社から断られたときにも、さして驚かなかったほどである。** 最終的に本書が出版され、一般大衆向けでないこの種の本として前代未聞の売れ行きを示し始めたことは、ほんとうに予想外の出来事だった。*** また、政治的な右派・左派両方からの反応の激しさにも、これに劣らず驚かされた。一方が本書を手放しで称賛する傍らで、他方は強い嫌悪感をあらわにしたのである。

　イギリスで起きたこととはまったく逆に、アメリカでは本書が主に対象とした人々は、自分たちの高邁な理想に悪意のある攻撃を仕掛けられたと受け取り、即座に拒絶反応を起こしたようである。彼らは、本書の主張を入念に検討しようともしなかった。本書に対する一部の批

* イギリスにおける左派からの批判で代表的なものを挙げるとすれば、バーバラ・ウートンによる率直且つ礼儀正しい研究 *Freedom under Planning*（計画経済の下での自由）になるだろう。アメリカでは、この論文は私の主張に対する実質的な反論として引用されることが多い。しかしあるアメリカの書評家は「これは実質的にはハイエクの主張を裏付けている」と指摘したし、私としても、少なからぬ人がそうした印象を持ったと感じている。Chester I. Barnard, "Review of Freedom under Planning," *Southern Economic Journal*, vol. 12, January 1946, p.290 を参照されたい。

** 当時私は知らなかったのだが、これらの出版社の一つを奨めてくれた人物が認めたところによると、断られたのは売れそうもないからではなく、政治的偏見からだったようである。この偏見から、本書に対して「定評ある出版社から刊行するには適さない」という所見が述べられたこともある。W・T・カウチが引用したウィリアム・ミラーの所見は、"The Sainted Book Burners," *The Freeman*, vol.5, April 1955, p.423 および William Miller, *The Book Industry: A Report of the Public Library Inquiry of the Social Science Research Council* (Columbia University Press, 1949), p.12 を参照されたい。

*** これには、本書の圧縮版がリーダーズ・ダイジェスト社から発行されたことが少なからぬ貢献をした。私は、同誌の編集部がこちらの助けを一切借りずに要約を作成した並々ならぬ手腕をここで証言しておきたい。複雑な議論をオリジナル版の数分の一にまで圧縮すれば、過度の単純化は避けられないものだ。しかしこの作業で内容が歪むということはなかったし、私自身がやるよりもみごとな要約になったことは驚嘆すべき仕事と言わねばならない。

2 ハイエクは一九二三年三月から二四年五月にかけて、研究生としてニューヨーク大学博士課程に在籍した。

評で使われた言葉遣いや感情的な表現は、異常と言わざるを得ない。* だが、これに劣らず驚愕したのは、この種の本を読むとは思いもよらなかった人々から熱狂的な称賛を受けたことである。じつは私には、この人たちがほんとうに読んだとはいまだに思えない。また本書の使われ方を見ると、アクトン卿の指摘はまことに正しかったと思い起こされることも、付け加えておきたい。アクトン卿はこう述べている。「いつの時代にも、自由の誠実な友でいる人はめったにいなかったし、自由の勝利はつねに少数派によるものだった。彼らは、自分たちとは目的が異なる者を味方につけることによって、勝利を収めてきた。だがこのような連携はつねに危険であり、ときには災厄を招く」[3]。

大西洋の両岸でこれほど極端に反応がちがうのは、国民性のちがいだけが原因とは思えない。私は次第に、当時の思想の状況に何か大きな相違点があるのではないかと考えるようになった。イギリスでは、また一般にヨーロッパでも、私が取り上げた問題はもう長いこと抽象的な事柄ではなくなっていた。本書が論じた思想はかなり前から現実の形をとっており、その熱狂的な支持者たちは、自分たちが信奉する思想を実行に移した場合の困難や予想外の結果まで、ある程度具体的に見聞していたのである。だから私は、本書を読むようなヨーロッパの読者の大半が多かれ少なかれ身近に経験した現象を論じたのであって、多くの人がすでに直観的に感じていたことを系統立てて一貫性を持って論じたにすぎない。これらの思想に対する幻滅もすでに生まれており、私の批判的な検証はそれを明確な形で表しただけとも言える。

これに対してアメリカでは、そうした思想はまだ新しく、それだけに伝染性が強かった。知識人の多くがこの思想に染まるまでに、イギリスでは四、五〇年かかったが、アメリカでは一〇年か一五年しかかかっていない。ニューディールという実験的な政策が導入されてはいたが、合理的に建設された新しい社会というものに対するアメリカ人の熱狂は、現実の体験に根ざすものではなかった。ヨーロッパの多くの人々がある意味で既視感《デジャビュ》を覚えたものが、アメリカの過激思想の持ち主にとってはまだ、よりよい世界の輝かしい希望だったのである。彼らはそうした理想を信じ、近年の大恐慌の間中、大切に温めていた。

アメリカでは世論の移り変わりが早い。『隷従への道』出版前のごく短期間のうちに極端な計画経済が真剣に支持されるようになり、政権で重要な役割を担うことになる人々の間でロ

＊ 現代のアカデミックな議論においておそらく唯一と言えるような罵詈雑言の見本に興味がある読者は、ハーマン・ファイナー教授の *Road to Reaction*（反動への道）を読まれたい。

3 John Emerich Edward Dalberg-Acton, First Baron Acton, "The History of Freedom in Antiquity," reprinted in *The History of Freedom and Other Essays* (London: Macmillan, 1907).

シア・モデルが手本と仰がれるようになったのであるが、もはやいまとなってはそれを思い出すことさえむずかしい。この経緯を詳細に論じるのはわけもないことだが、いまさら個人名を挙げて批判するのは不公平というものだろう。ここでは、次の点を指摘しておけば十分と考える。一九三四年に新たに設置された国家計画評議会（NPB）は、ドイツ、イタリア、日本、ロシアの四カ国で実施された計画の実例に多大な関心を寄せていたということだ。[4] それから一〇年後には、これらの国がことごとく「全体主義」国家であることを知り、うち三カ国とは長く戦火を交え、やがて四番目の国と「冷戦」を始めることになるのは改めて言うまでもあるまい。だが当時のアメリカの計画論者は、これらの国における政治体制の変化が経済政策と浅からぬ関係がある、という本書の指摘を憤然と却下した。計画経済はロシアから始まったという見方を断固否定し、本書を強く批判した論者に倣って「イタリア、ロシア、日本、ドイツはそれぞれまったく異なる経過をたどって全体主義に到達した」と主張することが流行になったのである。[5]

こうした次第で、『隷従への道』が出版された当時のアメリカの知的環境は、鋭く対立する二つの集団の一方は本書に衝撃を受け、他方は大歓迎するという状況になっていた。その結果、本書は一見すると大成功を収めたように見えるのではあるが、必ずしもそれは私にとって望ましい種類のものではなく、また他国での反応とは異質なものであった。本書の主な結論が今日では広く受け入れられていることは、事実である。一二年前には、ファシズムも共産主義も全体主義の変種に過ぎない、どれも計画経済の落とし子だという主張は、多くの人にとってほとんど冒瀆と感じられたことだろう。だがいまではこの見方はごく普通になっている。さらに、民主社会主義ですらきわめて不安定で心許ないイデオロギーであって、内部矛盾ゆえの分裂が発生し、多くの支持者にとって嫌悪すべき結果をあちこちで招いていることが広く認識されている。

これは、本書の貢献というよりは、社会主義的な思想に対する熱が醒め、問題点が広く議論されるようになったことが大きい。* また、取り上げたテーマが出版当時にはきわめて独創的だったためでもない。本書と同じような警告はもっと早くから発されていた。その大半は忘れ

* この現象に最も寄与したのは、まちがいなく、ジョージ・オーウェルの小説『一九八四年』である（George Orwell, *1984: A Novel* (New American Library, 1949)。オーウェルは本書の書評を書いてくれたこともある。

4 国家計画評議会（NPB）はのちに国家資源計画評議会（NRPB）となり、フレデリック・デラノ、チャールズ・メリアム、ウェスレイ・クレア・ミッチェルらが議長を務めた。一九四三年に廃止された。

5 この論敵はアルヴィン・ハンセンを指すと考えられる。Alvin W. Hansen, "The New Crusade against Planning," *New Republic*, January 1, 1945, pp.10-12 を参照されたい。

られてしまったが、私が批判した政策に伴う危険性は、じつは繰り返し指摘されていたのである。本書に何らかのメリットがあるとすれば、それは、同じ警告を繰り返したことではなく、計画経済が望まぬ結果を生む理由とそうした結果に至るプロセスを粘り強く説き、詳細に検証したことにあると言えよう。

こうした事情から、本書がアメリカで初めて出版されたときよりも、いまのほうが本書の主張をまじめに検討できる状況になっているのではないかと思う。本書が主に批判した急進的な社会主義、すなわち国家が生産手段の主たる所有者として経済活動を意図的に組織する思想は、西側社会ではもはやほぼ死に絶えたと言ってよかろう。それでも本書にはなお果たすべき役割がある、と私は信じている。先ほどの意味での社会主義の世紀は、おそらく一九四八年頃に終わった。この運動の指導者でさえ、社会主義の幻想の多くを捨て去っている。そしてアメリカでも他の国でも、社会主義という名前自体が魅力の大半を失った。もちろんこの先も、以前ほど教条的でなく体系的でない社会主義運動を起こそうという動きは出てくるだろう。だがかつての社会主義運動を特徴付けていたような徹底的な社会改革をめざす動きに対しては、明確な反対論が形成されており、そうした運動の拡大を阻んでいる。

このように急進的な社会主義がおそらくは過去のものになったとしても、その観念の一部は現在の思想的風土の中に深く入り込んでいる。だから、安心するのは早計に過ぎる。なるほど、理想の青写真通りに社会を根底から作り直したいと考える人は、西側社会にはほとんどいないかもしれない。しかし現在のいくつかの政策は、全面的な社会改革を意図してはいないものの、全体的な効果としては図らずも同じ結果をもたらしかねない。そして、そうした政策を支持する人は大勢いる。しかも、長期的には自由社会の維持と相容れない政策に対する支持は本書の執筆時点よりも拡がっており、もはや一党だけの問題ではなくなってきた。福祉国家の名の下に無理矢理まとめられた一貫性のない理想の寄せ集めが、社会主義に代わって改革者の目標となっているのである。この手の福祉国家政策は注意深く検証し、全面的な社会主義と同じ結果を招かないかどうか、選別する必要がある。だからといって、福祉国家政策の目標が非現実的だとか称賛に値しないと言うつもりはない。だが、同じ目標をめざすにしても、やり方はいろいろあるはずだ。現在の世論を見る限りでは、性急に結果を出そうとするあまり、ある種の目的達成には効果的だとしても、自由社会の維持に反するような手段を選んでしまう恐れがある。正規に法律改正を経るやり方でも、時間はかかるが同じ目的を達成できるはずだ。にもかかわらず、政府による強制や選別に頼ったり、国家による直接管理に委ねたり、独占的な機関を創設し経済的な誘因を巧みに使って国民を誘導する傾向が次第に増えているのは、社会主義全盛時代が残したありがたくない置き土産である。この置き土産は、今後長期にわたって政策に影響をおよぼす可能性が高い。

この先、政治的なイデオロギーがある一つの明確な目標をめざす可能性は低く、小出しの修正が行われるようになるだろう。だからこそ、ある種の政策が市場経済の基盤を削り取り、自由な文明の創造的な力を徐々に窒息させていくプロセスをきちんと理解することが、きわめて重要になってくる。ある種の経済管理がなぜどのように自由社会の活力を麻痺させることになるのか、この点でどんな種類の政策がとくに危険なのか。このことを理解できて初めて誰一人として望んでいなかった結果を招く事態を防ぐことができる。

そして本書は、このきわめて重要な仕事に貢献できるだろう。現在の落ち着いた状況であれば、本書は本来の狙い通りに受けとめてもらえるのではないかと思う。何らかの社会改良や社会実験に対する抵抗を激励する書としてではなく、体制や制度の変更をする場合には、引き返せない道に乗り出す前に必ずある種のテストを経なければならないという警告の書として。

本書がもともとはイギリスの読者だけを対象に書かれたものではあるが、アメリカの読者にとって理解しがたいということはないはずである。ただし誤解を防ぐためにここで説明しておかねばならない言葉の使い方が一つだけある。それは、「リベラル」である。私は一貫して、もともとの一九世紀の意味でこの言葉を使った。現在のイギリスでもこの意味で使われている。だが現在のアメリカでは、往々にしてほとんど反対の意味で使われているようだ。この国では「リベラル」は、政府によるほぼすべての種類の規制や管理に対する支持を意味するようになった。そのせいで自由を本気で信じている多くの人の頭が混乱してしまったのだろう、この言葉は左派の格好の隠れ蓑《みの》となっている。真剣に自由を尊重するアメリカ人の多くが、なぜこの重要な言葉の独占を左派に許したのか、いまだに理解できない。それどころか、左派を非難して「リベラル」と呼び始め、この言葉の誤用に拍車をかけたのであり、これまた理解に苦しむところである。この誤用の結果、真のリベラルが自分たちを保守《コンサバティブ》と名乗らざるを得ない羽目に陥ったのだから、まことに嘆かわしい。

言うまでもなく、強権国家の信奉者と闘う場合には、真のリベラルは保守と手を組まなければならないだろうし、状況によっては（今日のイギリスのように）それしか道がないこともあるだろう。だが真の自由主義《リベラリズム》は保守主義とはかけ離れた思想であり、両者を混同するのは危険に過ぎる。保守主義は、安定した社会には必然的に生じるものではあるが、社会には寄与しない。保守主義には家父長主義的で愛国的で権力崇拝的な傾向があり、真の自由主義よりも社会主義に近づきがちである。さらに伝統を重んじ、反知性主義で、しばしば非理性的であるため、他の思想に幻滅した一時期を除けば若者にはアピールしないし、よりよい世界をめざすには何らかの改革が望ましいと感じる人々にも支持されない。保守主義は、その本質からして既得権を守ろうとするし、そのために政府の力に頼ろうとする。これに対して自由主義の立場の本質は、いかなる特権も認めないことだ。特権という言葉を、一部の人にのみ権利を与えて擁護し、平等の条件では他の人に与えないという本来の正しい意味で理解する限りにおいて、自由主義者はこれを認めない。

初版からほぼ一二年が過ぎたいま、どこも手直しせずにペーパーバック版を出すことについてもお詫びしておかねばなるまい。じつは修正を試みたことは何度もある。よりくわしく説明したい箇所、よりていねいに論じたい箇所、より多くの具体例やデータで裏付けたい箇所がいくつもあるからだ。だが書き直しを試みるたびに、言いたいことの重要部分を網羅しつつ短い本にまとめることはもうできない、と感じざるを得なかった。書き直すことにどれほどメリットがあるとしても、この短さが重要だと私には思えた。こうして、本書の議論に付け加えたいことがあれば別途取り上げるほかないという結論に達したのである。すでにいくつかの論文を書き始めた。その一部では、本書ではごくかんたんに言及しただけの哲学や経済の問題を論じている。[*] また、本書で批判した思想のルーツに関わる問題や当時の知的潮流との関係性については別の論文で取り上げた。[**] さらに平等と正義の問題は、本書ではあまりに手短かに論じただけであったので、近日中によりくわしい本にまとめたいと思っている。[***]

とはいえ、読者が私の意見を期待しているにちがいないと思われる問題が一つある。これについても、新たに本を書かない限り十分に論じることはできないのではあるが、この機会に触れておくことにしよう。『隷従への道』が初めて出版されてから一年ほどしてイギリスでは社会主義政権が誕生し、六年にわたり政権を維持した。このときの経験が私の懸念をどれほど裏付け、あるいは反証したかということは、私がここで不十分ながらも答えるべき問いであろう。言うまでもなく、このときの経験は私の懸念を裏付ける結果となった。加えて、抽象的な議論だけでは納得しなかった多くの人々に、私が指摘した問題点は現実にどういうことなのか

＊ Hayek, *Individualism and Economic Order* (University of Chicago Press, 1948)（邦訳『個人主義と経済秩序』春秋社刊）。

＊＊ Hayek, *The Counter-Revolution of Science* (The Free Press, 1952; reprinted, Liberty Press, 1979)（邦訳『科学による反革命』春秋社刊）。

＊＊＊ このテーマに関する小論は、エジプト国立銀行から四回の連続講演をまとめる形で *The Political Ideal of the Rule of Law* (The National Bank of Egypt, 1955) として刊行された。（編注　これはのちに、Hayek, *The Constitution of Liberty* (University of Chicago Press, 1960)（邦訳『自由の条件』春秋社刊）に収録されている。）

を教える結果になったと確信している。なにしろ、労働党政権が誕生してまもなく、アメリカでの私の批判者が歯牙にもかけなかった問題の一部が、イギリスでは政治論議の主な論題となったのである。政府の公式報告『一九四七年経済調査』でさえ、計画経済政策が全体主義を招く危険性を真剣に検討するようになった。この種の政策がその論理的帰結として社会主義政権を意図せざる強制に導くことを、この報告の次の一節ほど明確に示した文書はほかにあるまい。

「全体主義に基づく経済計画と民主主義に基づく経済計画は、本質的に異なる。前者においては、国家の要求がすべての個人の好みや望みに優先する。このため、国家はさまざまな強制手段を使って個人から選択の自由を奪う。大規模な戦争という究極の非常時であれば、民主国家であってもこのような方式が必要になることはありうる。実際にもそうした場合には、イギリス国民は労働者に命令する権力を戦時政府に委ねてきた。だが平時には、民主国家の国民が選択の自由を政府に委ねることはない。したがって民主主義政権は、最大限の選択の自由を市民に保障するようなやり方で経済計画を実行しなければならない[6]」

なかなかに意図は立派である。だが注意すべきは、この意思表示の六カ月後には、この同じ政府が法律に基づいて労働者の強制徴用を再開したことだ。平時に、である。要するに強制力を手にしたとわかっていたら、その行使を控える当局はまずないのであって、これまで行使したことがないことは何の保証にもならない。理解に苦しむのは、政府がなぜ幻想に囚われたままなのかということだ。この同じ報告書には「政府はどのような資源の使途が国益に最も適うかを判断し……国民のために経済運営を行い、何が最も重要で、政策の対象は何であるべきかを決める」べき時が来たと述べられているのである。

言うまでもなく、社会主義政権が維持された六年の間にイギリスが全体主義国家に近づいたということはない。だが、だからと言って『隷従への道』の主張は成り立たないと考える人たちは、重要な点を見落としている。長期にわたる政府の規制・管理がもたらす最も重大な変化は心理的な変化であり、人々の性格が変わっていくことだ。このような変化は、数年ではなくおそらくは一世代、あるいは二世代かけてゆっくりと起きる。ここで重要なのは、人々が抱く政治理念や政府に対する考え方は、政治制度の結果でもあれば原因にもなるということだ。これはつまり、政治的自由の長い伝統があるとしても、新しい制度や政策が徐々にその精神を蝕み死に絶えさせる危険がある以上、その伝統はけっして安全弁にはならないということであ

6 *Economic Survey for 1947*, Cmd. 7046 (HMSO, 1947).

る。まだ間に合ううちに危険に気づき、そうした危険な政策を推し進める政党を追放するだけでなく、危険の本質を理解して確実に方法転換するなら、このような結果は防げるだろう。だがイギリスにおいて、後者がなされたと考えてよい理由は見当たらない。

イギリスの人々の性格には確実に変化が起きている。この変化は、労働党政権の時期だけに起きたものではなく、イギリス国民が家父長主義的な福祉国家の恵みを謳歌している長い期間にわたって起きた。このことは、疑う余地がない。この変化を具体的に説明するのはむずかしいが、イギリスに暮らした人ならはっきりと肌で感じるにちがいない。どのような変化なのかを説明するために、ここでは過剰な規制が若年層の心理的傾向におよぼす影響を調べた社会学的調査から、いくつか重要な節を引用することにしたい。この調査は労働党政権誕生よりも前の、ちょうど本書の初版が発行される頃に実施されたもので、戦時中の規制の影響を主に扱っている。そうした規制を恒久化したのが労働党政権だった。

「都市部では自治的な裁量権が次第に狭められ、ついにはほとんど失われた。学校でも、職場でも、通勤通学途上でも、さらには家庭のあり方についても、誰もがふつうに行うようなことまで禁止されたり義務づけられたりした。混乱を招く山のような規則について助言する市民相談局なるものが設置され、まだ市民に選択の余地がある些末な事柄をあれこれ指図した……青少年は、まず規則集を確認してからでないと指一本挙げられないような状況になった。都市部に住むふつうの若者の平日の日課を見ると、起床時間から始まって何から何まで中央からの指令で予め決められたとおりにこなしていたことがわかる。若者は指令の決定に関与しておらず、その正確な意図を理解しておらず、それが適切かどうかを判断することも許されていない……若者にはもっと多くの規律や規制が必要だという見方は軽率に過ぎる。むしろ若者はすでに行き過ぎた規制でがんじがらめになっていると言うべきだ……彼らの親も兄姉も同じように規則責めに遭っている。親兄弟が何か社会的な企図を自分で計画し独力で実行することはめったにない。そうした状況に、若者は慣れ切っている。だから、自分が将来何かにしっかりした責任を持つとは予想していない……若者は、外部からの無意味としか思えない多くの規制に従うことを強制されるため、ともかくも規則のないところに逃避して怠けることばかり考えるようになる」*

こうした状況で育った世代が、はめられた足かせをかなぐり捨てる気にもなるまいと懸念するのは、悲観的に過ぎるだろうか。あるいはこの記述は、トクヴィルの言う「新種の隷従状

* L. J. Barnes, *Youth Service in an English County: A Report Prepared for King George's Jubilee Trust* (London, 1945), pp.18-21.

態」を裏付けているのではあるまいか。

「……このように個人を次々にその強力な手で掴め取り、思うがままに作り替えてから、おもむろに社会全体に手を伸ばす。そして、複雑で細かい規則の網で画一的に社会全体を覆い尽くす。どれほど創造的で活力のある人間でも、この網を突き破って大衆を率いることは望めない。個人の意思は、打ち砕かれるわけではないが、和らげられ、緩められ、指導される。強制はされないが、絶えず行動に制約を受ける。そうした権力は、破壊はしないが存在を困難にする。暴政を行わないとしても、人々を圧迫し、気力を失わせ、麻痺させる。そしてしまいには、国民は従順で勤勉な羊の群に成り下がり、政府は羊飼いになるのである。ここに描写したのは、おだやかで安定した平和な隷従状態と言えよう。このような隷従状態は、一般に考えられている以上に容易にある種の表面的な自由体制と結合しうるし、国民主権の下でそうした体制が確立されることさえあり得ると、私はつねに考えてきた」*

ただトクヴィルは、無法者集団が政治における伝統的な良識を無視して未来永劫権力を掌握することが容易になったとき、そうした政府が果たしていつまで慈悲深い独裁者によって導かれるのか、ということは考えなかった。

読者は気づいていないかもしれないが、私は社会主義思想を掲げる党派が意図的に全体主義体制をめざしていると非難したことは一度もない。また、古い社会主義運動の指導者たちがそうした傾向を示したと批判したこともない。本書で私が論じたのは、そしてまたイギリスにおける労働党政権の経験から一段と確信するようになったのも、社会主義に基づく計画経済は予見されていなかった結果をもたらすということである。彼らの政策が遂行されれば、必ず全体主義が優勢になる事態を招く。それは予見されなかったとしても、必然の結果なのである。だから私は「社会主義というものは、大方の社会主義者が同意しない方法でしか実現し得ない」と断言し、さらに「古いタイプの社会主義政党は、民主的な理想を抱いていたために歯止めがかかっており、自分たちの使命を遂行するだけの冷酷さに欠けていた」と付け加えたのだった。[7] イギリスの労働党政権においては、二五年ほど先輩であるドイツの社会主義と比べ、こうした歯止めが弱かったのではないかと懸念する。すくなくともドイツ社会民主党が、イギリス以上に経済の悪化した一九二〇年代に、イギリスの労働党政権ほどには全体主義的な計画

＊ Alexis de Tocqueville, *Democracy in America*, the Henry Reeve text as revised by Francis Bowen. のちに Philips Bradley の編纂により、序文、編集注記、略歴を付して出版された (Alfred A . Knopf, 1945)（邦訳『アメリカのデモクラシー』岩波文庫)、Vol. 2, Book 4, chapter 6, p.319.

7　ここで引用された文章は、いずれも本書の第10章にある。

経済に近づかなかったことはまちがいない。

ここでは労働党の政策の影響をくわしく検討する余裕がないため、先入観に染まっていないと考えられる専門家の判断を取り上げることにしたい。労働党に対する最も痛烈な批判の一部は、自身がかつて同党のメンバーだった人々によるものである。たとえばアイバー・トーマスがそうだ。彼は著書の中で、おそらくは離党の理由を説明するために、次のように書いている。「人間の基本的な自由という観点からすると、共産主義、社会主義、国家社会主義の間にたいしたちがいはない。どれも、集産主義国家あるいは全体主義国家を代表するものにほかならず……その本質においては、完成された社会主義は共産主義と同じであり、ファシズムともほとんど変わらない[*]」。

最も懸念すべきなのは、まさに本書の第6章で述べた理由により、政府による裁量的な強制が増えていること、あれほど大切にされてきたイギリス的自由の基盤である法の支配が徐々に破壊されていることだ。もちろんこのプロセスは、労働党が政権の座に就くはるか前から始まっていたし、戦争によって悪化した面もある。それでも、労働党政権の下で始まった計画経済の試みが、イギリスでは果たして法の支配が維持されるのか疑わざるを得ないようなところまで進んだことはまちがいない。二五年前に主席裁判官が警告した「新種の専制政治」は、もはや単なる危険性ではなく確たる事実だと最近のエコノミスト誌が指摘している。** まちがいなくこれは、良心的で実直な官僚による専制政治だ。彼らは、自分たちは国家にとってよいことをしていると誠心誠意信じている。だが現実には、議会による有効な監視を免れた裁量的な政府であり、しかもその機構は、目下の好ましい目的以外のどんなことにも活用できるのである。最近イギリスの高名な法学者が、こうした傾向を緻密に分析して次のような結論に達した。「今日のイギリスは、専制国家の瀬戸際まで来ている。専制体制への移行はじつにかんたんに、すばやく、そして完全に合法的に行われるだろう。この方向に向けてすでに多くの手が打たれており、残された部分はごく少ない。これは、今日の政府が完全な権力を掌握しているうえ、成文憲法や効力を持つ上院の存在といった効果的なチェック機能が存在しないためである」。*** 私には、これが誇張であるとは思われない。

* Ivor Thomas, *The Socialist Tragedy* (Latimer House Ltd., 1949) pp. 241,242. #アイバー・バルマー・トーマスはイギリスのジャーナリスト、作家である。

** 一九五四年六月一九日の記事 Report on the Public Inquiry Ordered by the Minister of Agriculture into the Disposal of Land and Crichel Down (Cmd. 9176: H.M. Stationery Office, 1954)。計画を担当する官僚の心理に興味がある向きにとって、これは真剣に読むに値する。

*** G. W. Keeton, *The Passing of Parliament* (Ernest Benn Ltd., 1952), p.33.

イギリス労働党政権の経済政策やその結果に関する詳細な分析については、ぜひともジョン・ジュークス教授の『計画経済による迫害（Ordeal by Planning）』（Macmillan & Co., 1948）を読まれたい。本書で一般的に扱った現象の具体例を論じた著作としては、私の知る限りで同書にまさるものはない。イギリスのみならず多くの国にとって教訓を示してくれる点でも、本書を補うものとしてまさにふさわしい本である。

イギリスに再び労働党政権が出現することがあるとしても、大規模な国有化や計画経済を行う可能性はもはや低いだろう。だがイギリスでも、世界のどの国でも、組織的な社会主義運動の敗退は、自由の維持を願う人々に一息つく暇を与えたにすぎない。この間に野心を再点検し、自由な社会を脅かす社会主義の遺物のあらゆる破片を捨て去らなければならない。そのようにして社会の目的を見直さない限り、社会主義はまた同じ方向へ、それも以前よりもっと速く私たちを押し流す可能性が高い。

F・A・ハイエク

一九七六年版序文

本書は、一九四〇年から四三年にかけて、まだ純粋な経済理論のことで頭がいっぱいだった頃に、余暇を使って書いたものである。本書をきっかけに、その後三〇年以上にわたって思いがけず新たな分野に取り組むことになった。だから『隷従への道』は、新しい道への第一歩ということになる。この本を書こうと思い立ったのは、イギリスの「進歩的」な人々がナチス運動の性格を完全に誤解していることへの苛立ちからだった。そこで私は、ロンドン・スクール・オブ・エコノミクスの学長ウィリアム・ベヴァリッジに宛ててメモを書き、これを論文の形にして一九三八年のコンテンポラリー・レビュー誌に寄稿した。この論文は、のちにシカゴ大学のハリー・ギデオンス教授からの依頼により、加筆訂正のうえ同教授が編集した「公共政策叢書」に収録されている。[1]そして最終的にこのような時事的な小冊子にまとめることになったが、これは私などよりもっと適任の同僚がみな戦時の緊急課題に忙殺されているため、やむなく行ったものである。この本は予想外の成功を収めた。とりわけ、当初は出版を考えていなかったアメリカ版のほうがイギリス版よりもよく売れた。が、長い間私はこのことに必ずしも満足していたわけではなかった。『隷従への道』の冒頭で、私はこれが政治に関する本であると率直に述べたのだが、同僚の社会科学者たちの反応から、自分がまちがった方面に能力を使ってしまったと感じざるを得なかった。また、専門の経済学の外に足を踏み出したのは、分をわきまえないことだったかもしれないと居心地の悪さも覚えていた。ここでは、本書がある種の人々の間に巻き起こした激しい怒りや、イギリスとアメリカでの本書の受けとめ方の興味深いちがいについて述べるつもりはない。これらは二〇年前にアメリカ・ペーパーバック版序文ですでに言及しておいた。ただ、広く見られた反響がどのようなものだったかを示す一例を挙げておこう。名前は伏せるがある著名な哲学者は、この恥さらしな本を称賛した同業者に非難の手紙を書き、こう付け加えた。「もちろん私自身は読んでいないが」[2]。

その後私は本来の経済学に戻ろうと努力したが、無計画にも足を踏み入れてしまった分野のほうが、経済理論よりもやり甲斐があって重要だと思えてならなかった。また、私が初めての試みの中で述べたことを、より明確かつ詳細に論じる必要があるとも強く感じた。本書を書いた時点では、世論を支配していた偏見や迷妄を遮断する手段を十分に持ち合わせていなかったし、用語や概念を巡って広く見られた混乱も、いまでこそはっきりと認識しているが、当時はまだそれを避ける術を身につけていなかった。それに言うまでもなく、本書のテーマである社会主義的な政策の結末に関して結論を出すには、市場の秩序を適切に維持するためには何が必要で何が可能かを分析しなければならない。そこで私は『隷従への道』の執筆以降、主にこの問題に力を注いできた。自由の秩序というものを解明する研究の最初の成果は、『自由の条件』（邦訳春秋社刊）と題する大部の著作となった。同書で試みたのは、一九世紀の古典的な自由主義の理念を見直し、より体系的に記述することである。ただし、いくつかの重要な問題に答を出さないままだったことに気づいたため、私なりの答を出すことが次の課題となった。こちらは『法と立法と自由』（同上）と題する三巻の著作にまとめ、第一巻を一九七三年に発表している。[3]

つまりこの二〇年ほど、本書で論じた問題について私は多くを学んできたはずだが、この

1　初版序文の注1を参照されたい。
2　コールドウェルの序文によれば、この哲学者はルドルフ・カルナップである。

間に『隷従への道』を再読したことはなかったように思う。この序文を書くに当たって改めて読んでみて、自分がもはやうしろめたい気持にならないことを発見した。正直なところ、私はこの本を書いたことを初めて誇らしく感じたのであり、「党派を問わずすべての社会主義思想の持ち主」に本書を捧げた先見性にもひそかに満足した。執筆当時にはわからなかった多くのことを私はその後に学んだわけであるが、この分野で書いた最初の本で、のちに明確にした問題の多くをすでに見越していたことに、じつはいま驚いている。『隷従への道』以降の著作は専門家にとって有用であってほしいと願っているが、一般の読者には迷わずこの本を薦めたい。私たちはまだ重大な問題を解決できていない、と私は考えている。それについてのわかりやすい一般向けの手引きを求める読者には、まさにこの本がふさわしい。

このように書くと、あなたはまだ本書の主な結論をすべて支持しているのか、と問う読者もおられよう。答は、おおむねイエスである。ただ重要な但し書きをつけなければならない。当時から現在までの間に用語の使い方が変わっているため、本書の主張が誤解されかねないことだ。執筆当時には社会主義という言葉は、生産手段の国有化と、それに伴って可能になり必要にもなる中央集権的な計画経済をはっきりと意味していた。この意味では、たとえば現在のスウェーデンは、イギリスやオーストリアに比べればはるかに社会主義色は薄い。しかし一般には、スウェーデンは両国より社会主義的だとみなされている。なぜなら、いまでは社会主義という言葉は、福祉国家における税や制度を通じた広範な所得再分配を指して使われるようになっているからだ。こちらの意味での社会主義においては、本書で論じた影響はよりゆっくりと間接的かつ部分的に現れることになろう。そのプロセスは本書で述べたこととまったく同じではないにしても、最終的な結果はほとんど同じだと考えられる。

ハイエクは社会主義に向かういかなる動きも必ず全体主義に行き着くと主張した、とよく言われる。その危険は存在するが、本書で言いたいのはそれではない。この本が発しているのは、警告である——現在の政策の指導原理を軌道修正しない限り、この政策を支持する大半の人が望まないようなきわめて不快な結果につながるだろう、ということだ。

この本で自分がまちがっていたと感じる主な点は、ロシアにおける共産主義の実験の重大性を過小評価していたことである。執筆当時ロシアが同盟国だったことを思い出していただけば、この過ちはおそらく許されるだろう。また当時流行だった干渉主義的偏見に影響されて、いまとなっては根拠のない譲歩もしてしまった。さらに当時の私は、いくつかの面で不吉なこ

3　第二巻は一九七六年に、第三巻は七九年に刊行された。*Law, Legislation, and Liberty* (University of Chicago Press, 1973-79) の The Mirage of Social Justice, vol. 2、The Political Order of a Free People, vol. 3がそれである。

とがすでに起きていたのに、それを十分認識していなかった。たとえば第6章には、ヒトラーが完全に合憲の手続きを踏んで無制限の権力を手に入れたとしても、「だからといって、いまもドイツで法の支配が行われていると言う人がいるだろうか」という一文があるが、これはあくまでも修辞的な質問にすぎなかった。ところが後になって、ハンス・ケルゼン教授、ハロルド・ラスキ教授をはじめ、影響力のあるこの二人に追従する多くの社会主義的な法学者や政治学者が、まさにそう信じていることが判明した。現在の思想の潮流や制度について研究すればするほど、不安と懸念は募るばかりである。社会主義的な思想の影響力も、全体主義的権力の保持者のよき意図に対する無批判の信頼も、本書を書いてから強まる一方だ。

厳密な意味での学術書ではなく、政治パンフレットのようなもので広く知られるようになったことを、私は長い間嘆かわしく思っていた。だが、そこで提起した問題について三〇年にわたり研究を深めてきた立場から改めて本書を読み返したいま、もうそうは感じなくなっている。執筆当時の私には十分な説得力をもって示せなかった主張も、本書にはすくなからず含まれているかもしれない。だが本書は、真実を突き止めようとする真摯な努力そのものである。本書が示そうとした真実は、私に同意しない人々も含めて、重大な危険を防ぐヒントを与えてきたと信じる。

F・A・ハイエク

序論

Introduction

思想の源をあきらかにすることほど気に障る発見はあるまい。

——アクトン卿[1]

[1] Lord Acton, "Review of Sir Erskine May's *Democracy in Europe*" (1878) in *the History of Freedom and Other Essays*, p.62.

現在起きている出来事は、先行きがわからないという点で歴史ではない。過去の出来事であれば、振り返ってみてその重要性を評価し、その後に引き起こされた事態を解明することができる。だが進行中の歴史は、いまの私たちにとっては歴史ではない。私たちは未知の領域へと導かれていくが、そこに何があるかは垣間見ることさえできない。同じ出来事を二度経験することができ、最初のときに何が起きたかをすべて知ったうえで二度目を迎えられるなら、ものごとはどれほどちがって見えることだろう。いまほとんど誰も気づいていない変化がどれほど重大で、しかもその多くはどれほど危険に見えるだろうか。人間にはけっしてこうした経験ができず、歴史が従う法則を何一つ知ることができないのは、たぶん幸せなことなのだろう。

歴史はそっくり繰り返すわけではないが、過去から何がしかを学び、同じ過ちを避けることは可能だ。歴史のどのような展開も、けっして不可避ではないからである。差し迫った危険を察知するのに、何も預言者である必要はない。たまたま経験に関心が結びついたとき、ほとんどの人にはまだ見えない物事の先行きが、その人にだけ見えてくることはめずらしくはない。

私は同じ時代を二度生きるような経験をしている。すくなくとも、同じ思想がきわめてよく似た経過をたどるのを、二度目にしている。この経験から本書は生まれた。このような経験を一つの国で得ることはむずかしい。だが異なる国に長期にわたって移り住んだ場合には、こうした経験が可能になることがある。思想の潮流が受ける影響はほとんどの文明国でおおむね似通っているものの、作用する時期や速度は必ずしも同じではない。そこで、ある国から別の国へ移り住んだ場合、思想の傾向が前の国とよく似た発展段階に達しているのを再び目にすることがありうる。このようなとき、その思想に対して非常に敏感になるものだ。二〇年前か二五年前に初めて聞いた意見や政策が再び表明され支持されるのを目のあたりにすると、それらはあるはっきりした思想的傾向の兆候として、新たな意味を持ち始める。そうした兆候は、その思想が将来的に同じような道筋をたどることの必然性を示すとは言えないまでも、可能性を示すとは言えるだろう。

そこでいま、不快な真実を告げねばならない。イギリスは、ドイツの運命を繰り返す危険に陥っているということだ。なるほど危険が差し迫っているわけではない。この国の状況はドイツが近年直面した状況にはほど遠いため、同じ方向に進んでいるとは、おいそれとは信じがたいことだろう。だがいまは遠く隔たっていても、この道は進むにつれて引き返すのがむずかしくなる。長期的には人は運命を自ら切り拓くのだとしても、短期的には自らが生んだ思想に囚われがちだ。手遅れにならないうちに気づくなら、その危険を避けることができる。

イギリスが、目下の敵であるヒトラーのドイツに似ているとは言わない。だが思想の展開に注目した研究者なら、第一次世界大戦中から戦後のドイツにおける思想の傾向と、イギリスの現在の思想の傾向には、表面的にとどまらない類似があることに必ず気づくはずだ。いまのイギリスは、戦争のために構築した国家組織を戦後復興のためにも維持しようとしているが、これはかつてのドイツと同じである。一九世紀の自由主義に対する軽蔑、見せかけの「現実主義」、さらには現実逃避、運命論的な考え方などもすべて同じだ。それに、イギリスの熱心な改革論者がこの戦争から学ばねばならぬと主張する教訓の十のうち九までは、ドイツが第一次世界大戦から学んだ教訓といささかも変わらない。しかもそれらの教訓は、ナチス体制の出現に少なからず寄与したのである。本書では、イギリスが一五〜二五年ほど遅れてドイツに追随しているとみられる点が他にも数多くあることを示すつもりだ。イギリスの進歩主義者が手本とする国は、最近ではスウェーデンになっている。だが思い出させるのはお気に召さないかもしれないが、彼らがドイツの社会主義的な政策を広く支持していたのは、そう遠い昔のことではない。もっと昔のことを覚えている人なら、第一次世界大戦までの三〇年ほどは、ドイツの思想やドイツの慣行がイギリスの思想と政策にどれほど深い影響をおよぼしていたかを知っているにちがいない。

私はオーストリアで生まれ、成人に達してから現在までの期間の半分をそこで過ごした。ドイツの知識人とも深い交流があった。その後の半分はアメリカとイギリスで過ごしており、十数年滞在するイギリスは私にとって第二の祖国である。この国で暮らすうちに、ドイツで自由を破壊した力のすくなくとも一部はこの国でも働いていると私は確信するようになった。しかもこの危険の性質と原因がドイツではいくらかでも理解されていたとすれば、ここイギリスでの理解はそれ以下だと強く感じる。ドイツでこの破壊力を生み出すとは言わないまでも、それにつながる道を準備したのは、おおむね善意の人々、イギリスで手本として称賛され尊敬されているような人々だった。いまやこの力は、彼ら自身が忌み嫌うものに成り果てている。このような最悪の悲劇はまだイギリスでは見受けられないが、ドイツと同じ運命をたどることを避けるには、この危険としっかり向き合わねばならない。そして危険の原因だと判明したものは、何によらず正す覚悟を決めねばならない。たとえそれが、とりわけ大切な希望や野心であっても、である。自分たちはまちがっていたと認める勇気を、私たちの知性は持ち合わせているのだろうか――それを示す兆候は、いまだにほとんど見受けられない。ファシズムとナチズムの台頭は、先行世代の社会主義への傾斜に対する反動ではなく、そうした傾向自体の必然的な結果なのだが、それに気づいている人もまずいない。この真実を、大方の人は見ようとしなかった。共産主義のロシアと国家社会主義のドイツの国内体制には多くの共通する不快な特徴があり、そのことが広く認められるようになってからでさえ、見まいとした。その結果、自分たちは常軌を逸したナチスよりはるかに高級だと信じ、ナチスのあらゆる主張を心底憎んでいる多くの人が、その憎むべき独裁政治にまっしぐらに向かいかねない理想をめざすという事態になっている。

なるほどさまざまな国で同じような動向が見られても、見かけが似ているだけのことが多い。だが私の論拠は、そうした見かけの類似性にあるのではない。また、今後の展開が不可避だと言うつもりもない。もし不可避なら、この本を書く意味はなかろう。手遅れにならないうちにいまの取り組みの行く先に気づけば回避できるからこそ、書くのである。だがつい最近まで、人々を危険に目覚めさせる試みがうまくいくとはとうてい思えなかった。しかしここに来て、この問題全体を真剣に議論する機が熟したと思われる。この問題が広く認識されるようになってきたことが一つの理由だが、重大な岐路にさしかかったいまこそ、この問題に正面から取り組むことが不可欠だと考えるべき特別な理由が存在するからでもある。

戦時下のいまは、鋭い意見対立を招きかねない問題を提起するのにふさわしい時ではない、との見方はあろう。だがここで取り上げる社会主義は一党の問題ではないし、これから論じる問題は政党間で論争になっている問題とはほとんど関係がない。ある集団は社会主義を求める度合いが小さく、別の集団は大きいとか、ある集団は主に自己利益のために社会主義を望むが、別の集団は他の理由から望むといったことは、ここで扱う問題には影響しない。重要なポイントは、こうだ。いまやイギリスでは、目下の思想動向に影響力を持つ人々はすべて大なり小なり社会主義者だということである。「われわれはいまやみな社会主義者である」[2]と力説するのがもはや流行遅れに感じられるのは、それが周知の事実となったからにすぎない。社会主義への道を歩み続けるべきだということに疑問を抱く人はほとんどいない。多くの人は、特定の階級や集団の利益に適うよう、この道をねじ曲げようとしているだけだ。

私たちがこの方向に進み続けるのは、ほぼ全員がそう望んでいるからであって、どうしてもそうすべき客観的な理由は何一つない。「計画」の必然性がしきりに論じられているが、これについては後段で論じることにしたい。いま重要な問題は、この歩みの行き着く先はどこか、ということである。確固たる信念のもとに、この歩みに有無を言わさぬ勢いを与えている人々がいる。まだわずかな人しか理解していない事実に彼らが気づき始め、恐怖に駆られて後ずさりし、これほど多くの善意の人を半世紀にわたって従わせてきた探求を放棄することは、あり得ないのだろうか。現世代に共通するこうした信念は、どこへ私たちを連れて行くのか――これは一政党の問題ではなく、私たち一人ひとりにとっての問題であり、きわめて重大な意味を持つ問題である。高い理想をめざして未来を構築しようと真摯に努力するうちに、理想とは正反対の結果を意図せず生んでしまうことほど、痛ましい悲劇はあるまい。

いま国家社会主義が生まれた原因を真剣に理解しておくべき、もっと差し迫った理由もある。それは、敵をよく理解するためであり、この戦いに何が懸かっているのかをあきらかにするためだ。どんな高い理想のために私たちが戦っているのか、人々がまだごくわずかしか理解

2　これを言ったのは、一九世紀の自由主義政治家サー・ウィリアム・ヴァーノン・ハーコートである。

していないことは否定できない事実である。自分自身の理想に従って人生を切り拓く自由のために戦っていること、これは誰もが知っている。それはすばらしいことだが、十分ではない。それだけでは、あくまで敵に抵抗する意志を固めるには足りない。なにしろこの敵は、強力な武器の一つとしてプロパガンダを操っており、あからさまなプロパガンダはもちろんのこと、密かなプロパガンダにも長けている。さらに占領下の国はもちろん他国に対してもこの種のプロパガンダを行っており、その効果は、枢軸国の敗北後もすぐには消えまい。それに対抗する強い意志を持つには、現在の理解ではなおのこと不十分である。他国の人々に対し、私たちが戦っているのはあなた方も支持する価値のあるもののためだと示したいなら、そして古いヨーロッパが屈してしまった危険に負けない新生ヨーロッパを建設したいなら、もっと深く理解しなければならない。

開戦前の独裁者との駆け引きで、プロパガンダ活動のみならず戦争の目的を巡る議論においても、イギリスが内心の不安と動揺を露呈してしまったのは、まことに嘆かわしい。これは、イギリス人が自分たちの理想についても、彼我を隔てるちがいの本質についても、十分理解していなかったからである。敵がこちらと同じ意見を本音で表明したときには信用せず、逆に下心のある敵の主張は鵜呑みにした結果、私たちは道を誤った。国家社会主義ドイツ労働者党は資本主義を奉じあらゆる社会主義に反対するという説明を、右派も左派もうかうかと信じ込んだのではなかったか。思いがけない人たちが、ヒトラーの体制の多くの特徴を模倣の手本として推奨したのではなかったか。この人たちは、そうした特徴があの体制に不可欠な要素であって、私たちが維持したいと願う自由な社会とは相容れないことをわかっていなかった。立ち向かう敵を理解していなかったがために、戦争勃発の前に、さらには勃発後にも、多くの危険な誤りを犯し続けた。全体主義が出現した経緯を知りたくなかったようにさえ、みえるほどである。それを知ってしまったら、いつまでも抱きしめていたい幻想が打ち砕かれるように思えたのかもしれない。

現在のドイツを支配する思想の本質と発展過程を理解しない限り、あの国との駆け引きで勝利を収めることはできない。ドイツ人性悪説がまたもや蒸し返されているが、とうてい批判に耐えうる見方ではないし、この説の提唱者が尊敬に値するとは言いがたい。さらに、過去一世紀にわたりドイツ思想の最良のもの（最良のものだけではないが）を進んで取り入れてきたイギリス人の長い伝統をも貶めることになる。ドイツ人性悪説を唱える人は、ジョン・スチュアート・ミルがあの偉大な『自由論』（邦訳日経BPクラシックス）を書いたとき、他の誰よりも二人のドイツ人から、すなわちゲーテとヴィルヘルム・フォン・フンボルトから刺激を受けたという事実を見落としている。* また、国家社会主義思想の萌芽に多大な影響を与えた思想家のうち、トーマス・カーライルとヒューストン・スチュワート・チェンバレンの二人がそれぞれスコットランドとイングランド出身だったことも忘れているのだろう。もっとはっきり言えば、ドイツ人性悪説を主張することは不名誉以外の何物でもない。そのような説を唱える人は、あのおぞましいドイツ的人種論と同じ過ちを犯しているのである。ドイツ人はおそらく他の人々と似たり寄ったりに生まれついているのであって、ドイツ人だけが性悪だということはない。問題は、過去七〇年間にある種の思想が次第に発展し、ついに勝利を収めるにいたった条件は何かを特定することであり、この勝利の結果として、なぜ最悪中の最悪の人間たちが権力の座に就いたのかを解明することである。ドイツ国民を現在支配している思想を憎むのではなく、ドイツと聞けば何もかも憎く思うのは、なおのこと危険だ。そのような憎悪に囚われると、真の脅威が見えなくなってしまう。こうした姿勢の多くは、ある種の逃避主義にすぎないと懸念される。現在の思想動向がけっしてドイツ固有のものではないことを認めまいとする態度は、逃避主義を生む。かつてイギリスがドイツから学びとり、いまだにかつてのドイツ人に劣らず信じ込んでいる思想を再検討し、必要とあらば捨て去ることを渋る態度も、逃避に当たると言えよう。ナチスのような体制をもたらすのはドイツ人特有の邪悪さだけだとする主張は、その邪悪さを生んだまさにその制度を私たちに押し付ける口実になるという点で、二重に危険と言えよう。

ドイツとイタリアにおける思想動向について本書でこれから述べる解釈は、海外の論者の見方とも、両国の亡命者の大半が申し立てることとも、大幅にちがう。この解釈が正しければ、いまや大方が社会主義に染まった亡命者や英米の新聞の外国特派員といった人たちにとって、今回の出来事を正しい視点から見ることがまず不可能である理由も説明がつく。** 国家社会主義は、社会主義の進行に伴って既得権益を脅かされた人々が煽動した反動主義にすぎないという見方がある。誤解を招く表面的な見方だが、これを当然のごとく支持したのは、亡命者た

＊ この表現は大げさだと感じる人がいるかもしれないので、証拠としてモーリー卿の言葉を引用しておこう。モーリー卿は『回想録』の中で、『自由論』の主な論点が「独創ではなくドイツの影響を受けた」ことは「広く認められている」と述べた。

＊＊ ある国のあらゆる集団の見方が、ごく保守的な集団まで含めて、特派員の左寄りのバイアスに影響されることは大いにあり得る。イギリスとインドの関係についてアメリカ人ほぼ全員が信じ込んでいた見方は、このことを端的に表す例である。イギリス人が、ヨーロッパ大陸で起きていることを正しい視点から見たいなら、同じ理由から自分の見方が当時のアメリカ人とまったく同じように歪められている可能性を真剣に考慮しなければならない。だからといって、アメリカやイギリスの海外特派員が誠実でないと非難するつもりは毛頭ない。だが、特派員が現地のどんなグループと接触しがちかをよく知っている人なら、彼らのバイアスの原因に容易に気づくだろう。

ちだった。国家社会主義につながる思想運動にかつては積極的に参加したものの、この運動の発展過程のある時点で離脱し、その結果ナチスと対立して祖国を離れざるを得なくなった人たちである。だが、ナチスに対して数のうえで唯一意味のある抵抗ができたのが彼らだけだったという事実は、いまや実質的にドイツ人全員が広い意味で社会主義者となり、従来の意味での自由主義は社会主義に駆逐されたことをまさに意味するのである。これから本書で述べるように、ドイツで見られる国家社会主義の「右派」と「左派」の対立は、社会主義の党派間では必ず起きる類いのものである。この解釈が正しければ、亡命してきた社会主義者はいまなおこの思想を奉じているはずだ。そして善意からとはいえ、自分たちを受け入れてくれた国にドイツと同じ道を歩ませる後押しをしていることになる。

イギリスの友人たちは、まちがいなく誠実な社会主義思想の持ち主であるドイツ人亡命者が、ときにファシズムに近い考えを表明するのを耳にして、衝撃を受けたという。亡命者も所詮ドイツ人だからと友人は片付けているが、ほんとうの理由はそうではない。彼らは社会主義者だから、それもイギリスの社会主義者が達した段階よりはるかに先の段階に到達した社会主義者だから、そう考えるのである。なるほど、ドイツの社会主義者が、プロイセンの伝統というある種固有の特徴を手がかりに国内で支持を伸ばしてきたことは事実である。ちなみにプロイセン主義と社会主義のこの密接な関係をドイツの右派と左派はともに誇りとしているが、この関係もまた、本書の主張にあらたな根拠を与えてくれる。* ともあれ、プロイセン主義と密接な関係があるからといって、全体主義を生んだのが社会主義的な要因ではなくドイツ固有の要因だと考えるのは、まちがっている。ドイツとイタリアとロシアに共通してみられるのは社会主義的な思想の席巻であって、プロイセン主義ではない。それに、国家社会主義は大衆の中から台頭したのであって、プロイセンの伝統に染まり、その恩恵を受けてきた階級からではなかった。

* 社会主義とプロイセン王国の組織の間にある種の共通性が存在することは否定できないし、フランスの初期の社会主義者はこのことをすでに公然と認めていた。プロイセン王国の組織は、他国とは異なり、意図的にトップダウンで形成された。工場と同じような原則に従って一国を運営するという理念は一九世紀の社会主義に刺激を与えたが、それよりはるか前に、プロイセンの詩人ノヴァーリスはこう慨嘆している。「フリードリヒ・ヴィルヘルムが亡くなってからというもの、プロイセンほど工場のように運営された国はほかに見当たらない」と（Friedrich von Hardenberg Novalis, *Glauben und Liebe, oder der Konig und die Konigin*, 1798）。

1

第1章
放棄された道

The Abandoned Road

営利目的の自由企業体制が現世代で失敗したと言うつもりはない。
そうした体制が試みられてもいないということこそ、
このプログラムを提案するに当たっての基本的な主張である。

――F・D・ルーズベルト[1]

1　Franklin D. Roosevelt, "Recommendations to the Congress to Curb Monopolies and the Concentration of Economic Power," *The Continuing Struggle for Liberalism*, Vol.7 of *The Public Papers and Addresses of Franklin D. Roosevelt* (Macmillan, 1941), p.320. この議会演説は一九三八年四月二九日に行われた。

文明が予想外の展開を示し、ずっと続くものと思っていた進歩が滞ることがある。過去の野蛮な時代のものと決めつけていた不正や害悪に再び脅かされていると気づいたとき、人はつい自分でなく他に原因を求めがちだ。自分たちは最高の指導者に導かれてきたはずだ、最高の頭脳が世界をよりよいものにしようと努力してきたはずだ、人間の努力と希望はすべてより多くの自由、正義、繁栄のために注がれてきたはずだ。めざしていたものと結果がかくもかけ離れ、自由と繁栄ではなく屈従と悲惨が迫っているのは、何か意志を挫く邪悪な力が働いたせいにちがいない。自分たちはそうした邪悪な力の犠牲者であって、正しい道に戻るためにこの力を征服しなければならないことは、火を見るよりあきらかではないか……等々。この邪悪の元凶が何かということに関してはさまざまな意見が噴出しており、邪悪な資本家だという見方もあれば、ある国の邪悪な精神、あるいは愚劣な先人だという見方もある。また、半世紀におよぶ奮闘むなしく、ある社会体制がまだ完全には倒されていないせいだという意見もある。このように意見は多種多様だが、すくなくともごく最近までは、ある一つのことに関して誰もが一致していた。この三〇年ほど善意の人々の大半が共有し、社会の大きな変化を決定づけてきた指導的な思想は、まちがっているはずがないということである。文明が今日直面している危機の原因について、私たちはどんな説明も受け入れる用意がある——ただし、世界がいまこうなったのはひとえに自分たちが道を誤ったからであり、後生大事にしてきた理念の追求が予想と正反対の結果を招いたからだ、という説明だけはけっして認めようとしない。

いま私たちが命がけで守ろうとしている価値観は、じつは戦争が始まる前からすでにイギリスでは脅かされ、他国では破壊されていた。この大戦を勝利に導こうと全力を挙げて戦っているいまとなっては、このことを思い出すのはむずかしいかもしれない。だが、敵国が存続を懸けて掲げている理念がいまでこそ私たちの理念と相容れないとしても、この対立はそう遠くない昔に、ヨーロッパが共有する文明の内部から発生したのである。したがって、最終的に全体主義の出現を招いた思想動向は、けっしてこの主義に征服された国だけに存在したわけではない。このことを、けっして忘れてはならない。目下最優先すべきはもちろん戦争に勝利することであるが、勝利はあらためて私たちをこの根本的な問題に向き合わせる。そして、似通った文明を持つ国を襲った運命をどうしたら避けられるのか、考えさせることになるだろう。

戦争中のいま、ドイツとイタリア、あるいはロシアがけっして別世界ではなく、私たちも持ち合わせている思想の行き着く先なのだと考えるのは、かなりむずかしい。当面の敵に関する限り、彼らはこちらとは本来的に異質であって、あの国で起きたことがこちらで起きるはずはないと考えるほうが容易だし、心もやすらぐ。だが全体主義が台頭する前のドイツとイタリアの歴史に、イギリスで見慣れない要素が存在していたとは言いがたい。現在の対立は、ヨーロッパの思想全体が変貌を遂げる過程で一部の国の変化が速すぎ、私たちの理想と相容れなくなった結果であって、この思想の変化自体にイギリスが無縁だったのではない。

人々が結果を予期していたわけではないにせよ、現在の世界の状況をもたらしたのは思想の変化と人間の意志の力である。私たちは、自然発生的な出来事の末にやむなくこの思想を受け入れたわけではない。だがこの事実は、とりわけイギリス人には認めがたいようだ。これはひとえに、イギリス人にとっては幸いなことだが、ヨーロッパ大陸の大方の国に比べるとイギリスが思想の流れに乗り遅れていたからである。イギリス人は、一世代にわたって自分たちを導いてきた理念こそが将来実現されるべき唯一の理念だといまも信じているが、過去二五年間にその理念が世界のみならず自国をどれほど変質させてしまったか、気づいていない。そして自分たちをごく最近まで律してきたのは、一九世紀思想と漠然と呼んできたもの、つまり自由放任《レッセフェール》の原則だったといまもなお信じている。たしかに他国と比べれば、そう信じたくなるのも無理はないし、性急に変化を加速させたがっている人々の目にそう映るのも理解できる。だが一九三一年までのイギリスは、他国がたどった道をゆっくりと追随してきただけだったが、その時点でもずいぶん遠くまで進んでいた——自由世界とはどういうものかを知っているのは、もはや第一次世界大戦前の記憶を持っている人だけになっていたのである。*

だが、人々がいまだにほとんど気づいていないことの重大さは、前世代で起きた変化の規模が巨大だったことではなく、思想と社会秩序の方向性が完全に転換したことにある。全体主義という妖怪が現実の脅威になる前にすでに、私たちはヨーロッパ文明が依拠していた基本的な思想から、すくなくとも二五年にわたって徐々に離れてきた。あのように高い希望と野心を持って始まったこの社会主義への動きが、全体主義の恐怖に人々を直面させることになるのだという指摘は、現代のイギリス人にとってはあまりに衝撃的であり、誰もこの帰結を認めようとしない。だがイギリス人がいまなお信奉する自由主義哲学の開祖たちはこの事態を警告していたのであり、現在の経緯はまさしくそれを裏づけている。私たちは経済における自由を次々に放棄してきた。だがかつて経済の自由なしに個人の自由や政治の自由が存在したことはない。一九世紀の偉大な思想家、たとえばトクヴィルやアクトン卿が、社会主義は人を奴隷にすると警告したにもかかわらず、私たちは社会主義への道を着々と歩んできた。そして目の前に新しい形の隷従が出現したいまこのときにあの警告をすっかり忘れており、社会主義が隷従と結びつくとは考えもしない。**

社会主義へと向かう現代の潮流が、近い過去のみならずヨーロッパ文明の発展過程全体か

* 一九三一年の時点でさえ、マクミラン報告は「近年における英国政府の姿勢の変化、党派を問わずに見受けられる国民の生活管理への関与の増大」に言及し、「議会自体も、生活共同体の日常的な問題の規制を意識的にめざす法律の立案に積極的に取り組むようになり、従来は議会の守備範囲外と考えられてきた事柄に介入するようになってきた」と述べている。この報告が発表されたのは、イギリスがついに無謀な試みを始める前のことである。不名誉なことに、同年後半から一九三九年までのわずか八年足らずで、イギリスは原形をとどめぬほど経済体制を変えてしまった。(編注 *Committee on Finance and Industry Report*, Cmd. 3897 (HMSO, 1931).

** もっと最近の警告も恐るべき真実であることが実証されているが、こちらもほとんど忘れ去られた。この警告を発したのはヒレア・ベロックである。その著書『奴隷の国家』は、一九世紀以降のドイツの状況について、事後に書かれたどんな文献よりもくわしく説明している。ベロックは同書の中で「社会主義の原理が資本主義社会に影響を与えると、異質な子供を産む。それはすなわち、奴隷の国家である」と述べた(Hilaire Belloc, *The Servile State* (T. N. Foulis, 1913), 3rd.ed. 1927, p.xiv)。

らどれほどかけ離れているかは、一九世紀を視野に入れて考えるだけではわからない。より長い歴史的な視点から考えたとき、初めてあきらかになる。私たちは、リチャード・コブデン、ジョン・ブライト、アダム・スミス、デイヴィッド・ヒュームのみならず、ジョン・ロックやジョン・ミルトンをあっさりと捨て去ってきた。それだけではない。ギリシャ、ローマやキリスト教が築き上げた土台の上に育まれてきた西欧文明固有の特徴まで、放棄した。一八世紀から一九世紀の自由主義思想どころか、エラスムス、モンテーニュ、キケロ、タキトゥス、ペリクレス、ツキジデスから受け継いだ個人主義の基本すら、打ち捨ててしまったのである。

国家社会主義革命を反ルネサンスと表現したナチス幹部は、おそらく当人が思う以上に真実を言い当てていた。たしかにあの革命は、近代人がルネサンス期から築き上げてきた文明、何よりもまず個人主義を特徴とする文明を破壊する決定的な一歩だったと言えよう。今日では個人主義は悪い意味でとらえられ、利己主義や自分本位と結びつけられている。だが、社会主義を始めあらゆる形態の集産主義（collectivism）と対比して私たちが語る個人主義に、利己主義と結びつく必然性はない。本書の中では、この二つの主義の対比について段階を踏んであきらかにしていくつもりだが、個人主義の本質的な特徴を一言で言うなら、人間としての個人の尊重だと言うことができよう。それは私的な領域においてはその人の考えや好みを至上と認めることであり、人間は生まれついての才能や好みを育てていくべきだと信じることでもある。このような個人主義は、古典哲学とキリスト教の土壌からルネサンス期にまず開花し、その後発展を続け、私たちが西欧文明と呼ぶものに実を結んだ。「自由」という言葉は安易に使われすぎていまや手垢がついてしまい、かつてこの言葉が意味していた理想を表現するのに使うのははばかられる。個人主義という原理の意味をいまなおあますところなく表しているのは、おそらく「寛容」という言葉だろう。ルネサンス期からずっと優勢だった個人主義が再び衰退したのはごく最近のことにすぎない。しかし全体主義国家の出現とともに完全に消えようとしている。

厳格に組織された階級社会から、自分の人生を自分で切り拓くことができる社会、すくなくともそれを試みることができる社会へと段階的な変化が起き、人々はさまざまな生き方を知り、さらに選ぶ機会を持つようになった。こうした変化は、商業の発展と密接に結びついている。この新しい人生観は、商業とともに北イタリアの商業都市から西へ北へと拡がり、フランスや南西ドイツを経て、北海沿岸諸国（現在のベネルクス）やイギリスに伝わった。横暴な権力に弾圧されない限り、この自由な考え方はどこにでも深く根を下ろした。北海沿岸諸国とイギリスではこの思想は長く隆盛を誇り、人類史上初めて自由に発展し、これらの国の社会や政治の基礎を形成するにいたる。そして一七世紀後半から一八世紀にかけては、より発展した形となってこれらの国々から西方と東方へ、すなわちアメリカと中央ヨーロッパへと改めて拡がっていった。中央ヨーロッパでは、破壊的な戦争と政治的弾圧のために、かつては同様の発展を遂げていた思想がほとんど根絶やしにされていたのである。*

近代全体を通じてヨーロッパの歴史にみられた社会発展には、人々を慣習に縛りつけ日常生活を規定していた鎖からの個人の解放という方向性を認めることができる。個人の自発的で自由な努力でもって経済活動の複雑な秩序を生み出しうるとの自覚が生まれたのは、この社会発展がある程度進行してからのことである。つまり、一貫して経済的自由に与する理論がその後に精緻化したのは、経済活動の自由が拡大した結果であり、その経済活動の自由は、政治的自由が意図せずもたらした予想外の副産物だった。

個人のエネルギーを解き放ったことの最大の成果は、科学の驚異的な発展だったと言えよう。個人の自由が拡がるのに続いて、科学の発展はイタリアからイギリスへ、そしてさらに他国へと伝播した。それ以前の時代に、人間の発明の才が劣っていたわけではない。創意工夫にあふれた多くの自動式の玩具や機械仕掛けの装置が工業技術の停滞期にも作られていたことや、厳格な規制のない鉱業や時計製造などの産業分野が発展していたことからも、それはあきらかだ。だが当時は、驚くほど高度な機械が発明されても、それを産業用途で広く活用しようとしたとたんに抑圧され、知識欲は息の根を止められてしまうのがつねだった。あの時代に支配的だった思想が人々の目を閉ざさせ、正邪や善悪に関する大多数の人々の信念が個人の革新的な試みを公然と阻んでいたからである。産業の自由が確立されて新しい知識を自由に活用する道が開かれ、自分で責任をとる覚悟さえあればどんなことも試してよいことになって初めて、科学は急速に進歩し、過去一五〇年の間に世界を様変わりさせた。しかも進歩の多くは、学術振興を公式に担う組織の外から生まれている。

よくあることだが、文明の本質を見抜いたのは、この場合にも味方よりも敵のほうだった。西欧文明を「人類に対する個人の反乱という西欧の慢性病」[2]と一九世紀の全体主義者オーギュスト・コントは形容したが、まさに個人の反乱こそ、この文明を築いた原動力である。一九世紀には、もはや先行世代の個人主義に付け加えるものはほとんどなくなっていた。すべて

＊ この事態は今日もなお消えない結果をもたらしたのだが、中でも致命的だったのは、一五世紀から一六世紀にかけて封建諸侯がドイツの中産階級を支配し、その一部を壊滅させたことである。

2 Auguste Compte, *Système de Politique Positive* (1851-54), vol.4 (Librairie Positiviste, 1912), pp.368-69.

の階級に自由を意識させたこと、成り行きに任されていた発展を系統的かつ継続的に導いたこと、イギリスとオランダからヨーロッパ大陸のほぼ全域に広めたことぐらいである。

この発展は、ありとあらゆる予想を上回る成果をもたらした。人間の創意工夫の自由な発露を阻んでいた障害物が取り除かれたところではどこでも、人間は欲望を大きく膨らませ、それをすばらしい勢いで満足させていった。こうして生活水準が向上すると、社会の汚点に自ずと目が行くようになり、もはやそうしたものを捨ててはおけないと人々は考えるようになる。こうしたわけで、おそらくどの階層も、社会全体の進歩の恩恵を被ることができた。この驚くべき進歩を現代の私たちの基準で測るのは、公平とは言えまい。現代の生活水準そのものがこの進歩によってもたらされ、だからこそ当時の欠点も目につくようになっているからだ。実際に関わった人々にとってこの進歩がどんなものだったかを知るためには、進歩が始まったときに人々が抱いていた希望や願望を尺度にしなければならない。そうしてみたら、人類の最も壮大な夢すら上回る進歩であったことが一点の曇りもなくあきらかになるだろう。二〇世紀初めに西欧の労働者が享受していた物質的快適、安全、個人の自立が、一〇〇年前にはとうてい不可能と見られていた水準に達していたことは、疑う余地のない事実である。

こうした進歩の中で、将来的におそらく最も重要で広範な影響を持つのは、人間は自分の運命を自分で決められるという新しい感覚、自分の運命を切り拓く無限の可能性を備えているという信念が生まれたことだろう。すでに成し遂げられた成功が、こうした感覚や信念を人々に植えつけた。成功は野心をいっそう膨らませる。そしてたしかに、野心的になってよい理由は十分にあると思われた。かくして、かつては感動的な未来に見えたものも物足りないように思われ、進歩のスピードは遅すぎると感じられるようになる。過去にはこの進歩を可能にした思想や原理も、より速い進歩にとってはもはや邪魔物であり、さっさと取り除くべき代物とみなされるようになった。だがそうした思想や原理こそ、すでに達成されたことを維持発展していくための条件と考えるべきだったのである。

＊＊＊＊＊

自由主義の基本原理には、この主義を不変の教義とするような要素はいっさい含まれていないし、一度決めたら二度と変えられない厳格な規則も存在しない。この主義の基本的な原則は、指図や規制をするに当たっては社会の自生的な力を最大限活用し、強制に頼るのは最小限に抑えること、これだけである。このような原理であれば、無限に応用できる。競争の恩恵を最大化できるような制度を慎重に構築していくことと、ある制度をそっくりそのまま受け入れるのとでは、天と地ほどもちがうのである。一部の自由主義者はある経験則、具体的には自由放任の原則を硬直的に主張したが、こうした姿勢ほど、自由主義の理念を損なうものはあるまい。とはいえ、これはある意味で必要だったし、避けられないことでもあった。ある種の措置は、一部の人に明確な恩恵を直ちにもたらす一方で、与える害悪は間接的でわかりにくい。だから、そうした措置に肩入れする無数の利益団体に対抗するには、厳格な規則を主張する以外に方法がなかったのだろう。しかも、経済的自由に与する考え方はすでに揺るぎないものとなっていたため、それを厳格な規則として例外なく運用したいという思いに駆られたのだと考えられる。

自由主義思想を広めようとした多くの人々がとったこうした硬直的なやり方だと、その主張の弱点を突かれれば、全体が崩壊することになりやすい。そのうえ、自由な社会の制度的枠組みを段階的に改善しようとする政策は、どうしても進みがのろい。このため、自由主義の立場はいっそう訴求力を欠きがちだった。自由主義社会を推進するためには、社会の力とはどのようなものか、政策が望ましい形で効果を上げる条件とはどういうものかについて、理解を深めなければならない。自由主義者の任務は、社会の力が作用するのを助け、必要とあらば補うことであり、そのためには社会の力を理解することがまず必要になる。自由主義者が社会に向かう姿勢は、庭木を育てる園芸家に似ている。木がよく育つ条件を整えるためには、まず木の性質を知り、その性質がどのようなときにどう表れるのかをできるだけくわしく知っておかなければならない。

聡明な人なら、一九世紀に経済政策の原理が体現した自由放任というルールがまだ萌芽期にあって粗削りだったこと、まだ学ぶべきものがたくさんあったこと、私たちが歩いてきた道はなおはるか先まで続いていたことを、当然のごとく理解していたはずだ。ただし先へ進むためには、活用すべき社会の力について理解を深める必要があった。貨幣制度をどう運用するか、独占をどう防止あるいは規制するかといった明確な課題に加え、よきにつけ悪しきにつけ政府が強大な権力を振るっていた他のさまざまな分野にも、これほど明確ではないが負けず劣らず重要な課題が多数存在していた。これらの問題をよりよく理解すれば、いつの日かそうした政府の力をうまく制御できるようになると考えることは十分に可能だった。

とはいえ、生活水準の直接的な向上に関して自由主義が頼れるのは、自由がもたらす富の漸進的な増大しかないのだから、効果が現れるまでには必然的に時間がかかる。その一方で、このののろい進歩をさらに脅かすような利益団体の声とものべつ闘わなければならない。このように、自由主義が個々人に提供できるのは全体の富の増大の分け前にすぎないことから、この主義はいっこうに得にならない思想だとみなされるようになる。しかも、この富の拡大でさえ次第にあたりまえと受け取られるようになり、自由主義的政策の成果とはみなされなくなった。つまり自由主義の成功そのものが、その衰退の原因となったと言えよう。自由主義が成功しゆたかになったがゆえに、人々は残存する不都合をますます不快に感じ、もう我慢ならないし我慢する必要もないと思うようになったのである。

＊＊＊＊＊

こうして自由主義的政策の歩みののろさに人々は苛立ちをつのらせていった。また、社会にとってよからぬ特権を守ろうとして自由主義を振り回す輩が表れ、それに対する当然の怒りも噴出した。加えて、物質的な生活水準が向上したがために、とどまるところを知らない欲望に火がついたという事情も重なり、一九世紀末にさしかかる頃には、自由主義の基本的な信条は次第に捨てられていく。自由主義思想の果実はもう完全に掌中にあり、腐りも朽ちもしないはずだと人々は思い込んでいた。新たな欲求しか眼中にない人々にとって、それをすみやかに満足させるためには、古い原理への執着は邪魔になるだけだと感じられたのである。自由主義の枠組みは過去に進歩はもたらしたけれども、その古くさい原理で新たな前進を期待することはできない、社会を完全に作り直すしかないのだ、という考え方が次第に広まっていく。既存の機械に何かを付け加えたり改良したりしても役に立たない、一度完全に打ち壊して新しい機械を導入するほうがよい、というわけである。新しい世代がこれまでとはちがう新しい何かに希望を託すようになるにつれ、いまある社会の仕組みへの関心も理解も急速に失われていった。自由主義体制がどう機能していたのかについての知識は失われ、この体制によって何が守られてきたのかも意識されなくなった。

ここではくわしく論じないが、こうした変化を助長した要因として、自然科学者や技術者のものの見方を社会事象にまで無批判に当てはめたことが挙げられる。科学技術を専門とする彼らは、自分たちの科学万能主義に合わないという理由で従来の社会科学の成果を信用できないとみなし、体系化や組織化の理想がなじまない領域にまでそれを押し付ける傾向があった。*ともあれここで指摘したいのは、目につかないような小さな変化が積み重なるうちに、社会に

* この傾向について、私は二本の論文"Scientism and the Study of Society"、"The Counter-Revolution of Science"を一九四一～四四年にエコノミカ誌に発表した。（邦訳『科学による反革命』春秋社刊）

対する人々の姿勢がいつの間にかすっかり変容したことである。変化の過程の一つひとつの段階では単に程度の差だったのだが、その蓄積効果によって、かつての自由な姿勢と現在とでは質的なちがいが認められるようになっている。この変化は、先ほど述べたとおり、結局のところ思想の潮流の完全な逆転にほかならなかった。すなわち、西欧文明を形成した個人主義の伝統の放棄である。

現在支配的な思想では、自由社会の自生的な力を最大限に活用するにはどうしたらよいか、ということはもはや問題にされていない。それどころか、予想外の結果を生み出しがちな力を切り捨てようとしている。そして、人格を持たない匿名の市場というメカニズムに代えて、意図的に選んだ目的に向けて社会のあらゆる力を「意識的に」集約管理するシステムの導入が試みられている。両者のちがいをこのうえなく明確にしてくれる手がかりとして、社会学者カール・マンハイムの一文を掲げておこう。いわゆる「自由のための計画」に関する著作からの引用で、これについては後段で改めて言及するつもりだ。

「われわれは自然の体系をそっくり構築し管理した経験はないが、いまやまさに社会についてそれをせざるを得なくなっている……人類は第二の自然の構築を試みたことはないにもかかわらず、いまでは社会生活全体の管理統制を強めている」*

＊＊＊＊＊

思想の潮流のこうした変化が、従来の伝播とは正反対の向きで起きたことは注目に値する。過去二〇〇年以上にわたり、イギリスの思想は東へ東へと伝えられていた。イギリスで形成された自由の原則は、全世界に広まると思われたものである。ところが東へと伝わる勢いは、一八七〇年頃をピークにその後は衰えていく。代わって異なる思想が、といってもそれは新しいものではなくきわめて古い思想だったが、ともかくもそれが今度は東から伝わるようになる。イギリスは政治や社会の分野での知的指導力を失い、思想の輸入国に転落した。続く六〇年間はドイツが知の中心となり、同国の思想が東へ西へと伝播して、二〇世紀の世界を支配するようになる。ヘーゲルであれ、マルクス、リスト、シュモーラー、ゾンバルト、マンハイムであれ、きわめて急進的な社会主義であれ、穏健な「組織化」や「計画」であれ、ドイツの思想はどの国でもすみやかに受け入れられ、同国の制度は模倣された。社会主義を始めとするこれらの思想の大半を生んだのはドイツではないが、完成させたのはドイツであり、一八七五年頃か

＊ Karl Mannheim, *Man and Society in the Age of Reconstruction* (Kegan Paul, 1940), p.175.（邦訳『マンハイム全集5』所収「変革期における人間と社会」潮出版社刊）

ら一九二五年頃にかけて、ドイツ思想は最盛期を迎えることになる。この期間に社会主義の理論と実践においてドイツがどれほど大きな役割を果たしたかは、現在では忘れられがちだ。社会主義がイギリスで真剣に議論されるようになるより三〇年も前に、ドイツ議会では社会主義政党が多数の議席を占めていたこと、社会主義の理論的発展は比較的最近までドイツとオーストリアにほぼ独占され、今日のロシアでの議論でさえドイツでの発展が出発点になっていることも、忘れられている。イギリスの社会主義者の多くは、自分たちがようやく認識し始めた問題の大半がとっくの昔にドイツの社会主義者に議論し尽くされたことに、いまだに気づいていない。

ドイツの思想家は当時全世界に知的な影響をおよぼしたわけだが、それを後押ししたのは、けっしてドイツの物質的な急成長だけではない。むしろ、それ以前の一〇〇年間にドイツがヨーロッパ共通の文明に回帰し、さらにはその主要な担い手となって、ドイツの思想家と科学者が獲得した高い評価によるところが大きい。だがこの高い評価は、ドイツからの思想の普及を牽引した末に、ヨーロッパ文明の基礎を脅かすことになる。ドイツ人自身は、すくなくとも思想の普及を促した人々は、自分たちの思想とヨーロッパ文明の基礎をなす思想との対立をよく承知していた。ヨーロッパ文明に共通する伝統であったものは、ナチス出現のはるか前に、彼らにとっては「西」の文明に成り下がっていたからである。ここで言う「西」とは「西洋」という古い意味ではなく、ラインの西側を指す。この意味での「西」の文明とは、自由主義であり、民主主義であり、資本主義、個人主義、自由貿易であり、形はどうあれ国際主義すなわち平和の愛好であった。

こうした「浅薄な」西の思想に対して軽蔑をあらわにするドイツ人は増えていった。にもかかわらず、というよりもおそらくはそのせいで却って、西欧の人々はドイツの思想を受け入れ続けた。そして、自分たちの以前の信念は自己利益を正当化するだけのものだった、自由貿易はイギリスの権益を拡大するために発明された理念だった、イギリスが世界に発信した政治思想はどうしようもなく時代遅れの恥ずべき代物だった、と考えるようになったのである。

2

第2章
偉大なユートピア

The Great Utopia

国家をつねにこの世の地獄としてきたのは、
それを天国にしようとする人間の努力にほかならない。

――フリードリヒ・ヘルダーリン[1]

1 Johann Christian Friedrich Holderlin, *Hyperion, oder der Eremit in Griechenland. Samtliche Werke*, vol. 3 (W. Kohlhammer Verlag, 1957), p.31.（邦訳『ヒューペリオン　ギリシアの隠者』ちくま文庫）

大多数の進歩主義者が社会主義の理念を支持するようになるにつれ、社会主義は自由主義を駆逐していった。これは、かつて偉大な自由主義思想家たちが集産主義の帰結に関して発した警告を、人々が忘れてしまったことだけが原因ではない。この先に待っているのはあの思想家たちの予言とは正反対の結末なのだと、人々が説得されたからでもある。ここで何より驚かされるのは、はじめは自由に対する最大の脅威とみなされ、フランス革命の自由思想への反動として生まれたことが公然の事実だったその同じ社会主義が、いつの間にか自由の旗印の下に広く受け入れられるようになったことである。誕生したての社会主義があからさまに権威主義的であったことは、いまやほとんど忘れられている。現代の社会主義の基礎を築いたフランスの思想家たちは、この思想が絶大な権力を持つ政府によってのみ実行可能であることをはっきりと承知していた。彼らにとって社会主義とは、階層的秩序に基づく社会の意図的な再編と「精神的支配」の強制によって「革命に終止符を打つ」企てを意味したのである。こと自由に関して、社会主義の創始者たちは自分たちの考えをいささかも隠そうとしていない。思想の自由こそが一九世紀社会の諸悪の根源だったとみなし、現代の計画主義を最初に提唱したサン＝シモンは、計画委員会の命令に背く輩は「家畜扱いされる」とまで述べている。[2]

一八四八年に革命を導くことになる民主思想の力強いうねりの中で、初めて社会主義は自由を標榜する勢力と結びつくようになる。だがこの新顔の「民主社会主義」が、初期の社会主義が引き起こした疑念を払拭するまでには、長い時間を要した。個人主義的な枠組みを基本とする民主主義が、社会主義と相容れないことを誰よりも鋭く見抜いていたのは、あのトクヴィルである。彼は一八四八年に次のように書いた。

「民主主義は個人の自由の領域を拡げ、社会主義は狭める。民主主義は各人に可能な限りの価値を付与するが、社会主義は人間を単なる行為者、単なる数字とみなす。民主主義と社会主義には、平等という一点以外に何も共通項はない。ただし両者の平等が異なることに注意しなければならない。民主主義がめざすのは自由における平等だが、社会主義がめざすのは束縛と隷従における平等である」*

社会主義に対するこうした疑念を和らげ、自由の渇望という強い政治的動機をこの概念と結びつけるために、社会主義者は「新しい自由」という約束をしきりに口にするようになった。社会主義時代の到来は、貧困の国から自由の国への飛躍を意味する。それは「経済的自由」をもたらすのであり、それなしには、すでに手にした「政治的自由」は持つ価値さえない、というのである。自由を求める長年の苦闘を完遂できるのは社会主義だけだ、政治的自由の達成は単に最初の一歩にすぎない、と彼らは主張した。

ここで重要なのは、この主張がもっともらしく聞こえるように、自由という言葉の意味を社会主義者が巧妙に変えたことである。政治的自由を追い求めた偉大な先人にとって、この言葉が意味するのは圧制からの自由であり、他人による恣意的な権力行使からの自由であり、上

* "Discours prononce à l'assemblée constituante le 12 septembre 1848 sur la question du droit au travail"（労働の権利に関して一八四八年九月一日に憲法制定議会で行った演説）、*Oeuvres completes d' Alexis de Tocqueville*, vol. 9 (Michel Levy Freres, 1866), p. 546.

2 Henri Saint-Simon, "Letters from an Inhabitant of Geneva to his Contemporaries," in *Henri Saint-Simon: Selected Writings on Science, Indsury and Social Organization* (Holmes an Meier, 1975), p.78.（邦訳『ジュネーヴ人の手紙 他三篇』日本評論社刊）

位者の命令に従う以外の選択肢がないような束縛からの解放だった。だが新しい自由が約束するのは、貧困からの自由であり、個人の選択の範囲を必然的に狭めるような外的条件の制約（といっても、その度合いは人によって大きなばらつきがあるのだが）からの解放だった。人間が真に自由になるには、まずは「物理的欠乏という圧制」を打倒し、「経済システムの拘束」を緩和しなければならない、というのである。

この意味での自由が権力あるいは富の別名にすぎないことは、改めて言うまでもあるまい。* この新しい自由の約束は、社会主義社会では物質的富が大幅に増大するという無責任な約束を伴うことが多かった。もっとも経済的自由に期待されていたのは、自然状態の貧困の完全な克服ではない。彼らの約束が実際にめざしていたのは、人々の間に現に存在する選択範囲の大幅な格差をなくすことだった。これは、結局のところ、富の平等な分配という昔ながらの要求と変わらない。しかし「新しい自由」という新しい名前をつけることによって、社会主義者は自由主義者と共通の言葉を手に入れ、それを徹底的に利用したのだった。両者は異なる意味で「自由」という言葉を使っていたにもかかわらず、それに気づく人はほとんどいなかったし、約束された二種類の自由が実際に共存しうるのかを問うた人は、もっと少なかった。

自由の拡大という約束が社会主義プロパガンダの強力な武器の一つとなったことはたしか

だし、社会主義が自由をもたらすのだと彼らが真剣に信じていたこともまちがいない。だからこそ、「自由への道」として約束されたものが実際には「隷従への道」であることがわかったときの悲劇は一段と深刻になる。自由の拡大という約束が、自由主義者を次々に社会主義の道へ誘惑し、社会主義と自由主義の基本原理の対立から目を背けさせたことに疑いの余地はない。社会主義者がかつての自由主義政党の名前まで堂々と掲げられるようになったのも、この約束のおかげだった。社会主義は自由主義の系譜に連なるものとして、知識人の大多数に支持された。となれば、社会主義が自由とは反対の方向に導くのだという考えが、知識人にとって思いもよらないものになったとしても、驚くにはあたらない。

＊ 自由と権力の混同という社会主義の特徴については本書を通じて繰り返し論じるつもりだが、きわめて大きな問題であるため、論じ尽くすことはむずかしい。こうした混同は社会主義の出現当初から見受けられ、この主義と密接に関連づけられているため、七〇年ほど前にサン＝シモン主義を論じたあるフランスの学者は、自由の理論こそが「社会主義のすべてだ」と述べるにいたったほどである（Paul Janet, *Saint-Simon et le Saint-Simonisme* (G. Bailliere et cie., 1878), p.26 note)。この結論をじつにあからさまに擁護したのは、興味深いことに、アメリカの重要な左派系哲学者ジョン・デューイだった。デューイによれば、「自由とはあることをする事実上の力」であり、したがって「自由を求めるのは力を求めることである」という。John Dewey, "Liberty and Social Control", *The Social Frontier*, vol. 2, November 1935, p.41 を参照されたい。

＊＊＊＊＊

だが近年になって、社会主義の予期せぬ帰結に対するかつての不安が、思いがけぬ方面から高まってきた。「ファシズム」と「共産主義」をつぶさに観察した人々が、両体制の下では多くの要素が予期に反してひどく似通っていることに衝撃を受けたのである。いわゆる進歩主義者は、イギリスに限らずどこの国でも、共産主義とファシズムは両極端の思想だといまだに思い込んでいるが、その一方で次第に多くの人が、こうした新種の独裁はひょっとすると同じ思想的傾向の終着点ではないかと疑い始めた。当の共産主義者でさえ、たとえばレーニンの旧友であるマックス・イーストマンの証言には少なからず動揺したにちがいない。イーストマンは、次のように認めざるを得なかった。「スターリニズムはファシズムよりましなどころか、もっと悪い。ファシズムより冷酷で野蛮で不正で不道徳で反民主的で、いかなる希望も懸けられず、いかなる良心によっても償えない」のであって、「超ファシズムと表現するほうが当たっている」と。イーストマンはまた著書の中で「無階級社会を創出する計画の一部として、スターリンが予定外とはいえ国有化・集産化政策に頼らざるを得なかったという点で、スターリニズムは社会主義である」＊と認めており、この結論にはあきらかにより広い意味が込められていた。

イーストマンは最も目立っていたかもしれないが、ロシアの実験に共感しながらも同様の結論に立ちいたったのはイーストマンだけではないし、彼が初めてでもなかった。たとえばアメリカの特派員としてロシアに一二年駐在したW・H・チェンバリンは、イーストマンより数年早く、自分の抱いていた理想が打ち砕かれるのを目の当たりにした。そして、ロシアおよびドイツ、イタリアでの調査をまとめて、こう結論づけている。「社会主義が、すくなくとも初期段階において自由への道でないと判明することはまちがいない。社会主義は独裁制と反独裁制の対立につながる道であり、激越な内戦への道である。民主的な手段によって実現・維持される社会主義などというものは、どうみてもユートピアの世界のことのように思われる**」。同じく、特派員としてヨーロッパの動向を多年にわたり身近に観察してきたイギリスの作家F・A・フォークトも「ファシズムと国家社会主義を導いたのはマルキシズムである。というのもマルキシズムは本質的にファシズムであり国家社会主義であるからだ***」と述べた。さらにウォ

* Max Eastman, *Stalin's Russia and the Crisis of Socialism* (W. W. Norton, 1940), p.82.
** W.H. Chamberlin, *Collectivism: A False Utopia* (Macmillan, 1937), pp. 202-3.
*** F.A. Voigt, *Unto Caesar* (G. P. Putnam's Sons, 1939), p. 95.

ルター・リップマンはこう確信するようになった。

「われわれの世代は、自由を手放し個人の事柄の強制的な組織化に移行したら何が起きるのか、身をもって学びつつある。よりゆたかな生活のためにしたことが、実際にはその放棄に追い込まれる。組織化の方向性が強まるにつれ、目標の多様性は必ず画一性に収斂する。これは、計画社会を企図したことや個人の領域に独裁主義の原理を持ち込んだことに対する当然の報いなのだ*」

的確な判断を下しうる立場の人たちが表明した同様の意見は、最近の出版物からたくさん抜き出すことができる。とりわけ、現在では全体主義国家となった国の市民として移行期に遭遇し、その経験から従来の信念の修正を余儀なくされた人々にそうした意見が多い。ここではもう一つだけ、ピーター・ドラッカーから引用しよう。先ほど紹介したものと同じ結論だが、より正当な立場から述べられたと言える。

「マルキシズムによって自由と平等が実現するという信念が完全に崩壊した結果、ロシアもまた全体主義への道を歩まざるを得なくなった。それは、自由も平等もなく経済効率も低い負の社会への道、ドイツがたどってきた道である。共産主義とファシズムが根本的に同じだとは言わない。共産主義が幻想だとわかったあとの段階がファシズムである。共産主義は、ヒトラー以前のドイツで幻想と判明したように、スターリンのロシアでも幻想であることがあきらかになった」**

こうした指摘に劣らず重要な意味を持つのは、ナチスやファシズムの指導層の多くがたどってきた思想遍歴である。ムッソリーニを始めとする指導者たちは、ヴィシー政権で対独協力政策をとったピエール・ラヴァル、ヒトラーによってノルウェー首相となったヴィドクン・クヴィスリングを含め、最初は社会主義を奉じていても、最後はファシストまたはナチスになっている。イタリアやドイツの思想動向に注目してきた人はみな、この経緯に衝撃を受けた。***そして指導者について言えることは、一般の活動家にも当てはまる。若い共産党員をナチスに転向させることやその逆が比較的容易であることはドイツでは広く知られていたし、とりわけ両党の情宣担当者は十分に心得ていた。こうしたわけで一九三〇年代のイギリスでは、多

* Walter Lippmann, "The Government of Posterity," *The Atlantic Monthly*, vol. 158, November 1936, p.552.

** Peter Drucker, *The End of Economic Man: A Study of the New Totalitarianism* (The John Day Co., 1939), p. 230（邦訳『経済人の終わり』ダイヤモンド社刊）。

*** ファシストの多くの指導者の思想遍歴については、ロベルト・ミヘルスが著書の中で明快に説明している (Robert Michels, *Sozialismus und Fazismus in Italien* (Meyer and Jessen, 1925), vol.II, pp.264-6/311-12)。ちなみにミヘルス自身、マルキストからファシストに転向した。

くの大学教授がこう感じたものである――ヨーロッパ大陸から帰国した英米人学生は、共産主義やナチスにかぶれたかどうかは定かでないにしろ、西欧の自由主義的な文明を憎むようになったことはまちがいない、と。

一九三三年以前のドイツと一九二二年以前のイタリアで、共産主義者とナチスまたはファシストとが他の党派以上に衝突していたことは事実である。彼らは同種の傾向を持つ人々の支持を得ようとつば競り合いを繰り返し、互いに相手を異端者のごとく憎んでいた。だが彼らの行動は、両者の共通性を雄弁に物語っている。両者にとっての真の敵、すなわち共通項が何もなく説得する望みがいっさい持てない敵は、古いタイプの自由主義者である。ナチスにとっての共産主義者、共産主義者にとってのナチス、両者にとっての社会主義者は、勧誘相手として大いに有望だった。誤った宣伝を吹き込まれてはいても、もともと思想的な下地は備わっているからである。だが共産主義者も、ナチスやファシストも、個人の自由を信奉する人々と自分たちとの間には歩み寄りの余地がまったくないことを、重々承知している。

いずれかの党派のプロパガンダに惑わされている人々のために、ここでもう一つだけ、権威ある学者の意見を引用させてほしい。ドイツのキリスト教社会主義で指導的役割を果たしたエドゥアルド・ハイマンの『自由主義の再発見』（なかなかに意味深長なタイトルだ）からの引用である。

「ヒトラー主義は、真の民主主義であり、かつ真の社会主義だと称している。おそろしいのは、この主張に一片の真実が含まれていることだ。もちろん小指の先ほどの真実ではあるが、それだけで十分に途方もない歪曲をすることができる。ヒトラー主義は、キリスト教の擁護者としても機能すると主張するが、この言語道断の詐称でさえ人々にそれなりの感銘を与えてしまうのだからおぞましい。だが、この闇の中で一つだけ光り輝く事実がある。それは、ヒトラーが真の自由主義者を標榜したことが一度もないという事実だ。よって自由主義は、ヒトラーが最も憎んだ主義だという点で他の思想とははっきりと一線を画すのである」*

ただしここで、次の点を付け加えておきたい。自由主義に対するこの憎悪はめったに公に表明されなかったが、それは、ヒトラーが権力の座に就く頃のドイツでは自由主義はどこからどう見ても死に絶えてしまったからにすぎない、ということである。自由主義を殺したのは、

＊ Eduard Heimann, "The Rediscovery of Liberalism," *Social Research*, vol. 8, no.4, November 1941, p.479. これに関連して、ヒトラーが、理由はともあれ一九四一年二月に「基本的に国家社会主義とマルキシズムは同じである」と公式発言で表明したことを指摘しておきたい。"Herr Hitler's Speech of Feruary 24", *The Bulletin of International News* published by the Royal Institute of International Affairs, vol. 18, no.5, March 8, 1941, p. 269 を参照されたい。

社会主義だった。

＊＊＊＊＊

こうして社会主義からファシズムへの移行を間近で見てきた多くの人にとって、両体制の結びつきはいよいよあきらかになった。ところがイギリスでは、相も変わらず大多数の人が、社会主義と自由は共存しうると信じ込んでいる。この国の社会主義者の大半が、自由主義の理想としての自由をいまなお深く信じていることに疑いの余地はない。また、社会主義の公約が実現したら自由は破壊されるのだと知ったら、彼らが嫌悪で怖気をふるうことも目に見えている。「個人主義的社会主義」などという形容矛盾が真剣に議論される事態になっているのは、ひとえに事の重大性がほとんど理解されておらず、本来は共存不能の思想が安易に共存すると考えられているためだ。このような状態のまま人々が新しい世界へ押し流されていくのだとすれば、いま何よりも急を要する課題は、各国で起きた思想の展開が何を意味するのか、真剣に検証することであろう。本書の結論は、すでに表明された他の人々の懸念を裏づけることになるだけかもしれない。それでも、社会のこうした変容の主な面を徹底的に調べ上げない限り、この経緯を偶然とみなすべきでない理由は解明できまい。あの民主社会主義というここ数世代の壮大なユートピアは実現不能であるばかりか、実現しようとすれば、今日それを望んでいる人々でも受け入れがたいほど、めざすものとはちがう結果を生むにちがいない。しかし多くの人は、社会主義とファシズムの関係を白日の下にさらけ出すまで、それを信じようとしないだろう。

3

第3章
個人主義と集産主義

Individualism and Collectivism

社会主義者は、完全に異質でおそらくは相容れない二つのものを信じている。
それは、自由と組織である。

――エリー・アレヴィ[1]

1 Elie Halévy, *L'Ere des Tyrannies: Etudes sur le socialisme et la guerre* (Gallimard, 1938), p.208.

本題に入る前に、もう一つ障害物を片付けておかねばならない。誰も望まない事態へと私たちが突き進んでいるのは、ある混乱が大きな原因となっているので、それを解明しておく必要がある。

この混乱は、社会主義の概念そのものに関わっている。社会主義は、その究極の目的である社会正義や平等と保障の拡大という理念を意味するとされ、そのように定義されることが多い。だが社会主義は、こうした目標達成のために大方の社会主義者が使う特定の方法をも意味するのだし、有能な人々の多くは、そうした方法こそが目標を短期間で完遂する唯一の方法だと考えている。この意味での社会主義は、民間企業の廃止、生産手段の私有禁止、「計画経済」

の導入を表す。計画経済とは、利益追求企業に代わって中央の計画当局が経済を運営するシステムである。

社会主義の第一の意味しか考えずに社会主義者を自称する人が少なくない。彼らは社会主義の究極の目的を熱烈に支持するが、それが達成される方法は気にしていないかわかっておらず、いかなる犠牲を払ってもとにかく達成しなければならないとだけ確信している。だが、社会主義は単なる希望ではなく現実の政治目標だと考える人々にとっては、まず例外なく、近代社会主義に固有の方法こそが目的に劣らず重要なのである。その一方で、社会主義の最終目標は社会主義者に劣らず評価しながらも、その方法論に他の価値観を脅かす危険性を感じとって、社会主義への支持を拒む人々もいる。このように、社会主義を巡る論争はおおむね手段あるいは方法を巡る論争であって、目的は問題にされていない。とはいえ、社会主義が掲げる複数の目的が同時に達成可能かどうかは大いに疑問ではある。

これだけでも混乱の原因としては十分だというのに、さらに拍車をかける要因がある。目的を認めながら手段を否定するのはおかしいとする世間の常識もその一つだが、それだけではない。「計画経済」は社会主義改革の最重要手段でありながら、他の多くの目的にも利用できるという事実が事態をいっそう厄介にする。所得の分配を最近流行の「社会正義」に従って行おうとすれば、経済活動を中央で管理することが必要になる。だから、「利益のための生産」に代えて「必要のための生産」を求める人にとって、「計画」は好ましい。だが正義とはおよそ反対と思えるやり方で所得の分配を行う場合にも、やはり計画は有効な手段となる。たとえば、極上品は一部の優等人種やある種の党派あるいは貴族階級の人たちに多く配ろうという場合にも、平等な分配をめざすときと同じ手段が使われる。

社会主義という言葉を、その目的ではなく方法を表すものとして、それも、多くの人にとって究極の理想を意味する言葉を特定の方法を表すものとして使うのは、公正を欠くと思われるかもしれない。さまざまな目的に活用可能な方法を表すには「集産主義（collectivism）」という言葉を用い、社会主義はその一種と見なすほうが望ましいだろう。つまり大方の社会主義者にとっては、集産主義のある一つの種類だけが真の社会主義を表すことになる。だがそうであっても、社会主義はあくまで集産主義に属すのであって、集産主義に当てはまることはすべて社会主義にも当てはまることをゆめ忘れてはならない。社会主義者と自由主義者の議論で争点となっていることの大半は、じつは社会主義の目的ではなく、あらゆる形態の集産主義に共通の方法のほうである。本書で論じる社会主義の帰結も、目的が何であれ、集産主義の方法がもたらすのである。社会主義は、集産主義あるいは計画主義の中でとりわけ重要な下位概念であるが、単なる概念ではない。社会主義は、かつて人々が拒絶した経済活動の組織化を再び選ぶよう、自由を指向する人々を説得する思想である。このことを、忘れないでほしい。かつて人々が経済活動の組織化を拒絶したのは、アダム・スミスの言葉を借りるなら、政府を「自らを維持するために抑圧的かつ専制的にならざるを得ない」立場に置くからだった。*

＊＊＊＊＊

集産主義という言葉を用いることにし、あらゆる種類の「計画経済」は目的の如何を問わずこの言葉に含めるとの合意ができたとしても、一般的な政治用語の曖昧さが引き起こす問題はなお残る。なるほど、計画経済という言葉の意味は、ある理想の所得配分を実現するために必要な計画のことだとはっきりさせておけば、ある程度限定されよう。だが中央経済計画という概念は、意味が漠然としているからこそ人々を惹き付けている面がある。したがって計画経済の結末を論じる前に、ぜひともその正確な意味をあきらかにしておかねばならない。

「計画」が人気なのは、社会に共通の問題はできるだけ手際よく片付けたいと誰もが思っているからだ、という理由が大きい。そしてそのためには、できるだけ先を見通しておく必要があるということもまた、誰もが考えている。この意味で、完全な運命論者以外の人はみな計画主義者である。あらゆる政治行為は計画を立てる行為であるし、またそうあるべきだ。ただ、よい計画か悪い計画か、賢明で先見性に富む計画か愚劣で近視眼的な計画か、というちがいがあるにすぎない。経済学者は人間の実際の行動や計画性を研究することが仕事であるから、こうした広い意味での計画にはまずもって反対しない。だが、いま問題にしている計画社会の熱烈な支持者は、計画という言葉をこの意味で使ってはいない。また、ある基準に沿うように所得や富を分配したいなら計画が必要だ、という意味で使っているわけでもない。今日の計画主義者にとって、できうる限り合理的かつ恒久的な枠組みを設計し、その枠組みの中では個人が自分の計画に基づいて活動できるようにするようなやり方は、彼らの目的に関する限り全然満足できない。この種の自由主義的な計画は計画の名に値しないという。たしかにこのような計画では、「誰が何を所有すべきか」に関する特定の判断を実現することはできない。今日の計画主義者が要求するのは、単一の計画の下であらゆる経済活動を中央が指図することである。そしてその単一の計画では、特定の目的を特定の方法で達成するために、社会の資源を

＊ 一七五五年にスミス自身が書いた覚え書きから、デューゴルド・ステュアートが *Memoir of Adam Smith*（邦訳『アダム・スミスの生涯と著作』御茶の水書房刊）の中で引用した。

「意図的に管理運営」する方法を定めるという。

今日の計画主義者と、これに対する反対論者の論点は、社会の組織化にさまざまな方法があり得るとして、そのどれかを選ぶべきか否か、ということではない。社会の共通の問題に関しては、先を見越し体系的に考えて計画を立てるべきか否か、ということでもない。論争になっているのは、そのための最善の方法は何か、ということだ。すなわちこの目的のためには、強制力を持つ者は、個人が知識や自主性を発揮する最良の枠組みを定めて各人が最適な計画を立てられるような条件を整えることだけに専念すべきなのか。それとも、そうした個人の資源を合理的に活用するためには、ある意図をもって作成された設計図に従って、個人のすべての活動を中央が組織し指導することが必要なのか、ということである。社会主義者は、党派を問わず、計画という言葉を後者の意味で使っている。そしていまや広く一般にも、この意味で受け取られている。この意味での計画こそが万事を取り扱う唯一合理的な方法だというつもりらしいが、言うまでもなく、そうと実証されたわけではない。計画主義者と自由主義者の間で現在論争の的となっているのは、この点である。

＊＊＊＊＊

計画に対するこの種の反論と、教条的な自由放任主義《レッセフェール》を混同しないよう、注意してほしい。自由主義の主張は、人間の努力を調整する手段として競争原理をうまく活用しようということであって、物事をあるがままに放任しようということではない。自由主義の主張は、効果的な競争が生まれるところではどこでも、それが個人の努力を最もうまく導いてくれるという確信に基づいている。といっても、競争原理が効果的に働くためには注意深く構築された法的な枠組みが必要であること、現行および過去の法規には重大な欠陥があることを、自由主義者は否定しない。いや、むしろ強調する。また、競争を機能させるのに必要な条件が整わない場合には、他の方法で経済活動を導くべきだということも、否定しない。ただし、個人の努力を調整する手段として、競争より劣った方法を導入して競争を駆逐することには断固反対する。彼らが競争をより優れた方法だと考えるのは、単に既知の方法の中で多くの場合に最も効率的だからというだけではない。当局による強制的あるいは恣意的な介入なしに相互の調整ができる唯一の方法だという理由が大きい。自由主義者が競争に与する主要な論拠は、「意図的な管理」の必要性がないこと、個人に職業選択の自由を与えられることにある。ある職業あるいは事業が不利益やリスクを伴うとしても、先行きの見通しが十分それを埋め合わせてくれるかどうかは、個人が判断すればよい。

社会を動かす原理として競争がうまく機能すれば、経済活動へのある種の強制的な介入は排除される一方で、競争を後押しするような介入はときに容認されるし、ある種の政府の介入は必要になることもある。だが従来は、介入不要論ばかりが強調されてきた。ただ、それにはもっともな理由がある。何よりもまず、市場参加者は、取引相手さえ見つかればいかなる値段でも自由に売ったり買ったりできなければならない。また、ともかくも生産できるもの、あるいは販売できるものであれば、誰でも自由に生産し売買できなければならない。さらに、さまざまな取引には誰でも平等の条件で参加できなければならず、個人や集団が公然あるいは隠然たる力を行使してこの平等な参入を阻害することは、法律上許されてはならない。何らかの商品の価格や数量を規制しようとすれば、個人の努力を効果的に調整する競争の機能は必ず失われる。取引条件の変化が価格の変動に反映されなくなり、価格がもはや個人の経済活動にとって信頼できる指標ではなくなってしまうからだ。

そうは言っても、生産方法の許認可などは、間接的な価格統制や生産統制が目的ではなく、且つ市場参加が見込まれるすべての生産者に公平に適用するのであれば、必ずしも排除するにはおよばない。そうした規制は例外なく追加の費用を発生させ、同じ生産高を得るのにより多くの資源を消費することにはなるが、それでも規制が望ましい場合は少なくない。たとえば有害物質の使用を禁止する、使用基準を厳格化する、労働時間を制限する、衛生環境を整備するといったことは、競争の維持とけっして矛盾しない。ここで問題になるのは、それぞれの場合に得られる利益が、それに伴う社会的費用を上回るかどうか、ということだけである。また広範な公的サービスの提供も、競争全般を非効率にしてしまうような制度設計でない限り、競争の維持と十分両立しうる。

もっともな理由はあるにしても、残念ながら従来は介入のデメリットばかりが強調され、競争システムをうまく機能させるための介入にはあまり注意が払われてこなかった。競争がうまく機能するためには、通貨、市場、情報網といったインフラが適切に運用されなければならず、その多くは民間企業の手に余る。さらに重要なのは適切な法制度であり、競争を維持し、できる限り有効に機能するよう設計された法制度が欠かせない。私有財産や契約の自由の原則が法律で認められるだけでは、とうてい十分とは言いがたい。たとえば財産権がさまざまなものに適用されるとき、その厳密な定義が重要になってくる。だが、競争システムを効果的に機能させる法制度のあり方については、系統的な研究が不幸にもほとんど行われてこなかった。こうした重大な不備、とりわけ企業や特許に関する法律の不備が競争の本来の機能を損ない、さらには多くの分野で競争自体を破壊したことは確実である。

最後に指摘しておきたいのは、法制度をいくら整えても、競争原理や私有財産制が効果的に機能する条件を形成できない領域が、まちがいなく存在することである。つまり、財の所有者がその有効活用から得られる利益のすべてを手にし、それが引き起こした損害のすべてを負担するという条件が成り立たない領域が存在する。たとえばある種のサービスは、受益者に対価を払わせることが現実的にむずかしい。するとそのようなサービスは、競争原理の下では提供されない可能性がある。また財の使用により他人が被った損害を、その財の所有者に負担させることが事実上不可能な場合もある。こうしたケースでは、個人の損得勘定で考慮される項目と、社会の幸福にかかわる項目とが乖離する。この乖離が大きいときには、そうしたサービスを提供するために、競争以外の手段を見つけなければならない。

たとえば道路標識も、多くは道路そのものも、利用者一人ひとりに対価を払わせるのは不可能である。また森林の伐採、ある種の農法、工場が排出する煤煙や騒音などの有害な影響を、その所有者だけに引き受けさせるとか、一定の補償金と引き換えに損害を受け入れた人たちだけに限定させる、といったことも不可能だ。このような場合には、価格メカニズムを通じた調整に代わるものを見つけなければならない。だが、競争原理が機能する条件が成立しない分野では当局による直接規制という代替策に頼るべきだとしても、競争原理が機能する分野でまで競争を駆逐すべきだということにはならない。

競争が最大限有効に機能する条件を整えること、条件が整わない分野では競争を補うこと、そしてアダム・スミスの言う「社会全体にとってきわめて大きな利点があるが、個人や少数の個人の集団では経費を回収するだけの利益を上げることが不可能な」サービスを提供すること——これらはまちがいなく国家が引き受けるべき仕事であり、その領域は広い。[2] 合理的に擁護しうる体制で、国が何もしない体制というものは存在しない。効率的な競争システムは、他のシステム同様、思慮深く設計され継続的に微調整される法的枠組みを必要とする。たとえば競争が適切に機能するためには、相手の無知につけ込むことを含め、不正や詐欺の防止が欠かせない。これは立法の範疇に属すが、このきわめて重要な目的でさえ、いまのところ達成されたとは言いがたい。

＊＊＊＊＊

[2] Adam Smith, *An Inquiry into the Nature and Causes of the Wealth of Nations*, ed. R. H. Cambell and A. S. Skinner, vol. 2 of *The Glasgow Edition of the Works and Correspondence of Adam Smith* (Clarendon Press, 1976), book 5, chapter 1, part 3, p.723.（邦訳『国富論』日本経済新聞出版社刊）

競争がうまく機能するよう適切な法的枠組みを用意する仕事は、いっこうにはかどっていない。というのも、多くの国がその仕事をせずに競争を排除し、競争と相容れない別の原理を導入するようになったからである。いまや国家は、競争を機能させ必要に応じて補うのではなく、競争をすっかり排除しようとしている。次の点は、ぜひともはっきりさせておかねばならない。それは、計画経済を求める今日の運動は競争に反対する運動にほかならないこと、そしてこの新しい旗印の下に古くからの競争反対論者が結集していることである。今日ではこの運動を通じて、ありとあらゆる利益団体が、自由主義時代に一掃された特権を回復しようと躍起になっている有様だ。自由主義を志向する尊敬すべき人々を競争反対に回らせ、競争を抑圧する試みに対して人々が自ずと抱いた健全な疑念を巧みになだめたのは、計画経済を求める社会主義者のプロパガンダにほかならない。* 社会主義の右派と左派を団結させたのは、じつのところ競争に対するこの共通の敵意であり、競争に代えて計画経済を導入しようという共通の願望なのである。資本主義と社会主義という言葉は、いまなお一般に社会の過去の形と未来の形を表すものとして使われているが、私たちがいま通っている過程の本質は、これでは却ってわかりにくくなってしまう。

目下の変化は経済活動の包括的な中央主導へと進んでいるが、競争に逆行するこうした動きが、初期段階では多くの面で現状を悪化させることは確実である。その状況には、自由主義者のみならず計画主義者も満足できないだろう。それは、ある種の労働組合主義《サンディカリスム》や協調組合主義《コーポラティズム》に基づいて産業が組織され、競争は大なり小なり抑圧されるものの、計画は産業ごとに独占企業の手に握られるという状況である。人々が競争反対だけで団結し、他の点で合意に達していない現状では、そうならざるを得ない。このような政策は、産業分野における競争を次々に駆逐することによって、最も独占化や組織化が進んだ産業では資本家と労働者が結託し、消費者はその言いなりになるしかないという結果を招く。この状況は、しばらく前から広範な産業ですでに出現している。これは計画経済を求める人々が、自己利益に基づく無思慮な煽動によって招いた結果ではあるが、しかしこのような状況が長続きするはずはないし、合理的に正

＊ 最近になって一部の社会主義の学者が、批判を受けて、計画経済の下では自由が消滅するのではないかとの同じ不安に駆られ、新種の「競争社会主義」なるものを編み出したことは事実である。この新種の主義では計画経済の問題点と危険性は回避され、私有財産の廃止と個人の自由の維持を両立できるという。これについては学術雑誌でいくらか論じられたものの、実務に携わる政治家に推奨できる代物ではない。万が一実行に移したら、この思想が砂上の楼閣であり内在する矛盾を露呈することは容易に指摘できる（これについては、一九四〇年発行のエコノミカ誌に掲載された拙稿を参照されたい）。生産資源を誰のために誰が使用するかを決めずに、統制下に置くのは不可能である。この競争的社会主義の下では、中央当局による計画はいくらか間接的になりそうではあるが、だからといってその効果が本質的に異なるわけではない。そこでは競争の要素があるといっても、見せかけにすぎない。

当化することもできまい。独占企業がそれぞれに計画を行うというのでは、計画主義者の主張とは反対の結果をもたらすだろう。そしてこの段階に達してしまったら、競争原理への回帰以外の道としては、その独占企業を国家が管理統制するほかない。それを効果的に行おうとすれば、より網羅的でより緻密にならざるを得ない。私たちはこの段階に急速に近づいているのである。戦争の直前に、ある週刊誌が次のように指摘した。「多くの兆候からすると、イギリスの指導者層は、管理下に置いた独占企業体によって国家の発展を推進するという考え方に染まってきたようにみえる」*。これは当時の状況を正確に言い当てたものだろう。だがその後に戦争が勃発し、事態は一段と加速した。その深刻な問題点と危険性は、時間の経過とともにいっそう顕著になるはずだ。

経済活動を完全に中央主導にするという発想には、やはりたじろぐ人が多い。単にそれが途方もなく困難だからではなく、たった一つの中央当局なるものが万事を指図することに恐怖を覚えるからだ。それでもなお私たちがそこへ向かって急速に進んでいるのは、完全な個人の競争と中央管理との間に「中庸」があるだろうと、大半の人がいまだに信じているせいである。めざす目標は自由競争による極端な分権化でもなければ、単一の計画に基づく完全な中央集権化でもなく、両者のいいとこどりをした体制だと考えるのは、合理的な人々にとってじつに魅力的であり、さも実現可能にも見える。だがこのような問題に関しては、常識は当てにならない。競争は、ある程度までなら規制と共存しうるが、計画を大幅に導入したら、生産の目安を提供する役割は果たせなくなる。また計画は、少量でも効き目のある薬とはちがう。競争も、中央集権的な管理も、中途半端に使ったのでは役に立たない。どちらも同じ問題の解決策にはなりうるが、両方を混ぜたら効果はないし、どちらか一方を貫き通す場合よりも悪い結果になるだろう。別の言い方をすれば、計画と競争は「競争のための計画」によってのみ結びつくのであって、「競争を阻む計画」を通じては結びつかない。

本書の議論を進めるにあたり、読者にはぜひとも次の点を念頭においていただきたい。これから批判するのは、あくまで「競争を阻む計画」、すなわち競争を駆逐し、その後釜となる計画だということである。本書では、競争をより有効に機能させ利益をもたらすために必要な計画については論じる余裕がないので、この点はとくに強調しておきたい。ところが現状では、「計画」という言葉が「競争を阻む計画」とほとんど同じ意味で使われるようになっており、簡潔さを優先するために、そうした計画も単に「計画」と呼ばざるを得ない場面が出てこ

* *The Spectator*, March 3rd, 1939, p.337.

よう。もっとよい意味で使われるべきこの好ましい言葉を敵の手に渡してしまうのは、本意ではないのだが。

4

第4章
計画の「必然性」

The "Inevitability" of Planning

文明の形態が複雑化するほど、
個人の自由は制限されざるを得ないと初めて主張したのはわれわれである。
――ムッソリーニ[1]

1 Benito Mussolini, Grand Fascist Council Report, 1929, quoted in E. B. Ashton, *The Fascist: His State and His Mind* (William Morrow and Co., 1937), p.63, note 5.

大方の計画主義者は、中央主導の計画のほうがよいと主張するだけでは、満足できない。このことは重大な意味を孕んでいる。もはや選択の余地はない、こちらの力のおよばないさまざまな状況要因からすれば必然的に、競争に代えて計画を導入しなければならないのだ、と彼らは主張する。われわれが新たな道へ踏み出すのは自由意志からではない、技術革新によって競争が自ずと消滅するからだ、この流れを逆転させることはできないし、押しとどめようとすべきでもないという。だがこれは、拵え上げられた神話である。こうした主張が理路整然と論じられたことはなく、人から人へと受け売りされていくうちにいつの間にか確たる事実として受け入れられるようになっただけで、理論的根拠は何もない。独占や計画へと進む流れは、私たちの力のおよばない「客観的事実」の結果ではなく、半世紀にわたって続けられてきた宣伝の産物なのである。そしてついにこの主張に各国の政策が支配されるようになった。

計画の必然性を訴えるために動員されたさまざまな根拠の中でもよく耳にするのは、技術革新の結果として競争が成り立たなくなる分野が増え続け、もはや民間企業による生産の独占か政府による統制を選ぶほかない、というものである。この主張は、マルクス主義者の言う「産業の集中」に多くを拠っているのだが、大方のマルクス主義思想と同じくあちこちの集団で受け売りされ、いまや出所は誰もわかっていない。

たしかに、過去五〇年にわたって独占が徐々に拡大してきたことは歴史的事実だし、競争が支配している分野で次第に規制が強まっていることも否定できない。とはいえ、その範囲についての先ほどの主張は、あきらかに誇張がすぎる。* ここで重要なのは、この動向が技術の進歩に伴う必然的な結果なのか、それとも多くの国で導入された政策の結果にすぎないのか、ということだ。現実の歴史は後者だと示すにちがいない。それでも、近代技術の発展には広い範囲で独占企業の支配を必然的に促す性質があるのか、まず考えてみる必要がある。

技術の進化が独占を促すという主張は、近代的な大量生産による効率向上で、大規模企業が小規模企業より有利になることを根拠にしている。近代的な生産方式の導入により、大半の産業で大企業の単位当たりの生産コストが押し下げられるため、大企業は販売価格を下げて小企業を駆逐する。そしてこのプロセスが、各産業に一社あるいは一握りの巨大企業だけが残るまで続くというのである。この主張は、技術の進歩に伴う一つの影響にだけ注目し、逆向きに働く他の要因を無視しており、事実調査に基づくまじめな研究からはほとんど支持されていない。本書ではこの問題に立ち入る余裕はないので、現時点で入手可能な最善の資料を援用するにとどめよう。近年の事実に関して最も網羅的な調査は、アメリカの「臨時国家経済委員会」が「経済力の集中」について行ったものである。同委員会（彼らは不当な自由主義的偏見とは無縁である）の最終報告は、次のように結論づけた。「大規模生産による効率改善が競争消滅を招くという見解は、入手可能ないかなるデータによっても裏づけられなかった」[**]。さらに、この問題に関して作成された詳細報告では、次のように答申が要約されている。

「大規模な事業体が効率面で優越するとの仮説は確認されなかった。競争を破壊すると想

* この問題の詳細な検討については、Lionel Robbins, "The Inevitability of Monopoly" in *The Economic Basis of Class Conflict and other Essays in Political Economy* (Macmillan, 1939), pp.45-80 を参照されたい。

** *Final Report and Recommendations of the Temporary National Economic Committee*, 77th Congress, 1st Session, Senate Document No. 35, 1941, p. 89.

定されている大企業の優位性は、多くの分野で認められなかった。また、規模の経済が存在するところでは必ず独占が起きるとの仮説も確認できなかった。……事業体が最適効率をもたらす規模に達するのは、供給の大部分を掌握するよりかなり前だと考えられる。大規模生産の優位性が不可避的に競争を駆逐するとの見解は容認できない。むしろ独占は、規模の拡大によるコスト削減以外の要因から起きることが多い点に注意すべきである。独占を実現するのは、企業の共謀的取り決めであり、これを促すのは政府の政策である。こうした取り決めが無効とされ、政策が転換されれば、再び競争環境が成り立つようになる」*

イギリスの状況を調べても、同様の結論に達するはずだ。熱心に独占をめざす輩がのべつ国家権力の助けを求め、多くは実際にその力を借りて産業支配を強める様子を見てきた人なら、この動きが必然だとはつゆほども思うまい。

＊＊＊＊＊

上記の結論の正しさは、競争の衰退と独占の台頭が過去に進行した順序を見ても、裏づけられる。もしそれが技術の進歩あるいは資本主義の進化の必然的な結果であるならば、経済の仕組みが最も進化した国でまず起きるはずだ。だが実際には、一九世紀末近くになって競争の衰退と独占の台頭が最初に出現したのは、産業の発達が比較的未熟なアメリカとドイツにおいてだった。とくにドイツは、後年になって資本主義の典型的な進化を遂げた国としてお手本とされるようになるのであるが、じつは一八七八年以降、政府の周到な政策を通じてカルテルやシンジケートの拡大が組織的に促進されていた。単なる保護にとどまらず、直接的な指導や強制という手段を使ってまで政府が独占を促したのは、価格や販売量を調整する狙いからだった。同国では世界初の「科学的計画」や「意図的な産業の編成」の壮大な実験が、国家の力を借りて行われていたのである。その結果出現した巨大な独占企業は、必然の進化と見なされた。これは、イギリスで同様の試みが行われる五〇年も前のことである。競争システムの発展は必然的に「独占資本主義」につながるという考えが広く受け入れられるようになったのは、ドイツの社会主義理論家、とりわけゾンバルトの影響によるところが大きい。彼らは自国の実験からそのような理論の普遍化を行ったのだが、アメリカでも極端に保護主義的な政策が同様の経過をもたらしたことから、この説の正しさが証明されたようにみえた。そしてドイツがたどった

＊ Clair Wilcox, *Competition and Monopoly in American Industry, Temporary National Economic Committee, Monograph No. 21* (US Government Printing Office, 1940), p. 314.

道はアメリカ以上に普遍的な傾向を表すものと解釈され、今日広く読まれている政治論文から引用するなら、「近代文明の社会的・政治的要素が最も進化した形に達したドイツ」*と内外で広く評されるようになっている。

この過程がけっして必然ではなく、意図的な政策が大きな役割を果たしたことは、イギリスの一九三一年以前と以後の状況を考えればよくわかる。イギリスは一九三一年を境に保護主義的な政策に転換した。早くから保護政策が採られていたごく一部の産業を除き、イギリスの産業が総じて過去のどの時期にも劣らぬ競争力を維持していた時代が、わずか十数年前には存在していたのである。一九二〇年代には賃金や通貨に関して矛盾する政策が採用され、産業への深刻な影響があったものの、すくなくとも一九二九年までは、雇用と経済活動全般は一九三〇年代より堅調だった。独占が驚くべきペースで進行し、イギリスの産業を思いがけない規模で変質させたのは、一九三一年に保護政策に移行し、それに伴って経済政策が全面的に修正されてからのことである。この経過が同時期の技術の進歩と関係があるとか、ドイツで一八八〇～九〇年代に作用した技術的必然がイギリスでも一九三〇年代に作用したのだと主張するのは、じつにばかげている。本章の冒頭に引用したムッソリーニの言葉は、イタリアは世界に先駆けて文明が高度化したため、個人の自由をヨーロッパで最初に制限せざるを得なかったと言わんばかりだが、そういう言い分に劣らず笑止千万と言えよう。

ことイギリスに関する限り、世論や政策の変化は現実の止めようのない変化に追随しているにすぎないという主張は、もっともらしく見える。しかしそれは単に、この国が他国の思想的動向にやや遅れて追随しているからだ。この意味では、世論はまだ競争に好意的であるにもかかわらず、外的な要因ゆえに国民の意志に反して産業の独占化が進んだと主張することは、あるいは可能かもしれない。だが理論と現実の関係は、この変化の原型となったドイツの姿を見れば、たちどころにはっきりする。ドイツでは意図的な政策によって競争が抑圧されたこと、それがいま「計画」と呼ばれる理想のために行われたことに疑いの余地はない。完全な計画社会へと向かう歩みの中で、ドイツ人やドイツをお手本にする人々は、一九世紀の思想家、中でもドイツの思想家が示した道をひたすら突き進んでいる。このように、社会の進みに必然などない、思想がそれを必然にするのである。この六〇〜八〇年間の思想動向は、この真実を雄弁に物語っている。

＊ Reinhold Niebuhr, *Moral Man and Immoral Society: A Study in Ethics and Politics* (Charles Scribner's Sons, 1932), p.182（邦訳『道徳的人間と非道徳的社会』白水社刊）。

*****

近代技術の進化によって計画経済が不可避になるという主張は、また別の解釈も可能である。近代工業文明の高度化に伴って生じる新たな問題は、中央集権的な計画経済でなければうまく処理できない、という解釈だ。これはある意味では正しいが、この主張が想定するほど広い意味においてではない。たとえば現代の都市が抱える問題の多くが、過密化に伴う他の問題同様、競争頼みでは適切な解決にいたらないことは改めて言うまでもあるまい。だが計画経済の論拠として現代の文明の高度化を挙げる人たちが念頭に置いているのは、このような公益事業の類いではない。彼らが言わんとするのは、経済プロセスの全体像を把握するのが次第に困難になるため、社会の営みを混乱に陥れたくなかったら、何らかの中央当局が錯綜するプロセスの調整に乗り出すことが必要だということである。

だがこのような主張をするのは、競争原理を全然わかっていないからだ。競争というものは、比較的単純な状況に適しているのではなく、今日のように分業が進んで高度に複雑化した状況でこそ、調整を適切に行う唯一の方法となるのである。一人の人間なり一つの委員会なりが必要な要素をすべて効率的に監視できるような単純な状況では、経済を手際よく管理し計画するのはいともたやすいだろう。考慮すべき要素があまりに多くて、その全体像を把握することが困難なときほど、中央への一極集中ではなく権力分散が必要になる。だがそうなると、調整の問題が起きてくる。ばらばらの経済主体が、自分たちだけに知りうる事実に基づいて経済活動を自由に調整すると同時に、それぞれの計画を相互に調整できるようでなければならない。これだけおおぜいの個人の意思決定に影響をおよぼすさまざまな要因を誰かがいちいち比較検討するなど、とうていできないからこそ権力分散が必要になるのだから、「人間による意図的なコントロール」調整を行なえないことはあきらかだ。各経済主体が必要な情報を入手でき、自分の決定と他人の決定を効率よく擦り合わせられるような仕組みをつくることによってのみ、調整は可能になる。単一の中央当局なるものが、さまざまな商品の需給条件に絶えず影響をおよぼす変化を完全に把握すること、すくなくとも十分迅速に情報を収集・伝達することは不可能である。それをするためには、需給に影響をおよぼすような個人の行動をもれなく記録し、個人の決定を表示し、且つ個人の決定を誘導できるような自動装置がなければなるまい。

競争市場の価格メカニズムはまさにこの自動装置の役割を果たすのであり、他のどんなメカニズムもこれをやり遂げることはできない。ちょうど技術者がいくつかのメーターの数値をチェックするだけで調整を行えるように、価格メカニズムが機能していれば、企業家は比較的少数の価格の変動に注意を払うだけで、自社の事業を他とうまく調整することができる。ここで重要なのは、価格メカニズムが機能するのは、競争が市場を支配している場合、すなわち個々の生産者が価格の変動に対応するのであって、生産者が価格を支配することはできない場合に限られることである。経済が複雑化するほど、私たちは個人の間に分散する知識に依存するようになる。その個々人がばらばらに行う努力を調整するのは、どの方向に努力すればいいかを教えてくれる情報の伝達メカニズムだ。人格を持たないこのメカニズムこそ、価格メカニズムと呼ばれるものである。

私たちが産業の発展を中央集権型の計画に委ねていたら、現在の多様化、高度化、柔軟性を実現することはけっしてできなかったにちがいない、と言っても誇張にはなるまい。権力分散と自動調整という方法に比べれば、中央管理方式はわかりやすいけれども、途方もなくぶざまで原始的で、行き届く範囲も限られている。現代の文明的生活が成り立つ程度にまで分業が進んだのは、それを意図的に生み出す必要がなかったからだ。人間が手探りしながらとった方法のおかげで、計画されていたらとどまっていたはずの限界をはるかに超えて分業が進んだのである。したがって、文明が複雑化するほど中央管理方式が必要になるというのは逆であって、複雑化するほど、意図的な管理に拠らない方法の必要性が高まるのである。

＊＊＊＊＊

独占の拡大と技術の進歩を関連づける説はもう一つある。その説はいま検討した説とは反対に、近代技術が競争を破壊するのではなくて、むしろ競争から保護してやらないと多くの新技術の可能性を有効活用できない、よって独占が望ましいという。この説は声を大にして言われることは少ないものの、それなりの影響力を持ってきた。この種の主張には批判的な読者もおられようが、必ずしも詭弁とは言えない。人々の欲求に応える新技術が実際によいものなら、あらゆる競争に打ち勝つはずだという意見はまことにもっともだが、だからといって、この説が主張するような保護がいっさい不要になるわけではない。たしかにこの種の主張は、利益団体の申し立てにすぎないことが多いし、技術者の狭い視点からみた技術の優位性にこだわり、社会全体にとっての望ましさを見失っているケースも少なくない。

それでも、この主張がそれなりの説得力を持つケースもある。たとえば、イギリスでは誰もが同じ型の車を買うよう強制したら、この国の自動車産業はアメリカより高品質の車を安く提供できるようになるかもしれない。また、用途を問わず石炭やガスではなく必ず電気を使うよう強制したら、電気料金をガスなどより安くできるかもしれない。このようなケースでは、私たちの生活はよりよくなるかもしれず、そういう選択肢があれば新しい状況を選ぶはずだと考えることは、すくなくとも可能だ。しかし、全員が必ず同じ安い車（あるいは電気）を使うか、さまざまに選べるがどれも高いか（このことが二つの例に当てはまるかどうか定かではないが）のどちらかしか選択の余地はないので、そもそも個人に選択権はないのだとも言える。それでも、次の点は認めざるを得ない。一定限度を超えた強制的な統一化や多様な選択肢の排除によって何かの供給が潤沢になる結果、その利得が、選択を制限された消費者の不利益を上回る場合がある、ということである。さらに、ある新発明はいずれ必ず万人に利益をもたらすとみられるが、そのためには大勢の消費者が一斉にそれを使用するよう強制しなければならない、というケースも考えられる。

いま挙げた例がいかに重要な意義あるいは将来的な価値を孕んでいるとしても、技術の進歩によって中央管理が必然となるという主張を正当化できるわけできない。これらの例では、強制によって特定の利益を得るか、そのような利益は諦めるかのどちらかを選べばよいだけだ。とはいえ多くの場合、技術がさらに進化して困難を克服した暁には、その利益はきっと得られるものである。なるほど後者の場合、自由の代償として目先の利益を犠牲にすることにはなる。だがそれによって、いま現在特定の人間が持っている知識に将来の発展が左右される必然性を回避することができる。つまり、目先の利益を犠牲にすることによって、将来のいっそうの進歩を促す重要な誘因を手にすることになる。短期的にみれば、選択の多様性と自由のために払う犠牲はひどく大きく感じられるかもしれないが、長期的にみれば、物質的な進歩を支えるのはこの多様性なのである。というのも、将来どんな形でいまよりよい財やサービスが提供できるようになるか、誰にもわかってはいないからだ。言うまでもなく、追加的な幸福を犠牲にして自由を守れば、必ず報われるというわけではない。だがいまは予想できない自由な発展の余地を残しておかねばならないことこそ、自由を擁護する論拠である。だから現在の知識からすれば強制が利益だけをもたらすように見えても、またすくなくとも場合によっては何の害もないように見えても、断固自由を守らなければならない。

技術の進歩の影響を巡る今日の議論では、この進歩が私たちとは無関係に進行し、その成果をある決まった方法で活用することが強要されているかのように論じられることが多い。新しいさまざまな発明が人類に大きな力を与えてくれたことはまちがいないが、その力を、人類が受け継いできた最も貴重なもの、すなわち自由を破壊するために使わなければならないというのは、筋が通らない。とはいえこうした議論がまかり通る現状では、自由を守るためにこれまで以上に油断なく目配りし、そのために犠牲を払う覚悟を決めなければならない。今日の技術の進歩に包括的な計画経済を必然とする要素が内包されているわけではないが、いざ計画当局が設置されたときに、その力を一段と危険なものにする要素は多く孕んでいるからである。

＊＊＊＊＊

以上の点から、計画経済へ向かう流れが意図的な行動の結果であること、私たちにそれを強制する必然的な外部要因など一切存在しないことに疑いの余地はあるまい。その一方で、計画主義者の先頭集団になぜあれほど大勢の技術専門家が参画しているのか、ということは一考の価値があろう。この現象の原因はある重要な事実と関連しており、この点を計画反対論者はつねに念頭においておくべきだ。その事実とは、もし彼ら専門家の技術的理想の達成を人類の唯一の目標とするならば、それはまちがいなく比較的短期間で達成しうるだろう、ということである。世の中には、誰もがきわめて望ましいと考え、かつ十分実現可能なよいことがたくさんある。しかし生きている間に実現されるのはそのうちの一握りにすぎないし、ひどく不完全な形でしか実現されないものも多々ある。自分の分野で大望を抱く専門家はこれに苛立ちをつのらせ、既存の体制に叛旗を翻すことになるわけだ。誰もが望ましく実現可能だと認めるようなよいことが実現されないままに終わるのを見るのは、たしかに堪えがたい。あれもこれも同時に実現するのは不可能であり、どれか一つを実現するにも別の何かを犠牲にせざるを得ないという現実は、専門家の範疇にないさまざまな要素を勘案しないと見えてこないものであり、そうした現実を理解するには、苦痛に満ちた知的努力を要する。多くの人が苦労して実現しようとしているさまざまな目標を広い視野から俯瞰し、各人の目先の利益の外にあって軽視しがちな他の目標と調整しなければならないからだ。

ある目標を一つだけ取り出してみれば、どれをとっても、計画社会ではいかにも実現できそうにみえる。そこで、計画社会の熱烈な信奉者が出現することになる。彼らは、自分たちの目標の重要性をそうした社会の指導者に納得させられると自信をもっている。そして、現在の体制より計画社会のほうが目標の推進は容易なのだから、目標のいくつかはまちがいなく達成できると期待する。なるほど私たちがいま知っている計画社会あるいは準計画社会では、現によいことをやってのけた例があることは否定できないし、国民はそれが計画経済のおかげだと考えていることもまちがいない。その一例としてよく挙げられるのが、ドイツやイタリアの立派な高速道路である。もっとも、あのような高速道路が自由主義社会で実現不能というわけではないが。だがともかくも、こうした特定分野での技術的成果の例を、計画社会の一般的な優位性を示す証拠と考えるのは、ばかげている。むしろ、全体の状況から突出した先進的な技術の成果は、資源配分の誤りを示す証拠と言うほうが正しい。ドイツのあの有名なアウトバーンを走行した人なら、イギリスの一般的な道路より交通量が少ないことに気づくだろう。そして平和目的であれば、あのような立派な道路の建設はまず正当化できないと確信するはずだ。これが、計画当局が「バター」より「銃」を優先した事例に該当するかどうかはまた別の問題にしても、*自由主義社会の基準からすれば、この道路に熱狂する理由はほとんどない。

計画社会になれば、自分が最重視する目標を国民はこぞってめざすはずだと専門家は考えている。だがこの種の幻想を抱くのは、何も計画の専門家だけではない。というのも興味や好みに関する限り、誰もが大なり小なり専門家だからである。そして自分の価値観に基づく優先順位はけっして個人的なものではなく、分別のある人同士が自由に討論をすれば、自分の優先順位が正しいことを他人も認めてくれるはずだと考えている。田園をこよなく愛し、昔ながらの風景を保存すべきで、近代工業がもたらした汚染はすぐに取り除くべきだと考える人々。熱烈な健康志向で、牧歌的だが不衛生な古い家屋は撤去すべきだと考える人々。大の車好きで、田舎に大々的に自動車道路を通そうとする人々。効率一辺倒で、専門化と機械化を最大限に推進すべしと訴える人々。個性を重視し、職人をできるだけ活かすべきだと考える人々……。彼らはみな、計画社会であれば自分たちの目標が完遂されると考えて、その理由から計画を望んでいる。だがあらためて言うまでもなく、この人たちがさかんに要求することのために計画を導入したら、目標同士の衝突が表面化するだけである。

計画主義が現在の勢いを勝ちとった大きな原因は、計画社会が野心的な目標として理想主義者の結束を促す役割を果たしたからである。彼ら理想主義者は、一つのことにだけ生涯を捧げ、それで頭がいっぱいになっている。計画社会に彼らが懸ける希望は、社会全体のことを勘案して生まれたのではなく、ごく狭い視野の産物であり、たいていは自分たちが最重要と考える目標を過大視した結果にすぎない。だからといって、いまのイギリスのような自由主義社会でこうした人々がなした偉大な現実的貢献を過小評価するつもりはないし、実際にも彼らは称賛の的になっている。だがいざ現実に彼らが社会を計画してよいとなったら、称賛の的であるがゆえに最も危険な人間となり、他人の計画は一切認めない狭量な姿勢をとるだろう。高潔で

＊ ところが私が原稿に手を入れているとき、ドイツが高速道路の保守作業を中止したというニュースが入ってきた。

一途な理想主義者から狂信者までの距離はほんの一歩だ。思い通りにならない専門家の不満が計画志向を後押ししているわけだが、各分野の一流の専門家が好き勝手に理想の実現に邁進してよい世界がもし出現したら、じつに理不尽で堪えがたいものとなることは確実である。かといって、計画主義者が妄想するような「相互調整」という新たな専門分野が出現するとは考えられない。「調整者」に必要な知識を自分が持ち合わせているとは、経済学者はけっして言うまい。経済学者が望むのは、全知全能の独裁者を必要とせずに相互調整を行う方法である。だがそれは、人格を持たず、ときに知的でもない、計画専門家の大嫌いなメカニズムの作用を維持することを意味する。

5

第5章
計画と民主主義

Planning and Democracy

資本をどのように使うべきかを民間人に指示しようとする政治家は、まったく無用の心配を背負い込むだけでなく、いかなる協議会や議会にも安心して任せられない権限を握ろうとしているのである。そのような権限を、自分こそがそれを行使する適任者だと思い込むほど愚かで身の程知らずの人間が掌握するのは、危険きわまりない。

——アダム・スミス[1]

1 Adam Smith, *An Inquiry into the Nature and Causes of the Wealth of Nations*, ed. R. H. Cambell and A. S. Skinner, vol. 1 of *The Glasgow Edition of the Works and Correspondence of Adam Smith* (Clarendon Press, 1976), book 4, chapter 2, p.456. (邦訳は前掲書)

集産主義体制に共通の特徴は、どの学派の社会主義者も大好きな表現を借用するなら、ある明確な社会目標に向けてすべての労働者を計画的に組織することである。現在の社会に単一の目標をめざす「意図的」な指揮管理が欠落しており、経済活動が無責任な個人の気まぐれや思いつきに委ねられていることが、社会主義者にとってはずっと不満の種だった。

この言い分は、多くの意味で、基本的な問題の正体をあきらかにしている。そしてまた、個人の自由と集産主義の対立点がどこにあるのかもはっきりと示している。集産主義、共産主義、ファシズム等々は多種多様であり、社会を向かわせようとする目標の内容はそれぞれに異なる。だがいずれも、社会と資源すべてを単一の目標のために組織化することをめざし、各人の目的を重んじる自主自由な世界を否定する点で、自由主義や個人主義とは峻別される。全体主義という新しい言葉の真の意味において、あらゆる集産主義は全体主義である。そもそも全体主義は、理論において集産主義と名づけられたものが、予想外の、しかし必然の形で表れたとき、それに名前を与えるために導入された言葉なのである。

社会を組織するための「社会目標」や「共通の目的」は、「公共の利益」「全体の幸福」「共通の利害」といった漠然とした言葉で語られることが多い。こうした表現が特定の行動を決定するに足るだけの明確な意味を表していないことは、すこし考えればすぐにわかることだ。何百万もの人々の幸福や福祉は、たった一つのものさしで測れるものではない。一人の幸福同様、多数の幸福もたくさんの要素に依存しており、そのたくさんの要素には無限の組み合わせがある。それを単一の目標に適切にとりまとめることは不可能であり、せいぜい可能なのは順位を付け、各人のニーズを重要度に応じて一つひとつ刻んだ巨大なものさしのようなものを作ることぐらいだろう。

人々のあらゆる経済活動を単一の計画に従わせるには、各人のニーズが単一のものさしで順位付けされることが前提となる。そしてそのものさしが完璧でなかったら、無限の選択肢の中から計画当局が的確に決定を下すことはできない。言い換えれば、各人の価値観にしかるべき順位を与えうるような、完璧な価値基準の存在が前提となる。

完璧な価値基準とは、これはまた耳馴れない概念であり、よほど想像力を働かせないと、どんな結果を伴うのか理解するのはむずかしい。私たちはふだん、その必要性を感じることさえないからだ。なるほど価値がさまざまに異なるものを絶えず選んではいるが、その際にいちいち「こうしなさい」「ああしなさい」と命じる社会的基準を参照しているわけではない。私たちはそれが当然だと思っていて、自分なりの基準がおかしいとは考えたこともないだろう。自由主義社会では、「これこれの場合にはこれをすべし」といった共通の方針を決めておくべき根拠も理由もいっさい存在しない。だが使える手段がすべて社会の所有に帰しており、単一の計画に従って社会のために使うとなれば、その社会の方針に沿ってあらゆる決定を下さなければならない。そのような社会では、自分の基準がいかにいい加減かということに、誰もがすぐに気づかされるだろう。

さしあたりいまは、そのような完璧な価値基準が望ましいかどうかは問題にしない。ただ、文明の発展とともに、個人の行動が硬直的なルールに縛られる領域が縮小し続けてきたことは指摘しておこう。共通の規範が依拠するルールは次第に少なくなり、またおおまかになっている。未開の文化では、人々は日々の行動のほぼすべてを入念な儀式で束縛され、無数の禁忌で行動を制限され、仲間とちがうやり方をすることなど考えもしなかった。しかしいまでは、規範は許容範囲だけを決め、その中では各人が好きにしてよいという形になっている。単一の計画を決定しうるような共通の価値基準の導入は、この流れに完全に逆行するものである。

ともあれここで重要なのは、基準の是非ではなく、そうした完璧な価値基準は存在しないことである。あらゆる経済活動を単一の計画に従わせようとすれば、数え切れないほどの疑問が持ち上がり、それに答えようとすれば、何らかの単一のルールが必要になる。何をすべきで何をすべきでないかについて、既存の基準では答を出すことはできないし、万人が同意する答があるとも思えない。いや、人々の意見は一致することもなければ、対立することさえないだろう。というのも、いま私たちが暮らしている自由な社会では、そんなことは考えもしないからである。まして総意の形成など、言うまでもない。

＊＊＊＊

あらゆるものを網羅した価値のものさしを持っている人はいないし、利用可能な資源を巡って争奪戦を繰り広げるさまざまな人々のさまざまなニーズを把握し重み付けすることは、誰にとっても不可能だ。ある人がめざす目的で考慮されているのは本人のニーズだけなのか、あるいは知人友人、さらには遠く離れた人々のニーズなのかということ、言い換えればこの人が利己的なのか利他的なのかということは、当面の問題にとってさして重要ではない。重要なのは、一定範囲以上のことを把握したり、一定数以上の人々のニーズを順位付けしたりするのは、人間の手に余るという基本的な事実である。自分のことしか眼中にない人であれ、知り合い全員の幸福に親切に気配りする人であれ、人間が気に懸けられるのは人類全体のニーズのほんの一部にすぎない。

これこそが、個人主義という思想が依拠する基本的な事実である。個人主義は「人間は利己的である、あるいは利己的であるべきだ」と前提しているとよく言われるが、けっしてそうではない。人間の想像力には限りがあり、自分の価値のものさしに収められるのは社会全体のニーズのごく一部にすぎないという明快な事実が、個人主義の出発点である。さらに厳密に言えば、価値のものさしは一人ひとりの頭の中にだけ存在するのだから、各人のものさしは必然的に異なり、部分にしか当てはまらないし、しばしば食い違うという事実である。このことから、一定の範囲内では、個人は他人ではなく自分の価値観や好みを自由に追求することが認められるべきだ、と個人主義者は結論づける。この範囲内では個人の目的が最優先され、いかなる他人の支配も受けるべきではない。自分の目的に関する限り自分の最終判断に委ねられるべきだという認識、可能な限り自分の行動は自分の考えで律するべきだという信念が、個人主義思想の本質を形成している。

だからといって個人主義が、社会としての目的、より正確には協力が望ましい事柄についての個人の目的の一致を認めないわけではない。ただしそれは、各人の意見が一致する目的に限られる。つまり個人主義の考え方では、多数の個人の目的が同じであったときに「社会の目的」になる。各人がその目的の実現に快く貢献するのは、それとひきかえに自分自身の欲望が叶えられるからである。こうしたわけで人々の協力は、同意した共通の目的の範囲に限られる。共通の目的は個人にとっての最終目的ではないが、各人のさまざまな目的を達成する手段であることは少なくない。だから人々は、共通の目的が自分の最終目的と同じでなくても、自分の目的の達成を容易にするという理由から、実現に協力する。

共通の目的の達成に向けて各人が協力する場合、そのための組織（国家もその一つである）はそれとして目的と手段の体系を持つことになる。だがこの組織は、あくまで多数の中の「ひとり」にすぎない——もちろん国家は、誰よりも強力な「ひとり」ではあるが。そして目的が最優先されるのはある一定の領域だけであり、その領域は、目的に関して人々が同意した範囲に限定される。当然ながら人々が特定の行動に同意する可能性は、範囲が広いほど小さくなる。国家の役割で言えば、ほぼ全国民の同意を得られるものもあれば、大多数の同意を得られるものもあるというふうに、同意の度合いは異なるだろう。また、全員が国家に何らかの行動を期待していても、その具体的な内容は人の数だけ異なるという場合もあるだろう。

国家の行動が合意の存在する領域に限定される場合にのみ、国を導くのは国民の自主的な合意だと言うことができる。だがそうした合意の成立していない分野にまで国家が直接管理に乗り出せば、個人の自由は抑圧されることになる。とはいえ個人の自由が抑圧されるのは、そうしたあからさまなケースだけではない。協力する領域を野放図に拡大しつつ、なお個人の自由を確保することは、残念ながら不可能だからである。政府がすべての生産手段を支配する部門が一定の比率を超えると、政府の行動の影響が経済システム全体を支配することになる。政府が直接管理下に置くのが、利用可能な資源の全部ではなくとも相当部分であれば、その決定の影響が経済システムの残りの部分にもおよぶことになり、結局はほぼすべてを間接的に管理することになる。たとえば一九二八年のドイツがそうだった。同国では中央および地方政府が国民所得の半分以上（公式統計によれば推定五三％）を直接管理するようになったとき、国民の経済活動をほぼ全部間接的に管理する結果となった。そうなると、国家に頼らずに達成できる個人の目的はほとんどなくなってしまう。そして、国家の行動指針となる「社会の価値のものさし」が事実上すべての個人の目的にも適用されることになる。

＊＊＊＊＊

民主主義社会が計画社会へと舵を切ったら結果がどうなるかを見通すのは、さほどむずかしいことではない。というのも計画の実行に当たって必要とされる合意は、現に存在する合意ではとうてい足りないからだ。計画経済は繁栄をもたらすと説得されて、国民が計画経済の導入に同意するということはあるかもしれない。そうした決定を促す議論では、計画の目的は「全体の幸福」といった言葉で説明されることだろうが、これは、目的に関して真の合意がないことの隠れ蓑にほかならない。手段についてなら合意が成り立つとしても、それも共通の目的のための手段に限られるだろう。そして、計画当局が単一の目的達成に必要なことを具体的な計画に落とし込もうとすれば、そのようにすべての行動がめざす目的とはいったい何なのか、という疑問が直ちに持ち上がるだろう。そうなったとき、計画が望ましいという点で合意はできていても、計画の目的自体についての合意はできていないことがあきらかになるはずだ。目的に合意せずに中央主導の計画が必要だと合意するのは、行き先に合意せずに一緒に旅行しようと合意するのと同じことだ。これでは、参加者の大半が全然行きたくないところに行くことになるだろう。計画社会では、従来私たちが合意してきた事柄よりはるかに多くの事柄について合意が必要になる。また、合意が成立したことについてだけ全員が同じ行動をとればよいのではなく、何か一つをするためだけにもすべての事柄についての合意の成立が必要になる。これが、計画社会を特徴付ける重要な要素の一つである。

議会が包括的な経済計画を立てることで国民の総意が得られたとしても、それだけで国民あるいは議員が具体的な計画にすんなり同意できるとは限らない。国民から明白に負託されたことが民主的な議会ではなかなか決まらないとなれば、民主的な制度そのものに対する不満が必ず噴出するだろう。そして議会は本来の任務を遂行できない無駄な議論の場とみなされ、効率よく計画を実行に移すには、指揮権は政治から取り上げて専門家、官僚あるいは専任組織の手に委ねるほうがよいという意見が勢いを増すことになる。

政治のこうした問題点を社会主義者はよく知っている。ウェッブ夫妻が「下院はますます無能になり、その任務を果たせなくなってきた」と歎いたのはもうかれこれ半世紀前のことだが、[*]最近も政治学者のハロルド・ラスキがこの問題をくわしく論じている。

「今日の議会制度が複雑な法案の大量処理に適していないことは、衆目の一致するところである。中央政府でさえ、事実上それを認めていることはあきらかだ。経済や関税に関する政策決定を下院でのこまかい討議に委ねるのではなく、行政機関による包括的な委任立法を認めたことは、その何よりの証拠である。労働党政権がこの先例を今後いっそう拡大していくことは確実だ。彼らは下院の役割を縮小し、下院がうまくやれることだけに限定するだろう。それは要するに、不満のガス抜きと下院手続きの審議である。法案はごく形式的なものとなり、管轄官庁に広範な権限が与えられ、枢密院勅令に基づきその権限を行使することになる。下院は、もし望むなら、不信任投票という手段で抵抗すればよろしい。最近ドノモア委員会は、委任立法の必要性と価値を積極的に再確認した。社会主義への道が、今日の議会手続きが容認する通常の妨害方法でもって邪魔されたくないなら、委任立法の拡大は必至である」

そしてラスキは、社会主義政権が民主的な手続きに過度に束縛されるべきでないことをあきらかにするために、同論文の末尾に「社会主義への移行期には、労働党政権は次の総選挙の結果次第で現行政策を放棄するリスクを冒せるのか」との疑問を提起した。そして意味ありげに、答を出さないままにしている。[**]

このように、国家の経済運営を論じるとなったら議会が非効率であることは大方の一致した見方だが、その理由はぜひとも理解しておかねばならない。悪いのは個々の議員ではないし、議会制度そのものでもない。問題は、彼らに負わされた役割が矛盾をはらんでいることにある。彼らは合意した事項を自ら実行することは要求されていないが、一国の資源の総合的な管理運用を含め、一国のすべてのことに関わる合意を求められている。このような仕事に多数決は向

＊ Sidney and Beatrice Webb, *Industrial Democracy* (Longmans, Green and Co., 1897), p. 800 note.（邦訳『産業民主制論』法政大学出版会刊）

＊＊ H. J. Laski, "Labour and the Constitution," *The New Statesman and Nation*, no. 81 (New Series), September 10, 1932, p. 277. ラスキ教授は著書 Democracy in Crisis (University of North Caroline Press, 1933)（邦訳『危機にたつ民主主義』ミネルヴァ書房刊）の中で、この考えをさらに発展させ、議会民主制は社会主義実現の障害となるべきではないという決意を一段と明確に打ち出している。それによると、社会主義政権は「広範な権力を備え、その権力の下に命令や布告によって立法を行い」「従来行われてきた通常の反対手続きは停止する」のみならず、「議会政治の存続は、万一労働党が次の選挙で敗れたとしても、労働党政権の行った改革が撤回されないという保証を保守党から取り付けられるかどうか次第だ」という。
ラスキ教授はドノモア委員会の権威を借りているようだが、教授は同委員会のメンバーであり、まちがいなく報告書を執筆した一人であることをここで指摘しておこう。

いていない。少数の選択肢の中から選ぶのであれば、過半数による合意は成立するだろう。だが国家のすべての事柄に過半数の同意が得られるはずだというのは、無邪気にすぎる。選択肢が多数存在する中で、どれか一つに過半数が賛成すると信ずべき理由は見当たらない。経済活動の管理運営について、議員一人ひとりは無計画よりは何かしら計画があるほうがよいと考えたとしても、どれか一つの計画案を提示されたら、過半数の議員はそれなら無計画のほうがましだと考えるだろう。

そうかといって計画を分解して項目ごとに採決するのでは、一貫性のある計画にはなるまい。通常の法案を審議するように、総合経済計画のようなものを項目ごとに修正しては採決する民主的な議会など、無意味である。経済計画の名に値するものは、統合的に設計されていなければならない。議会が項目ごとに逐次可決して何らかの計画に合意することは、あるいは可能かもしれないが、それでは結局は誰も満足のゆくものにはならないだろう。すべての要素が注意深く組み合わされ擦り合わされて複雑に絡み合った全体を構成するような計画は、対立意見を斟酌して妥協しながら作り上げることはできないのである。そのようなやり方で経済計画を立案するのは、民主的な手続きで軍事作戦計画を練り上げるよりも成功の可能性が低い。そこで軍事作戦の場合と同じく、計画立案は専門家の手に委ねざるを得なくなる。

だが軍事作戦と経済計画は同じではない。作戦を委ねられた司令官には単一の目標が与えられ、作戦遂行中は指揮下のあらゆる手段をそのためだけに最適活用することになるが、経済計画の立案当局にはそのような単一の目標は与えようもないし、手段に関してもそうした制限がない。軍の司令官は複数の個別の目的を擦り合せる必要はなく、勝利という唯一絶対の目標をめざせばよろしい。だが経済計画の目標、あるいはその一部分の目標でさえ、個々の事情と切り離しては決められない。経済計画を立てるとなれば、人によって異なるニーズの間で対立し競合するさまざまな目標を取捨選択することが必須となる。これが経済運営の根本的な問題である。だが、どの目標とどの目標が対立するのか、どれを選んだらどれが犠牲になるのか、必ず選ぶべき選択肢はどれなのかは、万事を知っている人、つまり専門家でなければわからない。というわけで、さまざまな目標のどれを優先するかを決める仕事は専門家に任されることになる。そうなれば、計画の対象となる社会に彼らの優先順位が押し付けられる事態は避けられない。

このことは必ずしも明確には認識されておらず、多くの場合、作業が専門的だという理由から、専門家への権限委譲が正当化されている。だからといって、高度に専門的な部分だけが専門家に任されるわけではない。また、議会にはこまかい点を理解できないことが、計画立案を困難にする根本原因だというわけでもない。* たとえば民法体系の修正はたしかに専門的な問題であるし、その波及的な影響を評価するのは経済計画に劣らずむずかしいが、だからといって、法律の制定を専門家集団に任せるべきだと本気で主張した人はいまだかつていない。実際には、法律分野では大まかな原則を決めるだけであり、だからこそ過半数の合意が成立するのである。ところが経済活動の運営では、調整しなければならない利害があまりに多岐にわたるため、民主的な議会で真の合意が成立する可能性はまずないと言ってよかろう。

とはいえ、悪いのは立法権の委任そのものではない。委任自体に反対するのは、病気の原因を無視して症状を問題にするようなものだ。委任が何らかの原因の必然的な結果だとしたら、反対する根拠は乏しい。委任の対象となるのが単に原則を定める権限なら、中央から地方に委譲するほうがよいこともある。反対すべきは、原則で定められないことを理由に、個別案件を裁量的な決定に委ねるための委任である。このような委任は、裁量的な決定を行う権限を、法の名の下に一部の当局者に与えることにほかならない(この種の委任では、「個々のケースに即して当否を判断する」といった表現が使われることが多い)。

専門的な事柄を個別の組織に委任するのはまともなことのように見えるが、実際には、計画経済に舵を切った民主主義政体が、持てる力を次第に放棄していくプロセスの第一歩である。委任という手段では、総合的な経済計画の支持者が民主主義の無能力に苛立つ原因を取り除くことはできない。むしろ担当部局への権限委譲は、単一の総合計画の実現を阻害する。仮に委任によって経済活動の部門ごとに民主的な計画策定ができたとしても、今度はそれを統合するという問題が残る。ばらばらの計画を寄せ集めただけでは、全体計画にはならない。いや、計画が全然ないよりもなおいっそう始末に負えないことに、計画当局がまっさきに気づく

＊ 関連して、これらの問題を論じたここ数年の政府文書を見ておくと参考になるだろう。一三年前、すなわちイギリスが経済における自由主義を最終的に放棄するよりも前に、立法権を専門家に委ねるプロセスがすでに行き過ぎになっていた。なにしろ「法の支配を確保するためにはどのような予防手段が推奨または必要とされるか」を調査する委員会の設置が必要と考えられるほどだったのである。ドノモア委員会の報告（*Report of the [Lord Chancellor's] Committee on Ministers' Powers*, Cmd. 4060, 1932）には、議会が当時でさえ「無節操な丸投げ」に走っていたことが記されているが、それは必然的な成り行きであってさしたる害はないとみなしていた（この報告書が書かれた後に、イギリスは全体主義の地獄を見ることになる）。なるほど専門家への委任それ自体が必ずしも自由への脅威になるとは言えまい。それにしても興味をそそるのは、なぜあのように大々的な委任が必要だったのか、ということだ。報告書に列挙された理由で最初に挙げられているのは、「昨今の議会は毎年大量の法案を可決する」が「その詳細の多くはきわめて専門的なので議会での討論にはなじまない」というものだ。だがたとえそうだとしても、細部を詰める作業は議会を通ってからやればよいことであって、前にやらねばならない理由はない。「議会に任せておいたら、世論が求める類いの法案を大量に可決することはできない」とされるのは、おそらく多くの場合にもっと重要な理由からだろう。それは、次の短い文章で図らずも暴露されている。「法律の多くは国民の生活に多大な影響を与えるため、柔軟な姿勢で臨む必要がある」。これが意味するのは、裁量権、すなわち定められた原則に縛られない権力、議会に言わせれば明確かつ厳格なルールでは制限できない権力の付与にほかならない。

はずだ。それでも民主的な議会は、重要な問題の決定権を手放すことはさすがにためらうだろう。そして議会が逡巡している間、総合計画の策定は頓挫する。計画が必要だと国民が合意し、かつ民主主義体制では計画はいつまでたってもできあがらないということになれば、「政府なり個人なりに強権を与え、その責任でやらせたらよい」という声はますます高まるにちがいない。やるべきことをやるためには、民主主義の煩わしい手続きから担当部局を解放してやるべきだという考えは、すでにもう広まりつつある。

経済に独裁者を求める声が高まるのは、計画経済への動きに特徴的な段階である。これはイギリスでも見られる。フランスの哲学者エリー・アレヴィは気鋭の英国研究者であるが、数年前にこう指摘した。「ユースタス・パーシー卿、オズワルド・モーズリー卿、スタッフォード・クリップス卿が並んだ合成写真をこしらえたら、三人の共通点がはっきりするだろう。それは三人とも、『われわれは経済的混乱の時代に生きており、これを抜け出すためにはある種独裁的な指導者が必要だ』という主張に同意するにちがいない、という点だ」*。その合成写真にしっくり収まりそうな大物の数は、それ以来大幅に増えている。

ドイツでは、ヒトラーが権力の座に就く前にすでに、この動きがイギリスよりずっと進んでいた。一九三三年より前のいずれかの時点で、ドイツが事実上独裁を避けられない段階に達していたことを忘れるべきではない。民主主義がいずれ打倒されること、ハインリヒ・ブリューニングのような生粋の民主主義信奉者がクルト・フォン・シュライヒャーやフランツ・フォン・パーペン以上に民主的な統治を行うことはもはや不可能であることを疑う者は、当時はもういなかった。[2] ドイツ国民はヒトラーを嫌ってはいたが、実行力のある人間は彼しかいないとも考えていた。だからヒトラーは、民主主義を打倒する必要さえなかった。ただ民主主義の衰退に乗じ、決定的な瞬間に多数の支持を取り付ければよかったのである。

＊＊＊＊＊

こうした道筋に理解を得ようとして計画主義者がよく使う論理は、民主主義が最後の砦となる限り、民主主義の本質は損なわれない、というものである。カール・マンハイムは次のように

＊ Elie Halevy, "Socialism and the Problems of Democratic Parliamentarism," *International Affairs,* vol. 13, July 1934, p. 501.

2 Lord Acton, "The History of Freedom in Antiquity," An Address Delivered to the Members of the Bridgnorth Institute, February 26, 1877.

述べた。

「計画社会が一九世紀の社会と異なる唯一（原文のまま）の点は、社会生活の次第に多くの部分、最終的にはすべてが国家の管理対象になることである。だが、管理対象が少ない場合には議会の主権で阻止できているのだから、多い場合にもできるはずだ。民主国家においては、全権を持つ議会は主権を無制限に強化することができるので、民主的な決定権を失うことはない」*

この主張は、決定的なちがいを見逃している。計画を担当する部局に明確な指示を出せる仕事、すなわち目的について議会の合意が成立しており、単に細部を煮詰める作業だけを任せるのであれば、もちろん議会が管理できるだろう。だが目的に合意できないから任せてしまうとか、議会が気づいていない複数の相反する目的からどれかを選ばなければならないとか、計画担当部局から議会に提出される計画が全面的承認か却下の二者択一しか選べないという場合には、話はちがってくる。そうした場合には、まずまちがいなく反対意見が噴出するだろう。そして代案に過半数の賛成を取り付けられず、計画の本質的な部分には必ず異議が申し立てられるという事態になれば、計画立案はいっこうに前に進まないことになる。たぶん議会での審議は、政治家の欲求不満のはけ口として、また国民の不満に政府が公式に応える便利な媒体として残されるだろう。目に余る権力濫用の阻止や、何らかの不備の修正を議会がやってのけることは、あるいはあるかもしれない。だがそれで議会に主権があるとは言えまい。せいぜい議会にできるのは、事実上の絶対権力を持つ人間を選ぶだけになるだろう。こうして国家の制度は、国民投票で裏づけられた独裁制へと向かう。国家元首は適宜選挙により地位の裏付けを得るものの、選挙が自分の思い通りの結果になるよう権力でもって操作できる体制になるのである。

意図的な管理統制ができるのは真の合意が成立した領域に限られ、残りの領域は偶然に委ねるほかないことは、民主主義が払わねばならない代償である。中央当局の計画に依存する社会では、過半数の同意など待ってはいられず、往々にして少数集団の意志を国民に強要することになる。直面する課題について合意できる最大の集団は、この少数者なのである。民主政体がうまく機能したケースは、広く受け入れられた政治理念の下で、自由な論議を経て過半数の合意が成立する領域に政府の役割が限定されている場合、またその制限が守られる場合に限られている。自由主義の理念の最大の功績は、合意が必要な領域を、自由社会において合意が存

＊ Karl Mannheim, *Man and Society in an Age of Reconstruction* (Kegan Paul, 1940), p.340. (邦訳は前掲書)

在しうる領域に限定したことにある。民主主義は「資本主義」を許容しない、ということが最近よく言われる。だが「資本主義」が私有財産の自由な売買に基づく競争システムを意味するならば、民主主義が実現しうるのはこのシステムにおいてのみである。ぜひともこのことを深く認識すべきだ。集産主義の教義に支配されるようになったら、民主主義の自壊は避けられない。

＊＊＊＊＊

とはいえ、民主主義を崇拝の対象にするつもりはない。私たちの世代は民主主義について多くを語り、考えるけれども、それが奉じる価値についてはほとんど考えたことがない、という指摘はおそらく当たっている。アクトン卿は自由についてこう語った――「自由は、より高邁な政治目的のための手段ではない。自由それ自体が政治の至高の目的である。自由は、よい国家運営のためではなく、市民社会や個人の生活における高い目標の追求を保証するために必要なのだ」[3]。この言葉はじつに正しいが、しかし民主主義には当てはまらない。民主主義は基本的に国内の平和と個人の自由を守る手段であり、実利的な仕組みにすぎず、それ自体はけっして完全無欠ではないし、万全でもない。それに、一部の民主主義体制に比べれば、独裁支配の下でより多くの文化的・精神的自由が保証されていた例もあったことは、忘れてはなるまい。また、教条的に凝り固まった多数派が支配する民主主義政府は、すくなくとも理論上は、最悪の独裁制よりも圧政的になりうる。だがここで言いたいのは、独裁制が必ず自由を圧するということではない。計画社会は必ず独裁制につながるということである。なぜなら独裁制は理想の強制と強行に最も効率的な手段であり、大規模な中央計画を可能にするには独裁制が不可欠だからである。計画経済と民主主義が衝突するのは、経済活動の規制には自由の抑圧が必要であり、民主主義がその障害になるからにほかならない。だから、民主主義が個人の自由を保証するのを止めれば、全体主義体制の下でも何らかの形で存続できるのかもしれない。しかし真の「プロレタリア独裁」は、たとえ形として民主的であったとしても、経済を中央が規制する限りにおいて、専制政治に劣らぬほど手ひどく個人の自由を破壊してしまうだろう。

民主主義はもはやその価値を失ったと論じるのが目下の流行であるらしい。だがこうした風潮は危険だ。権力の源泉が多数派の意志である限り、それが専制につながるはずはないとい

3 Lord Action, "The History of Freedom in Anliquity." p.22.

ういたって無邪気で無根拠の信念は、こうした風潮に原因がある。この信念に基づく誤った安心感が災いして、直面する危険に大方の人が気づかずにいる。民主的な手続きを経て付与される限り、その権力は専制にはなり得ないと考えてよい根拠はどこにもない。権力が何に由来するにせよ、その専制化を防ぐには制限が必要だ。民主的な手続きによって権力の専制化を防ぐことは、あるいは不可能ではないかもしれない。だが、民主主義が存在しているだけで防げるわけではない。もしも民主主義が、既定のルールに拠らない権力の行使に手を染めようと決意したら、それは必ず専制となる。

6

第6章
計画と法の支配

Planning and the Rule of Law

あらゆる裁判は合理的な一般規則に従い成文法によって裁かれねばならず、また成文法は可能な限り例外を認めず、かつ論理的な小前提に基づかねばならない――この成文法の基本原則は資本主義の自由競争段階以外では成り立たないことが、近年の法社会学研究で改めて裏づけられた。

――カール・マンハイム[1]

1　Karl Mannheim, Man and Society in an Age of Reconstruction (Kegan Paul, 1940), p.180.（邦訳は前掲書）

自由な国と恣意的な統治の下にある国との何よりも明確なちがいは、「法の支配」として知られる大原則が自由な国では守られていることである。技術的なこまかいことを省いて言えば、法の支配とは、政府のあらゆる行為があらかじめ定められ公表されたルールに縛られることを意味する。それは、ある状況で政府が強制力をどう行使するかが明快に予測可能であって、個人はこの予測に基づいて自分の行動を計画できるようなルールである。* 人間には誤りがつきものであり、法律の制定も実行もその生身の人間に委ねられている以上、いま述べた理想が完璧に実現されることは望めまい。それでも重要なのは、強制力を持つ政府に与えられる裁量の余地を可能な限り減らす意思が、十分に明白になっていることだ。どんな法も、個人が自己目的の追求に活用可能な手段を変えさせるという意味で、ある程度は個人の自由を制限するものだが、法の支配の下では、政府がその時々で勝手なことをして個人の努力を水泡に帰すような事態は阻止される。ゲームのルールがわかっていれば、個人は政府の恣意的な権力行使によって自分の努力が無駄になることはないと安心して、自由に自己の目的や欲望を追求できる。

恒久的な法の枠組みを作り、その中では生産活動を個人の判断で行えるようにすることと、経済活動を中央当局が指図すること。これまで述べてきた両者のちがいは、じつは法の支配と恣意的な統治という、より大きなちがいの一つだと言える。前者では、政府はルールを定めるにとどまる。そのルールでは利用可能な資源を使う条件は決められるが、何の目的に使うかは個人の判断に委ねられる。これに対して後者では、どの生産手段をどの目的に使うかを政府が決めて命じる。前者のルールは成文法の形であらかじめ決められる。それは特定の人の欲望や必要を満たすことではなく、人々のさまざまな目的追求に役立つことだけを目的とする。さらに、誰かにとくに役立つかどうかを見通せないほど長期にわたって存続することを前提としたルールであり、またそうあるべきだ。こうしたルールは、特定のニーズの満足ではなく、人々がうまくやっていかなければならない相手の行動を予測可能にするという意味で、生産の道具と定義してもよかろう。

集産主義的な経済計画は、必然的にこれとは正反対の方向をめざす。計画当局にしてみれば、見ず知らずの人に好きなように活用できる機会を提供するのは、自らの権限を狭め自由裁量の余地をなくすことだ。そのような公式の原則をあらかじめ定めるわけにはいかない。何かが不足すれば供給しなければならず、どれを優先しどれを後回しにするかを意図的に決めなければならない。原則では決められない問題を絶えず判断しなければならず、判断に当たってはさまざまなニーズに順位を付けなければならない。ブタを何頭飼育するか、バスを何台運行するか、どの炭坑を操業するか、長靴の値段をいくらにするか、といった諸々を政府が決めなければならないのである。こうした逐一の決定は、原則から導き出すこともできなければ、前もって長期計画で決めておくこともできまい。したがって決定は、不可避的に時々の状況に左

＊ A. V. Dicey, *The Law of the Constitution 8th ed.* (Macmillan and Co., 1915) p.198 でイギリスの憲法学者アルバート・ヴェン・ダイシーが示した古典的な解釈によれば、法の支配とは「第一に、恣意的な権力の影響とは対極をなす正規の法の絶対的優位と支配を意味し、統治側の恣意、特権、さらには幅広い裁量権をも排除する」。主にダイシーのこの著作の力によって、イギリスではこの言葉がより狭い専門的な意味合いを持つようになるのだが、それはここでは措く。じつはイギリスでは、もっと広くて深い意味での法の支配という概念がすでに伝統的に確立されており、議論するまでもなく当然のものと受けとめられていた。だが一九世紀前半にドイツで「法治国家（rechtsstaat）」とは何かを巡る議論が行われるようになり、新たな問題が提起されたために、この概念が入念に検討されるようになったという経緯がある。

右されることになる。また決定に際して、さまざまな人や集団の利害を天秤にかけねばならない。それは要するに、誰の利益がより重要かを誰かが決めることである。となれば、その誰かの見解がその国の法の一部と化し、時々に決められた優先順位を政府が強制的に国民に押し付けることになる。

＊＊＊＊＊

成文法すなわち形式的な正義と、こうして実質的に法と化したものの間には以上のようなちがいがあり、この点はきわめて重要である。だがその一方で、実際に両者の間に線引きをするのはきわめてむずかしい。この二種類の法のちがいは、道路交通法のような交通規則を定めることと、人々に目的地を命じることとのちがいと言えるだろう。もっとわかりやすく言えば、道路に標識を設置することと、どの道路を通行せよと人々に命じることとのちがいである。成文法は、ある状況で国家がどのような行動をとるかを前もって国民に伝える役割を果たす。条文ではこの状況を一般的な言葉で定義し、時、場所、人物を特定しない。成文法で想定するのは誰もが遭遇する可能性のある状況であって、且つ、そうした決まりがあれば人々の多種多様な目的に役立つと考えられる状況である。そのような状況では国はこれこれの行動をとる、あるいは個人はこれこれの行動を要求されるということが事前にわかっていれば、各人はその知識を活用して自分の計画を立てることができる。つまり成文法は、誰かがこれから決めるかもしれない目的にとって、正確には予測できない状況で役立つことが期待されるという意味において、単なる道具だと言える。成文法の具体的な効果はわからないし、そのルールが最終的にどんな結果をもたらすか、あるいはどんな人の役に立つかもわからない。成文法は、影響を受けるすべての人を全体として利する形で定められるにすぎない。こうした事実こそが、ここで言う成文法の最も重要なよりどころなのである。成文法は、目的や人を選ばない。なぜなら、誰にどんなふうに役立つか、まだわかっていないからである。

ある体制においては国家の政策の具体的な効果が他の体制ほどはっきりわからないが、それでよいのだとか、結果がはっきりわからないほうが社会の規制方法としてはすぐれているのだと主張することは、万事を意図的に管理したがる現代においては奇異に聞こえるかもしれない。だが法の支配という偉大な自由の原則の理に適っているのは、じつは一見すると奇異なこの考え方のほうである。議論を進めていくうちに、これがけっしておかしくないことがわかるだろう。

＊＊＊＊＊

その論拠は二つある。第一は経済的な論拠で、これについてはごく簡単に触れておこう。国家は一般的な状況に適用しうるルールだけを定め、時代や場所といった個々の状況に左右されるすべての事柄は、個人に自由裁量の余地を与えるべきである。なぜならそうした状況を完全に理解して、それに応じた最適な行動をとれるのは、その状況に置かれた個人だけだからだ。個人がその知識を活用して自分の行動を計画するときには、その計画に影響をおよぼす可能性のある政府の行動をあらかじめ予測できなければならない。

そして政府の行動が前もって予測可能であるためには、あらかじめ決められたルールで縛られていなければならない。となればそのルールは、事前予測も事前準備もできない個々の状況とは無関係に定められていなければならない。したがってその具体的な効果は、前もってはっきりとはわからないことになる。これに対して、国家が特定の目的を達成するために個人に具体的な行動を指図する場合には、国家はその時々の状況を完全に把握したうえで行動を決めようとするだろう。となればその行動を、前もって予測することはできない。かくして、おなじみの事態に立ち至る——国家が「計画」すればするほど、個人が自分の計画を立てるのは困難になるのである。

第二は倫理的あるいは政治的な論拠で、こちらのほうが目下の議論に直接関係してくる。国家が政策の効果を正確にわかっているべきだと言うなら、その政策に影響される国民にはいっさい選択肢が与えられないことになる。政策が特定の国民の行動にどのような影響をおよぼすかを国家が正確に予測できるなら、目的を選ぶのも国家だということになる。万人に開かれた新しい機会を提供し、誰でも好きに選んで活用してよいというふうにしたら、その結果がどうなるか、前もって正確に予想することはできない。こうしたわけだから、個別の命令ではなく一般的なルールすなわち真の法律は、正確に予測できない状況で運用されることをめざすべきである。

となれば必然的に、それがある目的やある国民にどのような影響をもたらすか、あらかじめ知ることはできない。この意味においてのみ、立法者は公平無私でありうる。公平無私であるとは、決定を下さなければならないとしたらコイン投げをするほかないような問題に対して、あらかじめいかなる答も持ち合わせていないことを意味する。将来のことがすべてわかっている世界であれば、国家がやることはほとんどないので、公平無私でいられるかもしれない。だが政策が国民に与える影響を正確に知ったうえで、そのうち特定の政策だけを選ぶとすれば、公平無私でいられるはずがない。それをよしとする価値観を国民に押し付けることになる。国民が自分で自分の目的を選んで前進するのを助けるのではなく、国家が目的そのものを国民に代わって選ぶことになるのである。法律を制定する時点で特定の効果が予想されている場合には、法律は国民に活用される手段ではなく、立法者が国民に目的を押し付ける手段となる。そして国家は、個人による最大限の能力の発揮を助ける効果的な装置ではなくなり、「倫理的な」組織となる。ここで言う「倫理的な組織」とは、悪いことをしないという意味ではなく、倫理的な価値観を、それが高潔か下劣かを問わず構成員に押し付ける組織という意味である。この意味で、ナチス・ドイツを始めとする集産主義国家は「倫理的」であり、自由主義国家はそうではない。

これに対して、次のような反論が出るかもしれない。計画当局が決定を下すような問題では、個人的な不利益を勘案する必要もなければ、そうすべきでもない。当局は公正性と妥当性に関する常識的な判断に従えるはずだから、いま挙げたようなことは深刻な問題にはならない、と。このような主張に賛同する人はいる。何らかの産業で計画立案に携わった経験があり、直接の利害関係者全員が公正だと納得しうる結論に達するのは十分可能だ、と考えている人たちである。だが計画が特定の産業に限定される場合には、「利害関係者」だけが選ばれて計画立案に関与するのだから、うまくいくのは当然である。ある問題に最も直接的な利害関係を持つ人は、必ずしも社会全体の利害を判断する適任者ではない。ここではよくある例を一つだけ挙げておこう。ある産業で資本家と労働者が結託して生産制限を行えば、消費者を搾取することになる。この場合、それによる利益を何らかの方法で山分けすることに、両者はすんなり合意するはずだ。そして多数の消費者が被る損害のほうはあっさり無視されるか、ひどく都合よく解釈されることになるだろう。経済計画の立案に伴い発生する問題について、「公正の原則」がうまく適用できるかどうかを確かめるには、その問題の利得と損失がどちらも同程度にはっきりしている例で検討しなければならない。そうした例で考えてみたら、一般的な原則では何の答えも出せないことがすぐにわかるはずだ。医師や看護師の給与を引き上げるべきか、それとも患者へのサービスを手厚くすべきか。子供たちに与える牛乳を増やすべきか、それとも農業従事者の賃金を引き上げるべきか。失業者への雇用を創出すべきか、既存労働者の賃金を引き上げるべきか……。こうした選択を迫られた場合、個人や集団のすべての欲求に優先順位をつけられるような完璧な価値体系がない限り、答は出ない。

かくして経済計画の範囲が広くなればなるほど、「公正性」や「妥当性」と称するものに照らして法の規定に制限を加える必要が増えてくる。そうなれば、具体的なケースの決定を裁判官か、でなければ管轄官庁の裁量に委ねざるを得なくなる。この経過は「法の支配の衰退」とか「法治国家の消滅」といった歴史に書くことができそうだ。あいまいな裁量に委ねているうちに、次第にそれが法律や裁判で裏づけられ、立法と司法は恣意的で不確実になり、やがて尊重されなくなるという歴史である。こうした状況では、法も裁判も政策の一手段に成り下がってしまう。ここで改めて、次の点を指摘しておきたい。法の支配が衰退するこの過程は、ドイツではヒトラーが権力の座に就くだいぶ前から進行していたこと、集産主義的計画に与する政策がすでに着々と施行され、ヒトラーはそれを完成させたにすぎないことである。

計画経済においては、さまざまな人の固有のニーズが意図的に差別され、ある人には許可し、ある人には禁じるといったことが必ず起きる。つまり、これこれの人は儲けてよいとか、これこれの人は何を所有してよい、何をしてよい、といったことを法律で決めるようになる。これは結局のところ、「身分の支配」への逆行にほかならない。ヘンリー・メイン卿の有名な言葉を借りるなら「身分社会から契約社会へと移行してきた社会の進歩」の逆転である。[2] 考えてみれば「法の支配」こそ、「契約の支配」以上に「身分の支配」の対極とみなすべきものだ。正規の法による支配という意味での「法の支配」が行われるとき、すなわち当局が特定の人に与える法的特権がいっさい存在しないとき、初めて法の前での平等が保証される。それは、恣意的な統治から最も遠い社会である。

＊＊＊＊＊

以上から必然的に、一見矛盾するような次の結論が導き出される。すなわち法の前での形式上の平等は、物質的あるいは実質的な平等を意図的にめざす政府の行動と対立し、現実には両立不能であること、また分配の公正という理想をめざす政策は、必ず「法の支配」を破壊することである。さまざまな人に同一の結果をもたらすには人によって扱いを変えなければならないし、各人に客観的に同一の機会を与えても、主観的に同一の機会と受け取られるとは限らないからだ。なるほど法の支配が経済的不平等を生み出すことは、否定できない。ただしその不平等について、特定の人に特定の方法で不平等をもたらす意図はなかった、ということは主張できる。社会主義者（およびナチス）は「単なる」形式的な正義につねに抗議してきたが、これが彼らに固有の特徴であることに注意してほしい。また、どの人がどの程度裕福になるべきか

[2] Sir Henry Maine, *Ancient Law: Its Connection with the Early History of Society and Its Relation to Modern Ideas* (Henry Holt, 1906), p.165.

を定めていない法律に一貫して反対してきたこと、*「法の社会主義化」をつねに要求し、裁判の独立を攻撃してきたこと、「法の支配」を揺るがすような自由法学派などの運動に全面的に賛成してきたことなども、社会主義者（およびナチス）の特徴である。

「法の支配」が有効であるためには、どんなルールが定められているかということよりも、つねに例外なく適用されるルールが存在することの方がずっと重要である。同一のルールが漏れなく適用される限りにおいて、その中身はさして重要ではないことが多い。道路の例で言えば、全員がルールに従う限り、左側通行か右側通行かはどちらでもよろしい。大事なのは、ルールの存在によって、他人の行動を正しく予測できることである。そのためには、たとえ不当だと感じる場合があっても、ルールは例外なく適用されなければならない。

以上のように、法の前での形式的な正義および平等と、実質的な正義および平等を実現しようとする試みとは相容れない。このことが、「特権」という概念が広く誤解され、その結果として誤用されている理由にもなっている。誤用の最たる例を一つだけ挙げておこう。それは、財産そのものが特権と呼ばれていることである。たしかに財産を特権と呼べる場合もあるかもしれない。たとえばかつてそうだったように、土地の所有が貴族階級に限定されていた場合がそうだ。また現代でみられるように、ある物の生産または販売の権利が当局により特定の人に限定されている場合にも、財産は特権と言いうるだろう。だが同じルールの下で誰もが獲得しうる私有財産を、一部の人だけが獲得できたからという理由だけで特権と呼ぶのは、言葉の誤用と言わねばならない。

すでに述べたように、法の効果が前もって予測できないことは、自由主義体制における成文法の特徴である。この事実は、自由主義体制の性質を巡る別の誤解を解くカギにもなる。この誤解とは、自由主義体制の特徴は国が「何もしないこと」だという思い込みである。国家は「行動」あるいは「介入」すべきかすべきでないかという問いは、まったくの的外れである。そのうえ自由放任という言葉は、自由主義国家の政策が依拠する原則を表すにはあまりに曖昧で誤解を招きやすい。言うまでもなく、どんな国家も行動しなければならないし、国家のあらゆる行動は何かに介入することになる。だが重要なのは国家が行動するかどうかではなくて、個人がその行動を予測できるかどうか、その知識を自分の計画を立てるときに活用できるかどうか、ということだ。予測可能であれば、国家の側は国の制度を使った個人の活動を制限でき

＊ したがって国家社会主義を掲げる法学者カール・シュミットが、自由主義的法治国家（すなわち法の支配）に国家社会主義の理想である正義の国家を対比させたのは、全面的な誤りとは言えない。ただし形式的な正義に反するような正義は、必然的に人々を差別する。

ないが、個人の側は自分が介入からどの程度守られているか、あるいは自分の努力が妨害されうるかどうかを正確にわかっていることになる。度量衡を制定し施行する国家（あるいは不正や詐欺を取り締まる国家）は、あきらかに行動している。ストライキやピケなどの暴力行為を放置する国家は行動していない。それでも自由主義の原則を守っているのは前者であり、守っていないのは後者である。生産に関して国家が定める一般的かつ恒久的なルールの大半についても、同じことが言える。たとえば建築規制や工場規制がそうだ。これらの規制は、個々のケースについてみれば、賢明なこともあれば賢明でないこともあるだろう。だが恒久的な運用を意図する限りにおいて、且つ特定の人を有利または不利にする意図がない限りにおいて、そうした規制は自由主義の原則に抵触しない。なるほどこれらの例では、予測不能な長期的影響とは別に、特定の人への短期的影響がはっきりわかるケースが出てくることもあろう。だがこの種の法規は原則として、短期的影響を考慮して策定されるわけではないし、そうであってはならない。目先の影響や予測可能な影響が長期的影響より重視されるようになるほど、本来は明確なはずの両者の区別があいまいになる境界に近づいていく。

＊＊＊＊＊

「法の支配」が自覚的に進化したのは、自由主義の時代だけだった。「法の支配」は、自由を守るだけでなく自由を法の形で表したという点で、自由主義時代の偉大な功績の一つと言える。イマニュエル・カントが言ったように、「法以外の誰にも服従する必要がないとき、人間は自由である」(ちなみにカント以前にヴォルテールも同じようなことを言った)[3]。とはいえ、漠とした理想としての法の支配なら、ローマ時代から存在していた。今日のように法の支配が重大な脅威にさらされたことは、ここ数世紀ほどは絶えてなかったのである。立法者の権力に制限はないという考えが出現したのは、たしかに国民主権と民主主義政体に一因がある。さらに、国家の行為に法律の裏づけがある限り、法の支配は維持されるという思い込みがこれに拍車をかけた。だがこの思い込みは、法の支配の意味を完全に誤解している。法の支配というものと、政府の行為が司法的見地から合法であることとはほとんど関係がない。政府の行為が完全に合法的であっても、法の支配にそぐわないことはありうるからだ。ある人が何らかの行動をとる法的権限を十全に備えているとしても、法律がその人に好き勝手に行動する権限を与えているのか、法律がどう行動せよと明白に規定しているのかはわからない。ヒトラーは完全に合憲の手

3 ヴォルテールは「自由は、法律にのみ拠るところにある」と述べた(*Oeuvres Complète de Voltaire*, vol. 23 (Garnier, 1879), p.526)。

続きを踏んで無制限の権力を手に入れたのだから、彼のやることは司法的見地すれば合法ということになろう。だがだからといって、いまもドイツで法の支配が行われていると言う人がいるだろうか。

つまり計画社会では法の支配が維持できないとしても、そこでは政府の行為がどれも違法だとか、法律が存在しないというわけではない。計画社会になれば、もはや政府の強制力の行使は、あらかじめ定められたルールによって制限も規定もされない、ということである。法律は恣意的な行動をも合法にできるし、経済活動を司る中央当局を設置すれば、必ずそうなる。これこれの委員会や機関は何をしてもよいと法律が定めたら、その委員会や機関のやることはすべて合法になる。だがそうした行為が法の支配の下にないことは明らかだ。政府に無制限の権力を与えれば、どんな恣意的なルールも合法になる。こうすれば民主主義は、およそ想像しうる限りで最も独裁的な体制を生み出すことができるのである。*

それでもなお、当局が経済運営を行ってよいと法律で定めるなら、予測不能な状況や包括的条件を設定できない状況でも、決定を下し実行する権限を当局に与えざるを得ない。その結果、計画の範囲が拡大するにつれて、立法権をあれこれの機関や委員会に委譲することが日常茶飯事と化すようになる。故ヒュアート卿が近年になって指摘したのだが、第一次世界大戦前のある訴訟案件では、親愛なる判事閣下が「従来通りの活動をする農業委員会は、今後は議会と同じく弾劾されないとの法案が、ようやく去年成立した」と述べた。このような法案の成立は、当時はまだ珍しかったのである。それ以後、毎日のようにこの種のことが起きるようになる。幅広い権限が新設の機関に気前よく与えられ、これらの機関は既存のルールにいっさい縛られず、国民の活動を規制するほぼ無制限の裁量権を手にした。

「法の支配」は、逆に言えば、立法の制限を意味する。法の支配は、立法を成文法と呼ばれる類いの原則に限定し、直接の適用対象を一部の人に限定する法律や、そうした差別を行うために国家の強制力の行使を認めた法律の立案を排除する。法の支配は、万事が法で規制されることを意味するのではない。むしろ逆である。法の支配とは、国家の強制力の行使が、あら

＊ 一九世紀には「自由と法が対立する」という誤った議論がよく見受けられたが、実際にはそのような対立は存在しない。ジョン・ロックがすでに明らかにしたとおり、そもそも法のないところに自由は存在できないのである。対立するのは異なる種類の法同士であり、それも「法」という名で呼ぶことが憚られるほどに性質が異なるものである。一方は、「法の支配」の法である。これはあらかじめ定められた原則であり「ゲームのルール」であって、条文に明記された状況において国家の強制力がどう行使されるか、自分や一般市民が何をしてよく、何をすべきとされているかを各人が予測できるようにする。もう一方は、支配者にやりたいことをやる権力を与えるような種類の法である。利害が衝突したときに、あらかじめ定められたルールに従うのではなく、その時々の「是々非々」で決めるような民主主義の下では、法の支配は維持できない。

かじめ法律で定められた場合に限って予測可能な方法でなされることを意味する。一部の人だけを対象とするような法律の制定は、法の支配を侵害しかねない。このことを否定する人は、合憲の手段によって独裁者が絶対権力を獲得したのだから、今日のドイツ、イタリア、ロシアでも法の支配が成立している、と主張せねばなるまい[*]。

*****

法の支配の主たる適用範囲が権利章典や憲法で定められている国もあれば、明文化されていない伝統として法の支配の原則が根付いている国もある。が、そうした形式はさしたる問題ではない。形はどうあれ、立法権の制限をそのように認めるのは、個人の権利の譲渡不能性、人権の不可侵性を認めることを意味する。この点は容易に理解できよう。

　だが現代の知識人の多くは、相容れない理念を信じ込んで混乱に陥っている。たとえばH・G・ウェルズはきわめて広範な中央計画の有力な支持者だが、その一方で人権擁護を熱烈に訴える文章も書いている。これなどは、現代人の痛ましい混乱をよく表すものと言えよう。ウェルズが守りたいと願う個人の権利は、これまた彼が望む計画経済にとって必ず邪魔になる。ウェルズはいくらかこのジレンマに気づいていたらしく、彼の提案する「人権宣言」の条文にはむやみに付帯条件が多い。たとえば、誰もが「法律で売買が許されているものはすべて、いっさいの差別や制限なく売買する権利を持つ」としている。[4] たいへん結構。ところが直後につけられた次の条件が条文全体を台無しにしている。この条文は、「公共の福祉に即した

＊ 立法行為によって法の支配が侵害された実例として、もう一つ挙げられるのは、私権剥奪法のケースである。これはイギリスの歴史で広く知られている。刑法においては、法の支配は通常「法律なければ刑罰なし」とラテン語で言うところの罪刑法定主義の形をとる。このルールの根本は、個々の案件に法律を適用する前から、その法律が存在していなければならない、ということである。ヘンリー八世の治世における有名な一件で、議会はロチェスター主教の料理人リチャード・ローズについて「主人の聖職者特権を発動せず釜茹での刑に処す」と判断を下した。この行為が法の支配の下でなされたことに異論を唱える者はあるまい。すべての自由主義国家において、法の支配が刑法の本質を担うようになったのであるが、全体主義国家では法の支配は維持できなかった。E・B・アシュトンが巧みに表現したとおり、自由主義の原則は「刑罰のない犯罪なし」に取って代わられた——法律で刑罰を明示的に定めていようといまいと、「犯罪」は必ず罰しなければならないというのである。「国家の権力は、法律破りを罰するところでは終わらない。国家には、その利益を守るために必要と思われることなら何でもする権利が与えられている。そのうち現行法の遵守は、国家が要求する基本条件の一つに過ぎない」(E.B. Ashton, *The Fascist, His State and Mind* (William Morrow and Co., 1937), p.119)。ここで「国家の利益」の侵害が何かを決めるのが政府であることは、改めて言うまでもあるまい。

4 ウェルズは一九三九年に「人権宣言」の草稿を書き、デイリーヘラルドなどの新聞に発表した。のちに "Ten Points for World Peace" のタイトルでまとめられ、*Current History*, vol.51, March 1940, pp.16-18 に収録されている。

数量と条件に従う」売買にのみ適用されるというのである。これでは、売買に課す制限は何であれ「公共の福祉」を守るために必要だと主張できることになり、いかなる制限の追加も阻止できなくなる。したがってこの条項で個人の権利を守ることはできない。もう一つ、基本的な条項を紹介しよう。ウェルズの「人権宣言」では、誰もが「合法的な職業に就いてよい」とされ、「雇用により賃金を得る権利があり、複数の雇用機会が開かれている場合には、自由に選ぶ権利もある」となっている。だが、雇用機会の提供を誰かが決めるとは書かれていないにもかかわらず、次の但し書きには「誰もが雇用を申し込むことができ、この申込は公的に考慮され、受理または却下される」とある。となればウェルズは、ある人がある職業に就く資格があるかどうかを決める何らかの公的機関を想定していることになる。これが職業選択の自由と真っ向から対立することは明らかだ。さらに言えば、通信手段や通貨が当局に規制されるうえ、産業の立地まで指定される計画社会において、「移動および移住の自由」はどのように保障されるのか。紙の供給や流通経路がすべて計画当局に規制される社会で「報道の自由」はどのように守られるのか。こうした問いに、他の計画主義者同様、ウェルズもほとんど答えていない。

この点ではるかに論理的整合性があるのは社会改革論者であり、彼らは数も多い。改革論者は、社会主義運動の黎明期の頃から人権という「形而上学的」理念を批判し、合理的に命令される社会においては、個人に権利はなく義務しかないと主張した。いまやこれが、いわゆる進歩主義者に共通する姿勢となっている。今日では、人権侵害だとして政策に抗議しようものなら、確実に反動主義者のレッテルを貼られてしまう。『エコノミスト』のようにリベラルな雑誌でさえ、よりによってフランス国民が学んだ教訓として、数年前に次の記事を掲載した。

「専制国家に劣らず民主主義政府も、その民主制や代議制を失うことなく、絶対権力をつねに（原文のまま）潜在的に保持していなければならない。行政上の問題に関する限り、政府が手を出せないような人権という制限領域は、状況がどうあれ存在してはならない。自由選挙で国民に選ばれ、反対者が公の場で存分に批判することが許される限りにおいて、政府は統治権を行使できるし、また行使すべきであり、その統治権にはいかなる制限もない」[5]

戦時であれば、これも避けられまい。言うまでもなく戦時には、自由かつ公の批判でさえ制限しなければならないからだ。だが引用記事には「つねに」とある。この言葉は、『エコノミスト』が絶対権力の保持を戦時の必要悪とはみなしていないことを意味する。恒久的にその

5 "True Democracy," *The Economist*, vol. 87, November 18, 1939.

ような権力を認める立場は、法の支配の維持と両立せず、一直線に全体主義国家へと向かうことになる。政府に経済運営を委ねたがっている人たちは、まさにこれと同じなのである。

完全な計画経済を始めた国では、たとえ形の上では人権や少数民族の権利の平等が認められていても、実質的には意味をなさない。このことは、中欧諸国の実例が雄弁に物語っている。これらの国を見れば、承認された経済政策という手段を使えば少数民族の苛酷な差別政策も推進可能であること、しかも少数民族の権利保護を定めた条文に一言半句も反せずにそれができることがわかる。経済政策を手段とするこうした抑圧は、じつに容易だった。というのも、ある特定の産業や事業はおおむねその少数民族が担っていたため、表面的にはその産業なり事業なりを対象とする政策は、実際にはその少数民族を標的にしていたからである。「産業開発の政府規制」といった一見無害な原則からは、差別的あるいは抑圧的な政策をいくらでも導き出すことができるのであり、計画経済の政治的結末の実例を知りたい人にとっては十分な教訓となるにちがいない。

7

第7章
経済の管理と全体主義

Economic Control and Totalitarianism

富の生産を支配することは、人間の生活そのものを支配することである。

——ヒレア・ベロック[1]

1 Hilaire Belloc, *The Servile State* (T.N.Foulis, 1912), p.46.

与えられた仕事をどう処理するか、現実に即して真剣に考えたことのある計画当局者の大半は、計画経済は多かれ少なかれ独裁的に運営するほかないと確信しているはずだ。相互に関連する活動が複雑に絡まり合う経済システムを意図的な指揮統制下に置くためには、単一の専門家集団がその任に当たらなければならない。そして最終責任と権限はその集団の最高指揮官が掌握し、この司令官の行動は民主的手続きなどに拘束されてはならない。このことは計画経済の基本理念からして自明であるから、事改めて国民の総意を問う必要もない、という論理である。そして計画当局者は国民を安心させるために、独裁的な指令が適用されるのは「単なる」経済に限られる、という理屈を持ち出す。たとえばスチュアート・チェースはアメリカでよく知られた計画主義者であるが、計画社会においては「民主政治は、経済以外の領域に限定される限りにおいて維持される」と断言した。しかしこのような約束は、だいたいにおいて、次のような意味が込められている。国民生活においてさほど重要でない分野、もっと言えば重要であるべきでない分野の自由を放棄すれば、それと引き換えに、より高い価値を追求する自由をより多く手に入れられる、ということだ。政治の独裁を毛嫌いする人々が、往々にして経済では独裁をさかんに要求するのも、まさにこの理由からである。

この理屈は直観的にも頷けるし、しごく聡明な人でも納得しがちである。計画のおかげでさして重要でない事柄からほんとうに解放され、アメリカの歴史学者デイヴィッド・シャイの著作『シンプルライフ』のサブタイトルにもあるような「質素な生活と高邁な思索」の実現が容易になるのだとしたら、誰がそうした理想をばかにできるだろう。経済活動が生活の中の下等で卑しい部分にだけ関わっているのがほんとうなら、私たちは何としても、物質的なことへの過度の関心を断ち切らなければならない。そうした瑣末事は実務能力に長けた組織にお任せして、私たち自身はもっと高尚な問題に注意を向けるべきだ、ということになる。

かくして人々は、経済に行使される権力はさして重要でないことに振るわれる権力だと信じ込んで安心し、経済目標の自由な追求に対する脅威を軽く考えている。だがこれは、何の根拠もない見方だ。そもそもこのような見方が生まれるのは、純然たる経済目標は人生の他の目標から切り離せるという誤解からである。だが病的な守銭奴は別として、純然たる経済目標というものは存在しない。ごくまっとうな人が究極的にめざすのは、まずもって金銭ではない。厳密に言えば「金銭的動機」というものも存在せず、金銭以外の目標追求を容易にするために、金銭を始めとする経済的要素が絡んでくるにすぎない。一般に「金銭的動機」と誤って呼ばれているものは、広い意味での機会への願望や目的を実現する権力の希求にほかならない。*人間がお金を欲しがるのは、お金があれば選択肢が拡がり、努力の成果をよりよく享受できるからだ。現代の社会では、金銭的所得の限界がさまざまな足かせとなるため、折々に自分は貧乏だと感じることになる。そのため多くの人は、その象徴であるお金そのものを憎むようになった。だがこれは原因の取り違えであって、お金は力を体現する媒体にすぎない。お金は、かつて人間が発明したものの中で、自由を実現する最高の手段の一つと言うべきである。いまの社会で、貧しい人にきわめてゆたかな選択肢を提供しているのはお金であり、その選択肢の範囲は、ほんの数世代前には富裕層しか手にできなかったものより広い。大多数の社会主義者

* Lionel Robbins, *The Economic Causes of War* (J. Cape, 1939), Appendix を参照されたい。

は、「金銭的動機」を排除しておおむね「非金銭的誘因」を導入すべきだと主張している。しかしそうなったときに現実に何が起きるかを考えてみたら、お金の効用をよりよく理解できるはずだ。あらゆる努力の見返りが、金銭ではなく勲章、特権、地位、高級な住宅や食事、旅行や教育の機会といった形で与えられるとしたら、受け取る側に選択の余地はなくなる。そして誰であれこの報奨を決める人間が、報奨の多寡のみならず形式まで決めることになる。

＊＊＊＊＊

他の動機から切り離された純然たる経済的動機など存在しないのであって、経済的な利益と損失が単なる利益と損失にとどまるのは、自分のニーズや欲望のどれを優先するかを自分が意のままに決められる場合に限られる――ひとたびこのことに気づけば、経済が関わるのは生活の中でさほど重要でない部分に過ぎないという言い分の真実の姿が見えてくるだろう。また、「単なる」経済的な事柄が往々にして軽視される理由も理解できるはずだ。ある意味で、市場経済（自由市場であることを条件とする）においては、これは正当だと言える。自分の所得や財産を自由に処分できる限りにおいて、経済的損失によって失われるのは、満たしうる欲望の中で最も重要度の低いものになるからだ。「単なる」経済的損失は、さほど重要でないとしてあきらめることを選択した損失である。これに対して失ったものの価値が、その経済価値を大幅に上回る場合や、金銭ではとうてい表せない場合には、その損失にひたすら耐えるほかない。同じことが経済的利益にも当てはまる。言い換えれば経済的な損得は、ニーズのうちのほんの末端、すなわち経済用語で言う「限界」部分にのみ関わっている。経済的損得とは無縁の大切なもの、快適な生活や必需品よりも重要なものは、世の中にたくさんある。それに比べれば、多少羽振りがよくなったとか悪くなったといった品のないことは、とるに足らないようにみえる。そこで多くの人はこう考える——経済計画のように経済的利害にのみかかわるものは、生活の基本的な価値に深く干渉することはあるまい、と。

　だがこの結論はまちがっている。経済的価値が他の多くのものより重要でないのは、重要度の高いものはどれで、低いものはどれかを自分が自由に決められるからだ。あるいは現在の社会においては、自分の生活の経済面は自分で解決しなければならないからだ、と言ってもよかろう。その自分の経済活動を管理されるということは、特別な理由を申告しない限り、常時管理下に置かれるということである。いや、理由を申告すれば承認を得なければならないのだから、結局はすべてを管理されることになる。

したがって経済計画が引き起こす問題は、自分のニーズを自分にとっての重要度に応じて好きなように満足させられるのか、ということにとどまらない。自分にとってどれが重要でどれが重要でないかを決めるのは果たして自分なのか、計画当局なのか、ということにまでおよぶ。私たちが「単なる」経済の問題を軽蔑的に話すとき、念頭にあるのは自分にとっての限界部分のことだが、経済計画はそれだけに関与するわけはない。実際には、どこが限界部分なのかを決めることさえ、もはや個人には許されなくなる。

あらゆる経済活動を指図する当局は、国民の生活のうち重要度の低いことだけを管理するわけではない。彼らは、めざす目標をすべて実現するために有限の手段を配分することになるのだから、結局はどれを実現しどれは切り捨てるのかを決めることになる。問題は、まさにここにある。計画経済では、人間の生活のうち経済として切り離せる部分だけを管理するのではなくて、目標実現のための手段すべてを管理するのである。そして手段の管理を掌握する人間は誰であれ、どの目標を追求すべきか、どの目標の価値は高くどれは低いかを決めることになる。それは要するに、国民が何を信じるべきか、何のために努力すべきかを決めることだ。計画経済とは、経済に関する問題の解決を、個人ではなく国家に委ねることを意味する。だがそれは、さまざまなニーズの相対的な重要度を決めるのが国家であること、いや国家というよりも、その代表者であることを意味するのである。

計画当局が約束する経済的自由なるものは、国民が自分の面倒な経済問題を解決する必要性から解放され、そうした問題につきものの厄介な選択を当局が肩代わりするという意味であるらしい。現代社会においては、ほぼすべてを他人が供給してくれるものに頼らなければならないので、計画経済は生活のほとんど全部を管理することになる。必需品から家族、友人関係にいたるまで、また仕事の中身から余暇の使い方にいたるまで、どれをとっても、計画当局の「意図的な管理」を免れる面はほとんどなくなるだろう。*

* 経済統制が生活のどれほど広い範囲におよぶかを最もよく示すのは、外国為替管理である。為替取引への国家の介入は、一見すると個人の生活に無関係に見えるため、大方の人が為替管理の導入にまったく無関心である。だが思慮深い人々は、欧州大陸の多くの国の実例から、これこそが全体主義への、そして個人の自由の抑圧への決定的な第一歩だったと気づくことになった。この措置は、貧富を問わずすべての人を独裁国家へと引き渡し、そこから逃れる手段を完全に排除する。自由に旅行ができなくなり、外国の本や雑誌を自由に買うことができなくなれば、また外国との交流・通信手段が、当局が承認した人や必要と判断した人に限られれば、当局は効果的に世論を操作できる。それは、一七、一八世紀の絶対主義国家が行った世論統制を大幅に上回ることになろう。

＊＊＊＊＊

計画当局が消費を直接管理する方法をとらないとしても、彼らの権力はやはり個人の生活に全面的におよぶことになる。計画経済では、配給やこれに類する手段を使うことが多いが、配給だけに頼って個人の生活を支配するわけではない。たとえ消費者が名目上は自分の所得を好きなように使えるとしても、彼らの支配はなお強力だ。というのも、計画経済において当局が消費に対して振るう権力は、生産の管理に由来するからである。

競争経済における選択の自由とは、誰かがこちらの要求に応じられないなら、別の人を選べるということである。だがもし生産者が一人しかいなかったら、その人のお情けにすがるほかはない。そして経済システム全体を統率する当局は、思いつく限りで最強の独占主体だ。計画当局が民間の独占企業のようなやり口でその状況を悪用するという心配は杞憂かもしれないし、できるだけ多くの利益を搾り取ることが彼らの目的ではないとも考えられる。それでも、何をどんな条件で供給するかの決定権を当局が掌握することはまちがいない。どの財やどのサービスをどれだけ供給するかを決めるだけでなく、それらをどの地域、どの集団に分配するかも決めることになる。さらにその気になれば、分配する対象に好きなだけ差別を設けることもできるだろう。多くの人が計画経済を支持する理由を思い起こせば、当局が認めた目標を実現し、当局が認めない目標の追求を禁じるためにこの権力が使われることは、火を見るよりあきらかである。

生産と価格を管理することによって当局が手にする権力は、ほとんど無限である。競争経済においては、あるものに対して払う値段、あるものと何かを交換する比率は、それを手に入れるために他の人からどれだけ奪うかによって決まる。これは誰かの意志で決められることではないし、目当てのものを手に入れる手段の一つがひどく高くつく場合には、別の手段を自由に試してよい。もしそれが阻まれるとしたら、その原因は誰かがこちらの意図を認めないからではなく、他の人も同じものを欲しがっているからだ。これに対して計画経済では、当局があらゆる目標の追求を監視し、その権力でもってある目標の実現を後押しする一方で、他の目標の実現を妨害することはまず確実である。つまり自分が何を手に入れるべきかを決めるのは、自分の価値観ではなく誰かの価値観になる。しかも計画当局は、その方針から逃れようとする試みは何であれ阻止する力を持っているから、結局は国民が消費するものをほとんどすべて支配することになる。これでは、所得の使い途を直接命令するのと同じことである。

当局の意志が個人の日常生活を方向付け「導く」ときに対象となるのは、消費者としての行動だけではない。というよりもこちらは脇役であって、じつは生産者としての立場のほうが主な標的となる。両者を切り離すことはできないが、たいていの人は生活のかなりの時間を仕事に充てているし、仕事によって住む場所や付き合う人が左右されることが多い。だから仕事を選ぶ自由は、ひまなときに所得の使い途を決める自由よりも、おそらくは私たちの幸福にとって重要だと言えよう。

＊＊＊＊＊

とは言え理想の世界であっても、この自由がかなり限られていることはたしかだ。思いのままに職業を選べるという人はめったにいない。だが重要なのは、ともかくも選択の自由があること、用意された仕事であれ自分が選んだ仕事であれ、それに永久に縛られはしないこと、その仕事に耐えられなくなったり別の仕事に惹かれたりしたときには、いくらか犠牲は払うとしても、能力さえあればほぼつねに道が開かれていることである。何らかの状況が最も耐えがたいのは、あらん限りの努力をしてもそれを変えられないとわかっているときだ。実際には犠牲を払う強い意志を持ち合わせていない人であっても、がんばればその状況から逃れられるとわかっているだけで、耐えがたきを耐えられるものである。

だからと言って、職業選択の自由に関して現状がたいへん結構であるとか、自由主義が隆盛だった時代は非常によかったと言うつもりはない。人々の選択の機会をもっと増やすためにすべきことは、まだ山積している。他の分野同様、職業選択に関しても、知識や情報の普及を図り社会の移動性を高めるために、政府にできることはまだまだ多い。ただ、いま広く支持され実行されている「計画」は、選択の機会を真に増やすための施策とほぼ正反対だということは、はっきり指摘しておきたい。

なるほど大方の計画論者は、新しい計画社会では職業選択の自由は細心の注意を払って維持され、むしろ増えるだろうと約束している。だが彼らは、できないことを約束しているのだ。計画を立てようと思ったら、産業や職業への参入を制限するか、雇用条件を規制しなければならない。あるいは両方を規制しなければならない。計画経済を実行した事例のほぼ全部で、いの一番に行われた規制の中にこれらが含まれていたことがわかっている。この種の規制が単一の計画当局によって全面的に実施されたら、約束された「職業選択の自由」がどうなるかは、さして想像をたくましくしなくともあきらかだ。「選択の自由」は偽りの約束に終わるだろう。ことの性質上、当局による取捨選別は避けられないし、個人の立場からは、当局がせいぜい客観的な基準に従って選別することを期待するほかない。そうした状況にもかかわらず、彼らは空約束をしている。

計画当局の施策が、雇用条件を定め、その条件の操作を通じた雇用調整を図るだけだとしても、事態はさして変わらない。雇用条件の規制は、個別の参入規制に劣らず、人々の職業選択の阻害要因となるからだ。自由競争環境であれば、売り子希望の女性が平凡な容姿であっても、肉体労働希望の男性がひ弱であっても、あるいは一般的に能力が劣っていたり適性に欠けていたりしても、即座にその職業から排除されるということはない。十分な意欲を示せば、多少条件面で不利になっても、その職を得ることはだいたいにおいて可能だし、雇用主が当初は見抜けなかった能力をのちに発揮するということも大いにあり得る。だが計画当局がすべての業種について雇用条件を定め、応募者を客観的な試験で選抜するようになったら、その仕事に対する意欲や情熱などほとんど考慮されまい。いわゆる標準的な資格とは異なる資格を持っている人や一風変わった気質を備えている人は、従来ならその特殊性にふさわしい特別のはからいを雇用主に期待することができたが、もはやそうしたことは望めない。通常の勤務形態ではなく、収入は少なくても非常勤で働きたいとか自由に働きたいという人にも、そうした選択肢はなくなる。そうなれば、ある意味で誰もが大企業で働くような状況になることは避けられない。いや、どこにも逃げ道がないという点からすれば、もっと悪いと言えよう。自分が適切と考えた時や場所でだけ合理的あるいは効率的な行動をとる自由は、もうない。計画当局は、仕事を単純化するために何事にも基準を設けるにちがいないし、誰もがその基準に従わねばならない。なにしろ膨大な作業を処理しなければならない関係上、計画当局としては人間の多様な能力や適性を互換性のある部品としていくつかのカテゴリーに分類し、多少の個性のちがいは意図的に無視しなければなるまい。「人間は単なる手段であることをやめる」ことを謳っているが、各人の好き嫌いのレベルまで考慮することは不可能なのだから、実際には人間はこれまで以上に単なる手段となるだろう。そして、「社会の幸福」とか「共同体の利益」といった抽象的な目標のために計画当局に動員されることになる。

＊＊＊＊＊

競争社会では、代価を払えば、ときにひどく高い代価だとしても、だいたいのものは手に入る。このことの重要性は、どれほど強調しても足りない。競争を排したら、完全な選択の自由どころか、命令と禁止が待ち構えていることになる。誰もがそれに従わなければならないし、最後は権力者の好意にすがるほかない。

この問題を巡っては誤解が広まっているが、中でも重大なのは、「競争社会では代価を払えば、だいたいのものが手に入る」こと自体が非難の根拠になっている点である。人生において価値あるものが「金で片がつく」ことに抗議する人たちの真意が、高い価値を守るためだからといって卑近なニーズを犠牲にすべきではなく、その選択は自分たちに代わって誰かに任せるべきだということだとしたら、そのような要求はじつに奇妙であり、個人の尊厳をないがしろにするものだと言わねばならない。生命、健康、美、徳、名誉、安心は、往々にして多額の費用をかけないと維持できないものであり、人生ではときにどれを選ぶか迫られることは、否定できない事実である。また、こうした価値あるものを守るためであっても、物質的犠牲を払う覚悟のできないときがあることも、否定できない事実である。一つだけ例を挙げておこう。自動車事故の犠牲者をゼロにすることは、最後の手段として車を全部破壊するという犠牲を払う覚悟さえあれば、けっして不可能ではない。私たち自身が「物質的快適さ」と軽蔑的に呼んでいるもののために、自分と他人の生命や健康やあらゆる高邁な価値を絶えず危険にさらしている例は、ほかにも枚挙のいとまがないが、これらすべてに交通事故と同じことが言える。どんな目的も手段が競合するのだから、こうなることは必定だ。生命や健康といった絶対的な価値はけっして脅かしてはならないと言うなら、それ以外のものを追い求めてはならない、ということになる。

人々が苛酷な現実に直面してたびたび迫られる苦しい選択から逃れたいと思うのは、無理もあるまい。だがだからと言って、その選択を誰か他人に任せて回避しようと考える人はいないだろう。誰もが実際に望んでいるのは、そうした選択を迫られない状況であってほしい、ということである。すると、本来選択は無用であって、現在の経済体制がそうした状況を引き起こしているのだという主張を鵜呑みにしやすい。かくして人々は、選択そのものではなく、経済に腹を立てることになる。

経済にもはや問題はないと信じたがっている人々は、「潜在的なゆたかさ」という無責任な作り話をよりどころにしてきた。もしそれが事実なら、経済には選択を迫られるような問題は存在しないことになる。この魅力的なスローガンは、社会主義が出現してからこの方、手を替え品を替えプロパガンダに使われてきた。だが、最初に使われた百年以上前にも虚構だったし、今日でもあきらかに虚構である。長い年月の間にこのスローガンを掲げた人は大勢いたが、貧困と呼ばれるものを撲滅できるほど生産を拡大しうる現実的な計画を立てられた者は、一人としていなかった——世界全体はおろか、西欧に限ったとしても、である。きっと読者は、「潜在的なゆたかさ」などというものを口にする輩は、嘘つきか、でなければ自分が何を言っているのかわかっていないのだ、と思われたことだろう。* だが人々を計画へと突き進ませた最大の元凶は、この偽りの希望だった。

大衆的な運動はこの偽りの希望からいまだに力を得ているものの、経済学者の多くは、計画経済のほうが競争経済よりも生産を大幅に増やせるという主張を次第に否定するようになった。計画経済について真剣に研究してきた社会主義寄りの多数の経済学者でさえ、いまでは計画経済に競争経済と同等の効率を期待するにとどまっている。彼らが計画経済を支持するのは、もはや生産性が競争経済を上回るからではなく、より正しく公平に富の分配ができるという理由からだ。たしかに、計画経済を強力に推せる根拠はこれしかあるまい。予め決められた基準に従って富を分配したいなら、つまり誰がどれだけとるかを意図的に決めたいなら、経済というシステム全体の計画が必要になることに議論の余地はない。だが、一つ疑問が残る——誰かにとっての正義の理想を実現するために払わされる代償は、経済における力の悪用によってこれまでに押し付けられてきた代償を上回る不満と抑圧だった、ということになりはしないだろうか。

＊＊＊＊＊

だが事態をこのように理解しない人もいる。計画経済を採用するということは、自由経済の魔力に一時的に虜になったのちに、長きにわたって経済活動を支配してきた規則と規制の時代に回帰することだ、だからたとえ個人の自由が侵害されるとしても、自由放任《レッセフェール》時代以前の侵害を上回るはずがない——こんなふうに考えて慰めを見出そうとする人は、自分で自分をだましている。これは危険な幻想だ。ヨーロッパの歴史を振り返っても、経済活動が最も厳格に管理さ

＊　このいささか強すぎる表現を正当化するために、コーリン・クラークが著書の中で下した結論を引用しておこう（Colin Clark, *The Conditions of Economic Progress* (Macmillan, 1940), pp.3-4）（邦訳『経済進歩の諸条件』勁草書房刊）。クラークは著名な若手計量経済学者であり、まちがいなく進歩的かつ科学的な考え方の持ち主である。「ゆたかさの中での貧困に関して、分配を正しく理解しさえすれば生産の問題はすでに片付いていたはずだ、という主張が繰り返しなされてきた。しかしこれらの主張は、現代の通説の中でも甚だしい虚構であることがはっきりしてきた……生産能力が十分に活用されていないことは、数年前からイギリス、ドイツ、フランスでも問題視されてきたものの、これが実際に重大な問題と化しているのはアメリカだけである。世界のほとんどの国にとっては、フルに活用しても生産量があまりに少ないことのほうがはるかに重大だ。これらの国にとって、ゆたかな時代ははるかに遠い……仮に、景気循環を通じて予測可能な失業をすべて防げるなら、アメリカの生活水準は大幅に改善されるだろう。だが世界全体としては、大多数の人々の実質所得を文明国の水準に近いところまで引き上げることに関して、ほとんど効果はあるまい」

れた時代でさえ、ごくおおまかでいくらか持続的なルールの枠組みが決められただけで、その枠内では個人の幅広い自由が残されていた。当時利用できた管理手段は、おおざっぱな方向性を押し付ける以上のことには適していなかったからである。管理が徹底されたケースでさえ、その対象は、社会的分業において分担する活動に限られていた。人々が自給で賄っている広い領域に関しては、自分の好きなように行動する自由があった。

いまや状況はまったくちがう。自由主義の時代に分業が一段と進んだ結果、人々の活動のほぼすべてが社会的なプロセスに組み込まれるようになった。急増した人口をともかくも現在の生活水準で養っていくにはこれしか方法がないのだから、この流れは不可逆的である。だがその結果として、競争に代えて導入された中央指令型の計画では、従来をはるかに上回る範囲で人々の生活を管理することが必要になる。人々が生活のほとんどあらゆる面で他人の経済活動に依存している以上、計画の対象がいわゆる経済活動の範疇にとどまることはあり得ない。*「個人のニーズを集団として満たす」ことへの情熱に駆り立てられて、社会主義者たちは着々と全体主義への道を切り拓き、必要のみならず余暇まで、国民が指定の時に指定の形で満たすことを求めている。ここには国民を政治的に教育するという狙いがあることは言うまでもない。しかしこれはまた、計画に伴う必然の結果でもある。計画にとって都合がいいものを計画した時期に国民に与えるためには、基本的に選択の自由を奪わなければならないからだ。

政治的自由は経済的自由がなければ意味がない、とよく言われる。たしかにその通りだが、しかしその意味は、計画論者たちの解釈とはほとんど逆である。あらゆる自由の大前提である経済的自由とは、社会主義者が約束する「経済的心配からの自由」ではない。この自由を実現するには、人々を困窮から解放すると同時に選択の権利を奪うほかない。しかし経済的自由とは、経済活動の自由であって、それは選択の権利とともに必然的に、権利行使のリスクと責任を伴う。

＊ ロシアであれ、ドイツ、イタリアであれ、全体主義国家では、人々の余暇をどう組織するかということが計画の対象になったが、これはけっして偶然ではない。ドイツ人は、「人々の自由な時間の使い道を決める」という意味の自己矛盾に満ちたおぞましい言葉（Freizeitgestaltung）まで発明した。当局が決めたとおりに時間を使わねばならないのに、まだ「自由な時間」があるかのように。

8

第8章
誰が、誰を？

Who, Whom?

世界に差し出された歴史上最もすばらしい機会は葬り去られた。
平等への熱狂が自由への希望を沈黙させたからである。

——アクトン卿[1]

1 Lord Acton, "The History of Freedom in Christianity" in *History of Freedom and Other Essays*, p.57.

「行き当たりばったり」で予測不能であることを、競争に反対する理由としてよく耳にする。これはなかなかに意味深長であり、古代の人々が「行き当たりばったり」を正義の神の属性とみなしていたことを思い出さずにはいられない。競争と正義にはほとんど共通点はないが、どちらも人を差別しないという称賛すべき美点を負けず劣らず備えている。誰が勝者となり、誰が敗者となるのか、競争の前にはわからない。誰かが優劣を決めて賞罰を与えるのではなく、競争する本人の運と能力次第で結果が決まる。このことは、法律の制定に際して、誰が得をし誰が損をするのかを計算して決めてはならないことに劣らず重要である。競争においては、能力や先見性と同じぐらい運がモノを言う。それでもなお、競争が人を差別しないということは真実である。

いま迫られているのは、絶対的・普遍的な権利の基準に従ってもらうべきものを受けとる制度か、それとも各人の取り分が偶然や運で決まってしまうこともある制度か、という二者択一ではない。誰が何をもらうかを一握りの人間の意志で決める制度か、それとも、各人の能力と意欲そして予測不能な要因の入り込む余地のある制度か、という二者択一である。このちがいには大きな意味がある。というのも、私有財産と相続財産（後者は前者ほど必然ではないが）の上に成り立つ自由競争経済においては、必然的に機会は均等ではないからである。なるほど、機会の不平等を解消すべきだという主張はもっともではある。ただし、各人の生まれながらのちがいを認める限りにおいて、またチャンスを摑むプロセスの無作為性を損なわない限りにおいて、また何が正しく好ましいかについての誰かの見解が他者の見解に優先されることがない限りにおいて、という条件がつく。

競争社会では、貧しい人に開かれている機会は裕福な人に比べてかなり限られていることは事実だ。それでもこの貧しい人たちは、競争のない社会で快適な物質的条件を謳歌している人よりも、はるかに自由である。競争社会では、出発点で貧しい人が富を築く可能性が、相続財産を持つ人よりかなり小さいことは認めよう。それでも、可能性はまちがいなく存在する。

そしてもっと重要なのは、結果が支配者の裁量ではなく本人にかかっており、何人もそれを妨げることが許されないのは、競争社会だけだということである。たとえば低賃金で働くイギリスの未熟練労働者のほうが、ドイツの中小企業経営者や高級取りのロシアの技術者や管理職より、現実的な意味で自分の人生を切り拓く自由をはるかに多く持ち合わせている。私たちがこの明白な事実を見落としてしまうのは、そうした自由を持たないことの意味を忘れているからだ。転職にせよ、住む場所にせよ、意見の公表にせよ、余暇の使い方にせよ、自分の自由にやろうとすればときに代償を払わなければならないし、代償が高すぎると感じる人も少なくないだろう。それでも自由競争社会には、これらの自由を妨げる絶対的な障害物は存在しない。支配者が割り当てた仕事や条件を力ずくで強制するような、身体の安全と自由に対する脅威も存在しない。

社会主義者にとっての理想の正義が、現在の所得格差には手を付けなくとも、私有財産からの所得を廃止するだけで実現することは事実である。* だがこのように主張する人たちは、生産手段としての私有財産をすべて国家に引き渡せば、実際には他の所得もすべて国が決める立場になることを忘れているのだろう。国家に権力を与え、その力を「計画」に行使することを求めるからには、国家はその力の大きさを十分承知して行使することになる。

このようにして国家が手にする権力は、単にこちらからあちらに移転しただけだと考えるのはまちがいだ。これは新たに拵え上げられた権力であり、競争社会では誰も手にすることのない権力である。生産手段としての財産を不特定多数の人が所有している限り、ばらばらに行動しているそれらの人たちは、一人として、誰かの所得や地位を決定する独占的な権力を持ち合わせているわけではない。誰かを雇用できるのは、他の雇用主よりもよい条件を提示したときに限られる。

私有財産制は、財産を持つ人だけでなく、持たない人にとっても自由を保障する最強の制度であるが、このことを現世代は忘れてしまったようだ。ばらばらに行動する多くの人によって生産手段が所有・管理されているからこそ、完全な権力を掌握する人は一人もいないし、誰もが自分のことは自分で決められるのである。すべての生産手段が一人の手に握られるとしたら、それが名目上は「社会」であれ、独裁者であれ、その一人が全員に対して完全な権力を振るうことになる。たとえば、民族的あるいは宗教的に少数集団に属す人がいるとしよう。この人は、自分自身は財産を持っていなくても仲間が持っていて自分を雇ってくれるほうが、私有財産制が撤廃されて共同財産の名目上の所有者になるよりも、はるかに自由にちがいない。あるいは、私の隣人か雇い主が億万長者だとしよう。この億万長者が私に振るう権力は、国家の強制力を振りかざす下っ端役人よりもずっと小さい。私がどうやって生活しどうやって働くか、いや生きて働けるのかどうかさえ、この下っ端役人の胸先三寸にかかっている。さらに言えば、金持ちが権力を持つ世界のほうが、権力を手にしている者だけが金持ちになる世界よりもまだましである――これらのことは、誰も否定できまい。

根っからの共産主義者として知られていたマックス・イーストマンのような人が、いまになってこの真実に気づいたのは、痛ましくもあるが勇気づけられもする。イーストマンは最近の論文で次のように書いている。

「遅きに失したきらいはあるが、いまや次のことはあきらかだと私には思われる。それは、

＊ 所得格差が資産所得に起因する度合いが過大評価され、その結果として、資産所得を排除すれば格差が解消することに過度な期待がかけられている可能性がある。ロシアの所得分配に関するわずかな情報によれば、同国での格差が資本主義社会より大幅に小さいとは言えないようだ。マックス・イーストマンは、ロシアの公式の情報源によれば、同国の給与の最高と最低の差はアメリカとほとんど同じ（およそ五〇対一）であると述べている（Max Eastman, *The End of Socialism in Russia* (Little Brown, 1937), pp.30-34）。またジェームズ・バーナムが著書（James Burnham, *The Managerial Revolution: What is Happening in the World* (John DayCo., 1941), p.46)（邦訳『経営者革命』東洋経済新報社刊）の中で引用した文章によれば、レオン・トロツキーは一九三九年の時点で「ソビエトの最富裕層一一～一二％の所得は、国民所得の約五〇％を占めている。この偏りはアメリカよりひどい。アメリカの最富裕層一〇％の所得は、国民所得の三五％程度である」と見積もっていた。

私有財産制を廃止すれば無限の自由と平等が実現するとマルクスは期待したが、この制度こそ、有限ながらも自由と平等を人類にもたらしてきた主要因だったということである。奇妙にも、このことを初めて理解したのはマルクスだった。歴史を考察し、自由市場を伴う資本主義の発展こそが民主主義と自由の前提条件だと教えてくれたのは、マルクスである。だが未来を展望したとき、もしそうだとしたら、自由市場を捨て去れば他の自由も失われるだろうとは、彼は考えなかった*」

こうした懸念に対して、計画当局が個人の所得を決定する謂《いわ》れはないと反論されることがある。国民所得から一人ひとりの取り分を決めることが社会的にも政治的にも困難なのはあきらかだから、どれほど強硬な計画論者でも、それを当局に任せるのは躊躇するだろう。この困難さに気づいている人はおそらく、計画は生産面に限定して「産業の合理的な組織化」を行うにとどめ、所得の分配には可能な限り手を出さないやり方を選ぶはずだ。しかし分配に手を出さずに生産を管理することは不可能だし、いやしくも計画主義者である以上、分配をそっくり市場に委ねたいとは考えていない。そこで彼らは、分配が平等と公正のおおまかな原則に従っていること、極端な不平等がないこと、主な階級の所得が相対的に適正であることを監視するだけにとどめ、階級内に関しては、個人の取り分だの、下位集団と個人の等級や格差だのには関与しないやり方を選ぶだろう。

だがすでに見てきたように、あらゆる経済現象は密接に相互依存しているため、計画をいったん始めたら、もうよしというところで止めるのはむずかしい。市場の自由な働きが一定限度を超えて妨げられたら、当局はすべてに管理の手を広げざるを得なくなる。このように経済面を考えただけでも、ほどよいところで計画を止められないことがわかるが、計画が進行するにつれて、社会的・政治的要因もこの流れを強力に後押しするようになる。

個人の地位や役割が偶然や競争の結果ではなく、当局の意図的な決定によって決められるという事態が次第に常態化し、それがあたりまえになると、自分の社会的な地位に対する人々の意識も、必然的に変わってくる。当人からすれば不当な不平等、不公平としか思えない結果、理由もなく襲ってくる不幸といったものは、世の中に必ず存在するものである。だが、こうしたことが計画社会で起きた場合には、誰のせいでもなく起きた場合とはまるでちがう反応を人々は示すにちがいない。人間の手によらない不平等は、誰かが意図した不平等よりも辛抱しやすいし、尊厳をひどく傷つけられることもないはずだ。競争社会でどこかの会社をクビに

＊ Max Eastman, "Socialism Doesn't Jibe with Human Nature," *Reader's Digest*, vol.38, June 1941, p.47.

なったり出世できなかったりしても、それは侮辱されたとか、尊厳を傷つけられたということにはならない。たしかに不況が長引けば大勢が失業するが、そうした事態を防ぐには計画経済よりもっとよい方法がちゃんとある。どんな社会でも、必ず誰かしらは失業したり所得が減ったりしているものだが、それが当局の意図によるのではなく単に不運の結果であるほうが、自尊心は傷つかないだろう。それがどれほど辛いとしても、計画社会のほうがもっと悲惨である。ある特定の仕事に必要かどうかではなくて、そもそも使い物になる人間かどうか、どの程度役に立つのかを誰かが決めることになるからだ。要するに人生の位置付けが誰かの手によって否応なく決まってしまうのである。

誰にも襲いかかる可能性のある不幸であれば、人は耐えられるものだ。だが、当局が決めた結果の不幸はそうはいくまい。巨大な機械のちっぽけな歯車になるのはうれしいことではないとしても、そこから逃れられないことのほうがはるかに悪い。一生そこに縛りつけられ、誰かが選んだ上司の下で働き続ける。それが誰かの意図的な決定の結果だとわかれば、自分の運命に対する不満は募る一方だろう。

正義の名の下に政府がひとたび計画に着手したら、結局は国民一人ひとりの運命、具体的には地位や役割まで決めざるを得ない。計画社会では、自分の暮らし向きが他人より上なのか下なのか、全員が知ることになる。それを決めるのは人間にはどうにもできない予測不能の要因ではなく、当局の意志だからである。となれば、自分の生活や地位をよりよくしたいと思ったら、予測不能の状況に立ち向かってなんとかしようとするのではなく、権力を掌握する当局のご機嫌をとって自分に有利にしてもらおうという方向にエネルギーを使うことになるだろう。かくして「富と名誉への道は必ず政府を通る」[2]という国家が出現し、一九世紀イギリスの政治思想家たちが恐れた悪夢が思いもよらない完璧さで実現することになる。いや、すでに全体主義に移行した国では、もはやこれが現実になっているのである。

＊＊＊＊＊

経済全体の計画という仕事に国家が着手したとたんに、さまざまな個人や集団のしかるべき位置付けという問題が、不可避的に重要な政治課題とならざるを得ない。誰が何を手に入れるかを決められるのは国家の強制力だけとなれば、この力の一翼を担う以外、持つに値する権力な

2　これを言ったのは若きディズレーリである。Benjamin Disraeli, "Vindication of the English Constitution in a Letter to a Noble and Learned Lord" (1835), reprinted in *Disraeli on Whigs and Whiggism* (Macmillan, 1914), p.216.

どありはしない。あらゆる問題の解決はひとえにこの強制力の持ち主にかかっており、この持ち主の意見がすべてに優先するという意味において、経済問題も社会問題も政治の問題となる。

「誰が、誰を？」という有名な言い回しをロシアに持ち込んだのはレーニン自身だったと記憶するが、ともかくもソビエト体制初期における社会主義国家のすべての問題は、この言葉に集約されている。[*] 誰が誰を計画し、誰が誰を支配し、誰が誰の人生を決め、誰が誰から分け前を受けとるか——これらが必然的に重要課題となり、最高権力によってのみ決定されることになった。

最近になってアメリカのある政治学者がレーニンのこの言い回しを拡大し、政府の問題は「誰がいつ何をどうやって手に入れるか」ということに帰結すると主張した。[3] ある意味でこれはまちがいではない。たしかにどんな政府も、さまざまな人の相対的な位置付けに影響を与えるし、政治体制がどうあれ、人々の生活の一部たりとも政府の行動に影響されないということはめったにないからだ。政府が何らかの行動をとる限りにおいて、それは必ず「誰がいつ何をどうやって手に入れるか」に何かしら影響を与えることになる。

だがここで、全体主義との二つの重要なちがいを指摘しておかねばならない。第一に、自由主義体制下での政府の政策は、特定の個人にどのような影響を与えるかを顧慮せずに、またその特定の影響を目的とせずに、定められる。この点についてはすでに論じたとおりである。第二に、政府の行動の範囲がちがう。一方は、「誰がいつ何をどうやって手に入れるか」のすべてを政府が決める。他方は、「特定の誰が特定の時に特定の何かを特定の方法で手に入れる」ことにのみ政府が関与する。これがまさに、全体主義体制と自由主義体制のちがいである。

ナチスや社会主義者は口をそろえて「経済と政治の人為的な分離」を非難し、経済に対する政治の優位を主張するが、このことは、自由競争経済と計画経済のちがいを端的に示していると言えよう。おそらく彼らは、政府の政策には含まれていない目的のための経済活動が許されていること、政府の意図とは無関係で政府が容認しないような目的のための経済活動も可能であることを非難しているのだろう。だがこれに代わる体制はと言えば、単に権力の一極集中にとどまらない。この唯一の支配集団がすべての人の目標を決め、社会における個人の役割分

＊ Malcolm Muggeridge, *Winter in Moscow* (Little Brown, 1934); A Feiler, *The Experiment of Bolsheviism* (George Allen and Unwin, 1930) を参照されたい。

3 Harold Lasswell, *Politics: Who Gets What, When, How* (McGraw-Hill, Whittlesey House, 1936).

担を決める権力を持つことになる。

＊＊＊＊＊

政府が経済活動を管理しようとすれば、分配の正義に関する誰かの理想を実現するために、その権力を使うことになることはまちがいない。だが政府はどのように権力を行使するのか、行使できるのか。政府はどんな原理原則に従うのか、従うべきなのか。相対的な価値判断を巡っては疑問が山ほどあり、それを着実に解決しなければならないはずだが、こうした疑問に明確な答はあるのだろうか。まともな人が認めてくれ、新しい社会階層を正当化でき、正義の要求に応えられるような価値のものさしは存在するのだろうか。

さきほどの疑問に明快な答を与えてくれる単純きわまりない原則は、一つだけ存在する。平等の原則である。より正確には、人間が管理するすべての点について、万人が完全かつ絶対的に平等でなければならないという原則である。これが広く望ましいとみなされるなら（これが現実的か、すなわち人々の勤労意欲を高めるか、という問題はさて措く）、分配の正義という漠然とした概念も明確な意味を持ち、計画当局にとってはっきりした指針となるだろう。だが、このような機械的な平等を人々が望むと考えるのは、完全な誤りだ。これまでに支持を勝ち得た社会主義運動で、完全な平等を掲げたものは一つもない。社会主義が約束してきたのは、絶対的な平等ではなく、いまよりは平等な分配だけである。つまり彼らが本気でめざしているのは、絶対的な意味での平等ではなく、あくまで「いまより平等」であることに過ぎない。

両者はひどく似ているように聞こえるが、当面の問題に関する限り、完全に別物である。絶対的な平等をめざすなら、計画当局のやるべきことははっきり決まる。だがいまより平等であることをめざすのは、単なる現状否定であり、現状ではいやだということに過ぎない。完全な平等をめざすことが望ましいとは言い切れない限り、計画当局が決めるべき問題のどれにも答はほとんど出ないことになる。

これはけっして屁理屈ではない。使われている言葉が似ているせいで覆い隠されているが、いま直面しているのは重大な問題である。完全な平等に同意すれば、計画当局が下すべき価値判断は万事片がつくが、いまより平等に近づくというだけなら、現実には何の解決にもならない。「いまより平等」は「公共の利益」や「社会の幸福」に劣らず具体性がない。いまより平等をめざすなら、やはり特定の個人や集団の相対的な価値を決めなければならず、その決定はいっこうに容易にならない。「いまより平等」が意味するのは、金持ちからもっと搾り取れということだけだ。それをどう分けるかということになると、結局は何も答は出ない。

＊＊＊＊＊

いまの競争経済よりいくらかなりとも広く満足を行き渡らせるような価値基準は、ないのである。このことを、大方の人は認めがたく感じているようだ。「公正価格」や「適正賃金」というものは存在するはずではないか。人間の公平の感覚は信頼してよいのではないか。だからいまのところは個別のケースで何が正しく何が公平かについて意見が一致しないことがあるとしても、人々の理想が実現される機会さえあれば、大勢の意見は一つになって、確固たる基準が形成されるのではないか、云々。

残念ながら、それはほとんど根拠のない希望だと言わざるを得ない。いまある価値基準は、従来の競争体制から導き出されたものであり、競争が打ち切られれば、必然的にただちに消滅する。いま公正価格や適正賃金と呼んでいるものは、慣習的に定められた価格・賃金か、過去の経験から期待される対価か、独占企業による搾取のないところで存在し得る価格・賃金のいずれかにほかならないからだ。唯一重要な例外は、「労働全収権」という理念である。これは、労働者は労働生産物の全部を取得する権利をもつという考え方で、社会主義構想の多くはここに原点がある。だがいまとなっては、各産業の生産高を全部その産業の労働者で分け合うべきだと考える社会主義者はほとんどいない。このやり方では、多くの資本を使う産業ほど労働者の分け前が増えることになり、社会主義者から見てもあまりに不公平と映るからだ。そこで、いまではこの労働全収権という概念は、事実の誤った解釈に基づいているとの見方が一般的になっている。ところが、労働者一人ひとりが「自分の」生産した分を全部はもらえないことになり、資本がもたらす利益の合計をすべての労働者で分け合うとなると、どうやって分けるかという問題が再び持ち上がってくる。

ある品物の「公正価格」だとか、あるサービスに対する「適正賃金」というものは、その品物なりサービスなりの必要量を個別に決定できるなら、客観的に設定することは可能かもしれない。そのためのコストはここでは問わないことにして、仮に必要量が判明したならば、その供給を確保できるような価格や賃金を計画当局が計算することはできるだろう。だが実際には計画当局は、まず生産量を決め、それに基づいて公正価格や適正賃金を決めるのである。建築家や時計職人を減らそうということになり、彼らの報酬を引き下げ、それでもなおその職業にとどまる者で需要は十分賄えると当局が判断すれば、建築家や時計職人の「適正」賃金は下がることになる。さまざまな経済目標の相対的な重要性を決定するということは、さまざまな集団や人間の相対的な重要性を決定することである。人間をただの手段として扱うことをよしとしないなら、計画当局は自らの決定がおよぼす影響をよくわきまえ、目標の調整を慎重に行わなければならない。だがそれは結局、計画当局が人々の生活条件を直接支配することになる。

このことは、職業集団だけでなく個人の処遇についても当てはまる。ある業種やある職業の賃金はまずまず同じようなものだと考えがちだが、けっしてそうではない。成功者と失敗者の所得格差は、医者、建築家、作家、俳優、ボクサー、騎手はもちろんのこと、配管工、庭師、乾物屋、仕立屋といった職業でもきわめて大きく、有産階級と無産階級の格差に匹敵するほどである。計画当局は等級の設定などにより所得の標準化を試みることだろうが、個人の所得を決めるにせよ、等級別の所得を決めるにせよ、結局は当局が選り分けることになる。

自由な社会で暮らす人々がそのような支配を甘んじて受ける可能性や、そのように支配されてなお自由である可能性については、このうえ語る必要はあるまい。この問題に関してジョン・スチュアート・ミルが百年以上前に述べたことは、いまなお真実である。

「平等の原則のようにすでに確立された原則は、黙認されるだろう。偶然や外的要因もそうだ。だが一握りの人間が万人を天秤にかけ、自分たちの好みや考えだけで、ある者には多く、ある者には少なく与えるとしたら、それは耐えがたい――それをするのが人間を超越し、この世のものでない恐怖に裏付けられた存在でない限りは＊」

＊＊＊＊＊

社会主義が少数の同質な集団内の願望にとどまる限りは、これらの問題は必ずしも表面化しない。問題が浮上するのは、社会主義政策が国民の過半数の支持を得て実際に施行されようとするときだ。過半数と言っても、それを形成するのは多種多様ないくつもの集団である。ここでにわかに、どの理想や目標を国民に強要し、国家が保有する資源をそれに充当するか、ということが大きな問題として浮上する。計画経済をうまくやるには、基本的な価値判断について国民の合意を形成しなければならない。かくして物質面での自由の問題は、結局は精神面の自由の問題に直結することになる。

＊ John Stuart Mill, *Principles of Political Economy* (J. W. Parker, 1848) Bk. 2, Chapter 1, par. 4, p.213.（邦訳『経済学原理』岩波文庫）

全体主義を生んだ元凶である社会主義の信奉者たちは、この問題を教育で解決しようとしてきた。だが彼らの言う教育とは、何を意味するのだろう。知識を得たからと言って新たな倫理観や価値観が身につくわけではないことは、誰でも知っている。つまりいくら勉強したところで、あらゆる人の社会的位置付けを意図的に命じようとするときに持ち上がる価値判断に関して、万人が同じ考えを持つようになるはずがない。ある計画を正しいと思わせるために必要なのは、合理的な説得ではなく、信じ込ませることだ。そして自分たちの仕事は共通の世界観を受け入れさせることだと最初に気づいたのは、どの国でも、まさに社会主義者だったのである。単一の世界観に基づく大衆運動を主導しようとした社会主義者たちこそ、のちにナチスやファシストが活用した大衆教化手法を最初に編み出した張本人である。

ナチスやファシストは新しく発明する必要はほとんどなかった。ドイツでもイタリアでも、社会主義者が新しい政治運動を導入し、それが生活のあらゆる面に浸透していたからだ。ゆりかごから墓場まで、個人のあらゆる活動を支援する政党。何事につけ個人の考えを指導することを謳う政党。あらゆる問題を党の世界観に帰着させる政党……。こうした政党の概念を最初に実行に移したのは、誰あろう、社会主義者なのである。オーストリアのある社会主義者は、自国の社会主義運動について、誇らしげに次のように書いている。「その際立った特徴は、労働者と被用者のどの活動領域にも専用の組織を設けたことである」[*]。たしかにオーストリアの社会主義はこの点で他国より多少進んでいたのかもしれないが、状況はどこも似たり寄ったりだった。子供を小さいうちから政治組織に入れてよきプロレタリアに育てることを始めたのは、ファシストではなく社会主義者だった。党のクラブとしてサッカーやハイキングなどスポーツや娯楽の組織を発足させ、党員が他の思想に染まらないようにしようと考えついたのも、ファシストではなく社会主義者だった。党員は互いに特別な挨拶や呼び名を使って一般人と区別することを最初に言い出したのも、社会主義者である。「細胞」と呼ばれる組織をつくって個人の私生活を常時監視し、全体主義の原型を用意したのも、社会主義者である。バリッラ（イタリアファシスト党の青年活動組織）、ヒトラーユーゲント（ナチス党の青少年教化組織）、ドーポラボーロ（イタリアの全国余暇事業団）、歓喜力行団（ドイツの国民余暇組織）といった組織や制服や軍隊風の規律はどれも、すでにあった社会主義組織の物まねにすぎない[**]。

＊＊＊＊＊

* Georg Wieser, Ein Staat Stirbt, *Oesterreich 1934-1938* (Internationale Verlags-Anstalt, 1938), p.41.
** イギリスの政治的「読書会」も同類であって、その影響力は小さくない。

ある国の社会主義運動が、特定集団(多くは熟練労働者)の権益と結びついている場合には、社会の構成員の地位や役割に関して共通の合意を形成するのはさほどむずかしくない。というのもこの場合の社会主義運動は、要するにこの集団のためのものであって、彼らの地位を他の集団より押し上げることが目的だからである。だが社会主義体制へと前進する過程で、問題の性質は変化する。自分の所得や全般的な地位が国家の強権によって決められること、自分の地位を維持・向上したかったら、自分に有利になるよう国家に対して影響力を行使しうる集団のメンバーになるしかないことが、誰の目にも次第にあきらかになるのである。こうして、さまざまな圧力団体が出現して勢力争いをすることになる。このとき、最も数は多いが最も貧しい集団の利益が優先されるとは限らない。また、特定集団の権益を公然と代表してきた既存の社会主義政党は、最も歴史が古く、イデオロギーのそもそもの設計者であって、工場労働者の支持を得てきたのではあるが、それは必ずしも有利には働かない。むしろ社会主義政党が勢力を伸長し、自分たちの信条を押し付けようとすればするほど、強力な反発を招くことは必至である。反発するのは資本家ではなく、多数の無産階級の人々だ。高度な技能を備えたエリート労働者の台頭で、自分たちの相対的な地位が脅かされていることに気づいた人たちである。

社会主義は、たとえマルクス主義のドグマに影響されていなくとも、理論面でも戦術面でもつねに社会を資本家階級と労働者階級に二分し、両者の利害は対立するとみなす。社会主義理論は、旧来の中産階級は急速に姿を消すと見込んでいたものの、新しい中産階級の出現は想定していなかった。この新しい中産階級を形成するのは、事務員、タイピスト、管理職、教師、店員、下級公務員、専門職の助手といった人々である。一時期、この階級は多くの労働運動指導者を輩出した。だが、自分たちの地位が工場労働者よりも劣ることがはっきりしてくると、社会主義の理想は魅力を失う。新しい中産階級は、一様に資本主義体制を嫌悪し、彼らにとって公正な富の分配を求めている点で社会主義者だと言えるのではあるが、その思想は、旧来の社会主義政党が掲げるものとはずいぶんちがうものになった。

旧来の社会主義政党は、特定の職業集団の経済的地位を引き上げることを約束して支持をとりつけてきたが、このやり方では、その集団以外の支持を勝ち得ることはできない。相対的地位が低下する他の集団の支持を得て対抗する一派が必ず出現することになる。「ナチズムと国家社会主義は中産階級の社会主義である」という言葉をよく耳にするが、これはかなり当たっていると言えよう。ただしイタリアやドイツでこの種の運動を支持していたのは、経済的にはもはや中産階級から転落しかかった人々だった。結局のところ、これは、労働運動が生み出した労働貴族に対抗する非特権階級の反乱という色彩が強い。その動機が、いかなる経済的要因にも増して妬みだったことは、まずまちがいない。うだつの上がらない専門職従事者たち、すなわち大学を出た技術者や弁護士といったいわゆる「ホワイトカラー」たちが、機関士や植字工など強力な組合のメンバーに対して抱く妬みである。なにしろ後者は前者の数倍の賃金を得ていた。また、初期のナチス運動の平均的な平党員が、平均的な組合運動家や旧来の社会主義政党の党員より所得が低かったことも、確実である。彼らの多くは、かつては羽振りがよく、過ぎし日の名残をとどめた環境で暮らしているだけに、状況は一段と痛ましい。イタリアでファシズムが台頭したときに「逆階級闘争」と言われたが、この言葉はファシスト運動の核心を突いていたと言えよう。ファシストあるいは国家社会主義と旧社会主義政党との闘争は、要は敵対する社会主義派閥同士に必ず起きる類いの衝突とみなすべきである。個人の社会的位置付けを決めるのが国家の意志であるとする点で、両者の間にちがいはなかった。だが、どの階級、どの集団にどんな地位を与えるかについては両者には深い溝があり、それはこの先も埋まることはあるまい。

＊＊＊＊＊

旧社会主義政党の指導者たちは、社会主義体制へと向かう大きなうねりの中で先頭を走っていると自任していた。だから、自分たちのやり方を推し進めるにつれて、多くの貧困層から怨嗟の声が上がるのはなぜなのか、理解できなかった。だが旧社会主義政党にせよ、特定産業の組織労働者にせよ、その産業の経営者とは協約を取り交わし、結果的にそれ以外の多数の労働者を置き去りにしているのである。置き去りにされた労働者が、労働運動の恩恵を受けている連中は搾取する側であってされる側ではないとみなすのも、けだし当然と言えよう。*

こうした下位中産階級の不満を察知したファシズムや国家社会主義は、支持者の多くをこの階層から取り込んでいる。下位中産階級は教育や訓練を受けているだけに、人の上に立ちたい、その資格は十分にあると考えており、なおのこと不満を募らせていたからだ。この階級の若年世代は、社会主義的な教育を通じて利潤追求に対する軽蔑を植えつけられており、またリスクを伴う一匹狼を嫌う傾向から、安定した勤め人を希望する者がかつてなく多かった。彼ら

* 社会主義に与する知識人としてヨーロッパのオピニオンリーダーだったヘンドリック・ド・マン（持論の理論的発展の帰結として最後はナチスを容認した）が次のように指摘したのは、すでに一二年前のことである。「社会主義の誕生後初めて、反資本主義の気運が社会主義運動とも対立するようになった」（*Sozialismus und National-Fazismus* (A. Protte, 1931), p.6)。

は、自分たちの受けた教育からすれば当然だとして、高い給与と大きな権限を要求した。つまり組織社会は結構だが、工場労働者が支配するような社会で用意される地位には満足できない、というわけである。ファシズムや国家社会主義といった新種の社会主義は、旧社会主義の手法を踏襲しつつ、従来とはちがう階級の地位向上にそれを活用した。経済活動を国家が管理することには賛成だが、労働運動の恩恵を被っている連中が政治的影響力を行使することにも、その目的にも断じて賛成できないという人々を、ことごとく取り込んでいったのである。

この新手の社会主義運動は、出発点から戦術的に有利な立場にあった。労働者社会主義とも呼ぶべき旧社会主義は、民主主義と自由を掲げる社会で誕生し、周囲の状況に戦術を適応させながら、自由主義の理念の多くを引き継いだ。プロセスはどうあろうと、ともかくも社会主義さえ確立すれば問題はすべて解決すると信じていたからだ。これに対してファシズムと国家社会主義は、政府による管理統制が進行し、社会主義と民主主義は両立不能であることが判明する中で生まれている。だから、すでに社会主義政策が講じられ、それが問題を引き起こす中で戦術を編み出すことになった。ファシストも国家社会主義者も、民主的な解決が可能だという幻想は抱いていなかった。民主的な手続きでは、合理的に期待できる以上の人数から合意を取り付けなければならないからである。計画経済を実現するとなれば、個人や集団の要求に相対的な優先順位をつけなければならないが、そんなことを論理的に決められるはずがない。だからといって平等の原則に従えば解決できるといった幻想も、彼らは抱いていなかった。彼らの目論みは、こうだ。旧社会主義が平等の公約とは裏腹に特定階級の権益だけを強化したことに、不満を募らせている人たちがいる。この連中を取り込むには、新しい階級社会を掲げて賛同者を集め、不満を抱えた階級にあからさまに特権を約束すればいい。要するに新種の社会主義が成功したのは、支持者への特権供与の公約を正当化できるような理論つまりは世界観を示すことができたからだった。

9

第9章
保障と自由

Security and Freedom

社会は全体として一つのオフィス、一つの工場となり、労働も報酬も平等になる。

――レーニン、一九一七年[1]

唯一の雇い主が国家であるような国では、反抗すればやがて飢えて死ぬことになる。
「働かざる者食うべからず」という昔の格言は、いまや新しい格言に置き換えられている。
それは「従わざる者食うべからず」である。

――トロツキー、一九三七年[2]

1 “The State and Revolution: The Marxist Theory of the State and the Tasks of the Proletariat in the Revolution”. *The Lenin Anthology* (Norton, 1975) に収録されている。（邦訳『国家と革命』講談社学術文庫）

2 Leon Trotsky, *The Revolution Betrayed: What Is the Soviet Union and Where Is It Going?* (Doubleday, Doran & Company, 1937), p.283.（邦訳『裏切られた革命』岩波文庫）

経済的保障は真の自由の必須条件であるとよく言われる。これは「経済的自由」が真の自由の必須条件だという誤った主張とよく似ているが、それよりはすこしましだと言えよう。というのもある意味で、これは正しいし、重要でもあるからだ。精神の自立や強い意志といったものは、自分の力で食べていけると確信できない状況ではめったに生まれない。とはいえ、経済的保障という言葉は、この分野の通例として、じつに曖昧で漠然としている。この曖昧さゆえに、経済的保障の要求を全面的に認めると、自由を脅かすことになりかねない。あとで説明する絶対的な意味での保障を全面的に実現しようとしたら、自由の可能性を高めるどころか、甚だしく妨げることになる。

最初に、保障には二種類あることを指摘しておこう。一つは限定的保障である。こちらはすべての人に実現することが可能だ。したがって特権ではなく、当然期待すべきものである。いま一つは絶対的保障である。こちらは、自由主義社会では全員に実現することはできないし、特権として与えるべきものでもない（裁判官など、完全な独立性が必須であるような特殊例は除く）。限定的保障とは、深刻な物質的困窮から守るもので、全員に最低限の生活を保障する。絶対的保障とは、一定の生活水準の保障を意味する。すなわち個人または集団の序列に応じた生活水準を保障する。かんたんに言えば、第一の保障は最低所得保障、第二の保障は各人にふさわしいとされる個別所得保障である。以下で論じるように、両者のちがいは、市場経済を補うために外部から提供される保障と、市場を管理または破壊して一部の人にだけ与えられる保障のちがいにおおむね一致する。

現在の先進国のようにゆたかな社会であれば、広い意味の自由を損なうことなく、第一の保障を全員に行き渡らせることは十分に可能である。ただし、どの程度の保障をすべきかを決めるのはむずかしい。とりわけ厄介なのは、このようにして社会に依存する人々が、自立した人々と同じだけの自由を無条件に享受してよいのか、という問題である。* これらは慎重に扱わないと、重大な、さらには危険な政治問題になりかねない。それでも、健康と働く能力を維持するだけの最低限の衣食住を全員に保障できることに疑いの余地はない。現にイギリスでは、多くの人々がずいぶん前からこうした保障を受けている。

また、労働災害など誰もが被る恐れのある人命の危険に対しても、政府が支援を提供すべきである。こうした危険は不確実であり、個人では十分に備えができない。病気や事故もそうだが、たとえ国家の支援があるとしても、やはり人間は災難を防ごうとするし、怪我などすれば立ち直ろうとする。このような真に附保可能なリスクに関する限り、社会保険の包括的な制度を用意すべきだという主張はもっともである。もっとも、こまかい点に関しては、競争体制の維持を望む人とそうでない人とでは意見が一致しないだろう。社会保険の名の下に、競争の効果を弱めるような政策が導入される可能性もなしとしない。だが原則的には、このような方面での国家による保障の拡大と個人の自由の維持とは十分に両立可能である。ここには、地震や洪水といった天災の被害者に対する国家の補助も含まれる。個人の力では自衛も備えもできないような災害に対して社会が対策を講じられるなら、ぜひともそうすべきである。

そして、経済の浮き沈みとそれに伴う大量の失業への対応という問題がある。これはたし

＊　ある国の市民だというだけで他国の市民より高い生活水準を享受する権利を得るとすれば、他国との関係にも重大な影響がおよぶだろう。これは軽々に扱ってよい問題ではない。

かに重要な問題であり、とりわけ現在の喫緊の課題であることは改めて言うまでもない。この問題の解決にはいい意味での計画が大いに必要だが、しかし計画論者が主張するように、市場に取って代わるような計画経済を導入すべき理由はないし、その必要もない。経済学者の多くが解決の決め手とみているのは、金融政策だ。金融政策なら、一九世紀型の自由主義とも十分に両立しうる。一方、大規模な公共事業をタイミングよく実施することだけが唯一の解決策だと考える向きもある。こうした政策は競争を大幅に阻害する可能性があり、もし導入するのであれば、経済活動全体が次第に政府の方針と予算規模に依存する事態にならないよう、慎重に見守る必要がある。不況と失業は経済的保障にとって大きな課題であるが、公共事業に依存する景気刺激策だけが解決策ではないし、有望な策ですらない。いずれにせよ、景気変動に対策が必要だとしても、それが自由を脅かすような計画経済でないことはたしかである。

＊＊＊＊＊

知らないうちに自由を脅かすようなこうした保障を計画するのは、最低所得保障とは異なる種類の保障を計画することであり、それは多くの場合、所得の減少と生活苦を強いるような損失から個人や集団を守る計画となる。たしかに所得が減るのはいやなことだが、競争社会では日常的に起こりうることだし、損失は心情的には納得しがたいが、競争経済にはつきものでもある。この種の保障を要求するのは、正当な報酬と称して、個人の労力の客観的成果に対する報酬ではなく、主観的価値に対する報酬を要求することにほかならない。このような保障あるいは正義は、職業選択の自由と相容れないように思われる。

職業別の就労者の分布が個人の選択によって決まる社会では、それぞれの仕事の対価は、当人の主観的価値はどうあれ、社会の他の構成員にとっての有用性に対応していることが必要である。だいたいにおいて仕事の成果ひいては対価は、当人の努力と意欲に見合うものだが、必ずそうなるとは限らない。どんな体制の社会であっても、である。その端的な例が、予測不能な状況の変化によって、ある仕事あるスキルが不要になるケースだ。ある種の発明が社会の大多数の人に大きな利益をもたらす一方で、長年の鍛錬を通じて磨かれたスキルが突然無価値になる悲劇はめずらしくない。ここ百年ほどはそうした事例が掃いて捨てるほど見受けられ、中には数十万人が打撃を受けるケースもあった。

当人に落ち度がないにもかかわらず、腕のよい勤勉な労働者の所得が激減したり、将来に希望が持てなくなったりするのは、正義の感覚からすれば許しがたい。こうして苦境に追い込まれた人々が、国家に介入を求め、暗い見通しから救ってもらおうとすれば、世間が同情し支持するのも、もっともと言えよう。しかしこのような支持を得て政府が行動を起こした場合には、どの国であれ、深刻な生活苦に直面した人々を救うだけで終わっていない。この人たちに以前と同じ所得を保障し、市場の変化から守ってやる措置まで講じられている。*

だが職業選択の自由を認める限り、何らかの水準の所得を全員に保障することはできない。誰かにそれを保障すれば、その保障は他の人を犠牲にした特権ということになり、割を喰った人々の所得保障は必然的に減る。このような定額所得保障が、職業選択の自由を廃止しない限り実現できないことはあきらかだ。もっとも、この種の全面的な保障を理想に掲げた例はあまたあっても、本気で実現をめざした例はない。実際にのべつ行われているのは、保障を細切れにして、こちらからあちらに移すようなやり方である。その結果、恩恵に与らなかった集団の所得は一段と不安定になる。こうして所得保障の特権がますます羨望の的になり、誰もが争って獲得しようとし、ついには自由を犠牲にしても惜しくはないとまで思い詰めるのも、けだし当然と言えよう。

*****

自分では如何ともしがたい予測不能な状況変化の結果としてお払い箱になった人々が「不当」な不利益から守られ、同じ変化の結果として需要の高まった人々が「不相応」な利益から遮断されるとすれば、もはや賃金や報酬は、社会にとっての実際の有用性とは連動しなくなる。それを決めるのは、当局だ——この能力を身につけるべきだったか、あの事態を予測すべきだったか、善意の結果なのか、等々を当局が判断して決めるわけである。これでは、決定がひどく恣意的になることは避けられない。このやり方では、同じ働きぶりの人の報酬がちがってくる事態も十分に起こりうる。となれば報酬のちがいは、社会的に望ましい変化を促す適切な誘因ではなくなってしまう。また、変化の影響を被る人たちからすれば、苦痛を忍んでも適応する価値のある変化なのかどうかを判断できなくなる、という弊害もある。

どんな社会でも、職業別の就労者の分布はつねに変化する。だがその変化が起こるべきときに、金銭的な「賞罰」(言うまでもなく、ここには倫理的な意味合いはない)によって促されないとなれば、直接の命令によって人を動かすほかはない。政府が所得を保障する状況では、好

* ウィリアム・ハロルド・ハット教授は、自由主義社会でこうした窮乏を緩和する方法について、近著の中で興味深い指摘を行っている。これは注意深く検討するに値しよう(W.H.Hutt, *Plan for Reconstruction: A Project for Victory in War and Peace* (Kegan Paul, Trench, Trubner and Co., 1943)。

きだからと言ってその仕事にとどまることは許されないし、あちらがいいからと言って他の仕事を選ぶことも許されない。そもそも転職しようとしまいと、損も得もないのである。だから状況変化に対応して労働者を動かすのは、所得分配を仕切る政府の役割ということになる。

人を動かす適切な誘因が論題に上るときは、だいたいにおいてやる気を引き出すことが問題にされる。もちろんそれも重要だが、すべてではないし、いちばん重要とも言えない。能力を最大限に発揮させたいなら、それにふさわしい見返りを用意すればよい、というだけの話ではないからだ。もっと重要なのは、職業選択の自由を保障したいなら、つまり誰もが自分で判断できるようにしたいなら、個々の職業の社会的有用性を表す何かしら合理的でわかりやすいものさしが必要だということである。どれほどやる気のある人でも、あまたある職業の利点を社会的有用性とは無関係に説明されたら、どれを選べばいいか理性的に判断することはできまい。技術革新など何らかの変化が起き、慣れ親しんだ仕事を捨てざるを得なくなったとき、ではどんな仕事を次に選べばいいのか。それを判断するためには、社会における職業の相対的な価値がどう変わったかを知る必要がある。そしてその相対的な価値を示すのが、まさに賃金や報酬である。

今日の世界では、直接自分の利益にならない限り、長期にわたって全精力を投じようという人はまずいないのだから、この点はなおのこと重要である。すくなくとも大多数の人は、何らかの外的な圧力がかからない限り、全力を尽くそうとはしない。この意味で、労働でも、管理的な仕事でも、意欲を高めるような誘因の持つ意味は大きい。計画経済の導入は国家に工学技術を応用することにほかならないが、この分野の経験豊富なアメリカのある技術者は、「それに伴って解決困難な規律の問題が生じる」と述べている。この技術者の明晰な説明を引用しよう。

「工学技術をうまく応用するためには、その周辺に計画されない経済活動を行う領域が拡がっていなければならない。そこから労働者を引き抜くことができるし、解雇され賃金をもらえなくなった労働者はそこに戻っていける。それなしに規律を維持しようとすれば、肉体的懲罰に頼るほかないが、それでは奴隷と変わらない」*。

管理職が過失を犯した場合の罰は、労働者とはちがう形をとるにしても、ことの重大さは劣らない。「競争経済で最後の手段は差し押さえだが、計画経済の究極の制裁は縛り首だ」という言葉はじつに的を射ている**。なるほど計画経済でも、工場長には大きな権限が与えられる

* David. C. Coyle, "The Twilight of National Planning," *Harpers' Magazine*, no. 1025, October 1935, p.558.

** Wilhelm Roepke, *Die Gesellschaftskrisis der Gegenwart* (E. Rentsch, 1942), p.172.

だろう。だが労働者の場合と同様、その地位も所得も、任された仕事の出来具合で決まるのではない。利益もリスクも工場長がとるわけではないから、彼自身の判断力は評価の対象にはなり得ない。決められたルール通りに決められたことをやったかどうかということが、決め手になる。防ぐ「べき」だったミスは、彼個人の失敗では済まされない。それは社会に対する犯罪であり、そのように扱われる。客観的に評価可能な職務を着実に果たしている限り、資本主義経済における企業家よりも所得は安泰だろう。しかし重大な失策を犯したときの罰は、破産よりおぞましい。上層部を満足させている間は経済的保証が得られるとしても、その保障は、自由と生命の安全と引き換えなのである。

ここに見られる対比は、相容れない二つの社会体制の根本的なちがいを表している。この二つは、その表面的な特徴から、産業型社会と軍事型社会と呼ばれることが多い。だがこの呼び名が付けられたのは不幸なことだった。本質的でないことに注意を引き、いま直面しているのが究極の二者択一であって、第三の選択肢がないということをわかりにくくしてしまうからだ。実際には、選択とリスクの両方が個人に委ねられる社会か、両方とも個人から切り離された社会か、という二者択一なのである。たしかに軍隊は多くの点で後者に似ているように見える。軍隊では仕事も人員も指揮官から割り当てられ、物資が乏しくなれば全員が窮乏を耐え忍ぶ。そういうシステムの下で初めて、個人に対する完全な経済的保障は成り立つ。だからこれを社会全体に拡張すれば、国民全員に保障を与えることは可能ではあるだろう。しかしこの保障は自由の制限を伴うし、軍隊組織の階級秩序とも切り離すことができない。所詮は兵舎の保障である。

もちろん、自由主義社会の一部に軍隊流の組織を導入することは可能だし、自由が制限された生活様式を選びたい人がそこに参加する自由を制限すべき理由はない。実際のところ、志願者による軍隊式の労働奉仕といったものは、国家が就労の機会を提供し、最低所得を保障する最善の方法と言えるかもしれない。過去にこの種の提案が退けられてきたのは、保障と自由を引き換えにしてもよいと考える人々が、そう考えない人々まで自由を放棄すべきだと主張してきたからである。このような主張は正当とは言いがたい。

とはいえ、私たちが知っている軍隊組織をもとにして、それが社会全体に拡張されたらどんなふうになるのかを思い描くのは容易ではない。社会の一部として軍隊が組織されているだけなら、そこに属す人間の自由は、絶対的に制約されるわけではない。いやになったら自由な世界に戻ってくればいいからだ。多くの社会主義者を魅了してきた理想に従って、社会全体が一つの巨大工場として組織された場合にどうなるかを知りたいなら、古代スパルタを想像すればよい。でなければ、現代のドイツだ。ドイツは二、三世代にわたってこの方向に進み続け、いまや社会主義者の理想に限りなく近づいている。

＊＊＊＊＊

自由に慣れ親しんだ社会では、自由を捨ててまで経済的保障を得ようとする人は多くないだろう。だがいまや多くの国で、保障という特権をこちらの集団から取り上げてあちらの集団に与えるといった政策が推進されており、自由の尊重を投げ捨ててまで、その特権の獲得を熱望する状況になっている。というのも、ある集団に全面的な所得保障を与えれば、残りの人たちは必然的に保障のない不安定な状態に置かれるからだ。国民所得はつねに変動するものである。その国民所得のようなケーキがあるとして、そこからつねに同じ大きさの一切れを特定の集団に与えていたら、残りの人たちの取り分は、変動の影響をもろに被ることになる。仮にケーキが一〇％小さくなったら、取り分は一〇％以上減ってしまう。競争社会では、機会の多様性が保障の役割を果たしているが、このように特権的保障が横行する社会では、機会の多様性は次第に失われていく。

市場経済の中で特定集団に所得保障を与える唯一の方法は、規制という名の計画を導入することである（現在進行中の計画は、ほぼ全部これに該当する）。「管理」と称する参入規制を通じた産出制限によって、価格ひいては利益を「適切」な水準に維持することによってのみ、市場経済において生産者に一定所得を保証することができる。だがそうなれば必然的に、それ以外の人の機会は減ってしまう。生産者が、企業であれ労働者であれ、安値の新規参入者から保護されるとなれば、保護された産業の利益は相対的に増え、割を喰った人はその恩恵に与ることができない。このように、参入規制は締め出された人の取り分を必ず減らす。こうした形で所得保障を受ける人が増えるほど、しわ寄せを受けた人々の機会は狭まり、従って収入減を回避するチャンスも減ってしまう。いま現実に広く行われているのは、繁栄を謳歌する業界で新規参入の阻止を認めることだ。その業界が有利な立場を最大限活かして賃金の引き上げあるいは利益拡大を実現するためだが、これが許されるようだと、需要が落ち込んだ業界で働く人々は行き場を失ってしまう。こうして、経済環境に何らかの変化が起きるたびに大量の失業が発生することになる。大勢の人々が失業と生活不安に苦しめられるようになったのは、ここ数十年ほど、多くの産業が参入規制を認めさせようと奔走した結果だということは確実である。

イギリスでは、こうした規制、とりわけ中流層に影響をおよぼす規制が重大視されるようになったのは比較的最近に過ぎず、しかも行き着く先がどうなるかを理解している人は、まだほとんどいない。次第に硬直化する社会で保護産業から取り残された人々の絶望。幸運にも競争から保護された仕事にありつき、仕事のない人にすこしばかりの余地さえ与える必要がない人々との途方もない格差。そうしたものは、実際に経験した人でないとわからない。だからといって、席を譲れと幸運な人たちに言いたいのではない。不況のときには所得が減ることをともに分かち合おう、いやせめて、所得が増えない事態を受け入れよう、と言いたいだけである。保護された産業で働く人々が当然の権利と考えている「生活水準」や「公正価格」や「勤労所得」の保障は、国家から支援を受けている。このような特権的な保障の存在は、分かち合いの芽を摘んでしまう。こうして、何らかの変化に対して価格や賃金や所得で調整するのではなく、雇用と生産で調整する事態となっている。これは、競争の「規制」のおかげで強い立場にいる生産者集団が、幸運に恵まれなかった弱い立場の生産者集団を搾取しているのである。これほど残酷な階級搾取は過去に例がない。ある特定の価格（または賃金）の「安定化」という理想は、一部の人の所得を保障する一方でそれ以外の人々の立場を一段と不安定するのだから、きわめて有害な理想と言わねばならない。

こうして、市場経済に介入して手厚い保障を提供しようとするほど、経済は不安定になる。そのうえ、特権として保障を与えられた人と、特権を得られずに不安定な立場に追い込まれる人との格差は一段と大きくなる。保障が特権と化すにつれて、そこから排除されたときの危険はいっそう大きく、保障の価値はいっそう高くなるからだ。うまく特権を手に入れた人の数が増え、持てる者と持たざる者との格差が拡大するとともに、まったく新しい社会観が姿を現す。階級や社会的地位を左右するのは、もはや自らの努力ではなくて政府による保障である。若者が結婚しようと決意するのは、自分でやっていける自信がついたときではなく、年金を受け取る権利を得たときだ。若いときに特権的産業で職にありつけなかった人たちは、脱落者として一生を送らなければならない。

＊＊＊＊＊

政府が容認または後押しした規制を通じて経済的保障を実現する試みが広く推進されるにつれて、社会は次第に様変わりしてきた。ここでもドイツが先鞭をつけ、他の国々が追随している。この流れを一段と加速させているのが、社会主義教育のもう一つの効果だ。それは、経済的リスクを伴う活動に対するあからさまな軽蔑であり、利潤を道徳的な悪とする見方である。

リスクを価値あるものにするのは利潤だが、それは結局一握りの者しか手にできないことが悪いという。いまの若者が、リスクをとって事業を興すより安定した勤め人になりたいと言うのを咎めることはできない。彼らはごく若いうちから、そのほうが社会的に上だし、他人様の役にも立つし、強欲とも無縁だと言い聞かされて育ったのだから。そのうえ、利益追求企業はあくどいとか、儲けるのは恥ずかしい、などと学校や新聞で吹き込まれ、百人を雇うのは搾取だが、百人に命令するのは名誉だと教えられてきたのである。それは誇張だと古い世代の人々は感じるかもしれない。だが大学教師としての日頃の経験から、資本主義を敵視するプロパガンダの結果、制度の変革に先駆けて価値観はすでに確実に変わったと実感する。イギリスではまだ制度が変わるにはいたっていないものの、今後新たな要求に応えて制度改革が断行される場合には、大切にしている価値観まで意図せず破壊してしまうことがないとも限らない。

経済的自立よりも経済的保障のほうを重んじるような社会の構造変化とはどういうものか。それを理解するには、二〇年ほど前までよく言われたイギリス型社会とドイツ型社会を比較してみるのが一番である。イギリス人はドイツ社会を「軍隊のようだ」と感じている。たしかにドイツでは軍部の影響が大きいが、ドイツ社会の性格がそれに由来すると考えるのは大きなまちがいだ。両国のちがいはもっと根が深く、ドイツ社会に固有の性格は、軍の影響を強く受けた集団だけでなく、そうでない集団にも見受けられる。ドイツでは、ほとんどの時代に他国より多くの人が戦時体制に動員されてきたことは事実だが、それがドイツ社会特有の性格を形成したわけではない。それよりも、戦争以外の目的の下でも軍隊型の組織が活用されてきたことが大きな原因である。ドイツでは他国以上に市民生活の多くの要素が上層部によって巧妙に組織されており、市民の大部分が、自立した生活者というよりも政府から任命された公務員だと自分を位置づけている。このことが、ドイツ社会の構造に固有の性格を与えた。ドイツ人自身が誇らしげに語るように、ドイツは長らく官僚国家だったのであり、厳密な意味での公務員だけでなく、市民の大半が所得も地位も上層部から割り当てられ、保障されてきたのである。

どの国であれ、自由の精神が力ずくで根絶やしにされることがあり得るとは思えない。だが、ドイツのように自由の精神がゆっくりと窒息死させられていく過程に誰もが頑強に抵抗できるかということになると、甚だ心許ない。国家から俸給をもらう公務員になることだけが名誉と地位を手にするほぼ唯一の道になったら。自分を活かせる分野を選びとるより、割り当てられた義務をこなすほうが立派だと評価されるようになったら。公的な階層の中でしかるべき地位を得られない試みや、安定所得の権利を獲得できない仕事は、すべて見下され、外聞が悪いとされたら。そうなったとき、多くの人がそれでもなお保障より自由を選ぶと期待すべきではあるまい。国家に依存して保障を得る道を選ばないとすれば、もうほかにはひどく不安定な仕事しかない。その仕事に失敗すればもちろん、成功しても軽蔑されるとなったら、保障を捨ててまで自由を選ぶ人はごくごくわずかだろう。それどころか、事態がそこまで進行したら、自由を選ぶのはほとんどばかげた行為になってしまう。この世で手に入るよきものをほぼ全部諦めない限り、自由を確保することはできないからだ。こうなったら、経済的保障なき自由は「持つに値しない」とばかり、さっさと自由を投げ捨てて保障を得ようとする人が増えてもふしぎではない。それにしても、このイギリスでハロルド・ラスキのような主張を見かけるとなると、不安を覚えずにはいられない。彼の主張は、ドイツ人に自由より保障を選ぶよう促すうえでおそらく最も影響のあった主張に、ぴたりと一致するのである。*

深刻な貧困に適切な保障を提供することは当然であるし、見当違いの努力とそれに伴う落胆をできるだけ生じさせないようにすることも、政策の主目的の一つとしてよいだろう。だがそうした政策が成果を上げ、かつ個人の自由を侵害しないためには、保障を市場の外で提供し、競争が阻害されないようにしなければならない。とはいえ自由は不可避的にリスクを伴うものであり、そのリスクが大きすぎると、誰もリスクをとれなくなってしまう。したがって自由を守るためには、ある程度の保障が不可欠であり、このことを見落とすべきではない。そうは言っても、昨今の知識人が自由を制限するような保障をしきりに称賛するのは、非常に危険と言わざるを得ない。自由は、代償なしには手に入らない。だから私たち一人ひとりは、自由を守るために物質的犠牲を払う覚悟をしなければならず、この事実を肝に銘じなければならない。自由を守り続けたいなら、英米諸国の自由の原則がよりどころとする信念に立ち帰ることだ。ベンジャミン・フランクリンは、この信念を、国民として、また個人としての人生の指針となる言葉で言い表した。「絶対不可欠の自由を一時の安全と引き換えに投げ捨ててしまう人は、自由も安全も持つ資格がない」[3]。

＊ H. J. Laski, *Liberty in the Modern State* (Penguin Books Ltd., 1937), Pelican Books ed., p.51)（邦訳『近代国家における自由』岩波文庫）には、次の一節がある。「貧しい人の暮らしがどういうものか、いつ最悪の事態になるかと不安につきまとわれ、永遠に手に入らないよい暮らしを絶望的に追い求める気持ちがどういうものかを知っている人なら、経済的保障のない自由は持つに値しないと気づくだろう」。

[3] Benjamin Franklin, "Pennsylvania Assembly: Reply to the Governor" (November 11, 1755). *The Papers of Benjamin Franklin*, vol.6 (Yale University Press, 1963) に収録されている。

10

第10章
最悪の人間が指導者になるのはなぜか

Why the Worst Get on Top

権力は腐敗する、絶対的権力は絶対的に腐敗する。

——アクトン卿[1]

1　Lord Acton, *Historical Essays and Studies* (Macmillan, 1919), p.504. この有名な言葉は、アクトン卿が一八八七年四月に英国教会主教マンデル・クライトンに宛てた手紙の一文である。手紙では教皇不可謬説に反対する理由が語られている。

本章では、「全体主義体制があのように最悪なのは、たまたまごろつきや悪党の集団によって樹立されたからだ」という見方を検討することにしたい。全体主義の出現は避けられなかったと考えている多くの人々はこの意見に慰められ、また全体主義の真の姿を知っていたら全力で抵抗したはずの別の多くの人々は、この意見を知って抵抗する意欲を削がれている。ドイツで全体主義体制が打ち立てられ、シュトライヒャー、キリンガー、ライ、ハイネ、ヒムラー、ハイドリヒといった輩が権力の座に就いたのは、ひとえにドイツ人の性格が悪いからで、全体主義の必然的な帰結ではない、という説がある。となれば、仮に何か重要な目的のために全体主義のような体制が必要になったとして、それがまともな人間によって運営されるなら、社会全体の幸福につながると考えることも不可能ではない。

善良な人間はみな民主主義者であるとか、必ず政治に参加する意志がある、などと都合よく考えてはならない。たいていの人は、政治のことは自分より有能と判断した人に任せておきたいと思っている。だから、すぐれた人による独裁を是認することもありうる。それは賢明ではないにしても、悪いことでもなければ恥ずべきことでもない。全体主義は善きにつけ悪しきにつけ強力な体制であり、どちらに使われるかは独裁者次第だ、という主張をよく耳にする。懸念すべきは全体主義そのものではなく、それが悪い人間に運営されることだと考える人たちは、よい人間に運営させてこの危険を回避しようとするかもしれない。

もしイギリスにファシズム体制が出現したら、それはまちがいなく、イタリアやドイツの体制とは大幅にちがうものになるだろう。流血なく体制が移行されるなら、よき指導者の登場が期待できるのかもしれない。私自身、どうしてもファシズム体制の下で暮らさなければならないなら、断然イギリス人が運営する体制がいい。だからといって、その体制が本来の全体主義とは全然ちがうとか、はるかに耐えやすい、ということではない。さまざまな理由から、全体主義の最悪の要素はけっして偶然の副作用の結果ではなく、この思想から遅かれ早かれ必ず生まれるものだと断言できる。民主的な政治家であっても、ひとたび計画経済に乗り出したら、独裁的な権力を振るうか、計画自体を断念するか、どちらかしかない。同様に、全体主義を指導する独裁者は、通常の倫理規範を無視するか、政権運営に失敗するか、どちらかを選ばざるを得なくなる。全体主義に向かう社会で、良心も自制心も持ち合わせていない輩がのし上がるのは、このためだ。これを見抜けない人は、全体主義体制と自由主義体制の根本的なちがいも、集産主義と欧米の個人主義における倫理観の決定的なちがいも、まだわかっていない。

「集産主義の倫理基盤」は過去に繰り返し議論されてきたテーマであるが、いま問題にしたいのは、基盤よりもその結果のほうである。集産主義の倫理を巡っては、既存の倫理観と集産主義は相容れるのか、この体制が成果を上げるにはどのような倫理観が必要か、といったことが議論されてきた。だがいま知りたいのは、社会が集産主義体制になったときにどんな倫理観が形成されるのか、どんな倫理観が社会を支配するようになるのか、ということである。人々がどれほど高邁な理想から集産主義を求めたのだとしても、倫理と制度の相互作用を通じて、当初の理想からかけ離れた倫理観が出現する可能性は否定できない。気高い動機から集産主義を追求したからといって、実際の集産主義体制からよいことばかり生まれると考えるのは安易に過ぎる。どんな体制であれ、その目的の達成に役立った精神をいっそう強めるとは限らない。集産主義あるいは全体主義体制で主流となる倫理観は、その体制で成功するための資質と必要とされる要素の両方に左右されることになろう。

＊＊＊＊＊

ここでしばし、民主政が抑圧され全体主義が台頭する前の状況を検討しておこう。当時の人々は、とにかく政府にさっさと決断して行動してほしいと苛立っていた。行動のための行動が目的化しているような民主的な手続きはのろくさくて面倒だ、と不満を募らせていたのである。こうした状況で人気が出るのは、意志強固で行動力のありそうな強い男または強い党である。この「強い」は、単なる数的優位のことではない。むしろ議会多数派の非効率こそ、人々の不満の種だった。大衆が求めたのは、強固な支持基盤を持ち、やると決めたことはやり遂げると信頼できるような指導者である。そこへ登場したのが、軍隊よろしく組織された新しいタイプの政党だった。

もともと中欧諸国では、社会主義政党は軍隊によく似た政治組織を持ち、党員は生活の大半を党に捧げていた。だから大衆は、そうしたスタイルに慣れていたと言える。ある集団が巨大な権力を手にするために必要なのは、単一の主義主張に邁進することである。たまさかの選挙で過半数を獲得するよりも、少人数でよいから堅固に組織された無条件の絶対的支持母体を持つことが大切だ。そして全体主義体制を国民に受け入れさせる決め手は、指導者がまず全体主義の教義に喜んで服従する集団で足下を固めることである。あとはこの集団が、力ずくで国民に押し付ける。

当時の社会主義政党は、その気になれば何でもできるほどの力を備えてはいたが、敢えてやろうとはしなかった。じつは彼らは気づいていなかったが、これらの政党が使命と心得ていたのは、社会の倫理規範を平気で無視するような冷酷さを持ち合わせていないと実行できない類いのものだったのである。

過去の社会改革者の多くが学んだ教訓からはっきり言えるのは、社会主義というものは、大方の社会主義者が同意しない方法でしか実現し得ない、ということである。古いタイプの社会主義政党は、民主的な理想を抱いていたために歯止めがかかっており、自分たちの使命を遂行するだけの冷酷さに欠けていた。ドイツでもイタリアでも、社会主義政党が政権奪取しないうちにファシズムが台頭したという事実は示唆に富む。社会主義者たちは、自分たちの使命遂行に必要な方法を冷酷に断行するだけの意志を持ち合わせていなかった。相変わらず彼らは、国民の過半数が社会全体の組織化計画に賛成してくれるという奇跡に賭けていたのである。だが全体主義者はちがった。彼らは次のことをちゃんと理解していた――計画社会では、過半数が賛成するのは何かということはもはや問題ではない。重要なのは、一大方針の下にメンバー全員が一致団結している単一の最大集団はどれかということであり、そうした集団が存在しない場合には、それをどうやって形成するかということだ、と。

単一の教義を奉じる強大な集団は、主に三つの理由から、とかく最高の人間ではなく最低の人間で形成されやすい。このような連中を動員するからくりは、私たちの基準からすれば、どれも好ましくない。

第一に、教育水準が高く知的になるほど、一般に意見や好みは多様化するため、ある特定の価値観を共有する可能性は低くなる。同じような意見を大勢が共有する状況が見られるのは、倫理規範も知的水準も低い集団であり、そこでは大勢がより原始的な「共通」の本能や好みを共有している。なにも、大方の人はモラルが低いと言いたいのではない。誰もが同じような価値観を抱いている大集団があったら、その中にいる人々は倫理的・知的水準が低いということだ。言うなれば、最大多数をまとめるのは最小公約数なのである。特定の価値観をすべての国民に強要できるほど強大な集団が、知的水準が高く意見も好みもまちまちな人たちで形成されることはまずない。そうした集団を形成するのは、悪い意味での「大衆」の一員であり、独創性も自主性もなく、数を力と恃《たの》むような連中である。

もっとも、未来の独裁者が、単純な原始的本能がたまたま一致した人々だけに頼らなければならないとすると、支持基盤としては数が少なすぎるだろう。支持者の数を増やすには、大勢を洗脳して引き入れなければならない。

そこで、第二のいかがわしいからくりが登場する。それは、従順でだまされやすく、自分の考えというものをまるで持っていない人を根こそぎ支持者にするというやり方である。こういう人たちは、耳元で何度も大声でがなり立てられれば、どんな価値観も受け入れてしまう。かくして、ものごとを深く考えようとせずあっさり他人に同調する人や、すぐに感情が昂《たかぶ》る人たちが加わって、全体主義政党の党員はあっという間に膨らむ。

第三の、おそらくは最も好ましくないしかけは、熟練した扇動者が結束力の強い均質な支持母体を形成する手口にある。どうやら人間の本性というものは、建設的なことよりも、敵に対する憎悪や地位の高い人に対する羨望といった非生産的なことで一致団結しやすいようだ。どんな集団でも、連帯意識を高め共同歩調をとるためには、仲間内と外をはっきり区別し、外に対して共闘することが必須であるらしい。このやり方は、政策に賛同を得るためにも、大衆の無条件の忠誠を勝ち得るときにも使われている。扇動者の立場からすれば、下手に建設的なことを言うよりも行動の余地が広い、という大きな利点があるからだろう。敵は、ユダヤ人や富農など内部の敵でもいいし、国外の敵でもいい。ともかくも全体主義の指導者にとって、敵は必要不可欠な動員手段だと見える。

ドイツでは、「財閥」が敵とされるまではユダヤ人が敵と位置づけられていた。またロシアでは、「富農」が敵とされていた。こうした経緯は、全体主義の運動が資本家への怨嗟に根ざしていたことを物語っている。ドイツでもオーストリアでも、ユダヤ人は資本主義の象徴とみなされるようになっていた。両国では、多くの階級が伝統的に利益追求を嫌った結果、尊敬される職業から事実上締め出されていた集団が商業に携わることになったという経緯がある。よそ者には蔑まれる職業しか許されず、そうした職業に就くことでますます嫌われるというのは、昔からよくある話だ。ドイツにおける反ユダヤ主義や反資本主義も根は同じだという事実は、同国の状況を理解するうえできわめて重要である。しかし他国はこの事情をほとんど把握していない。

＊＊＊＊＊

集産主義に基づく政策はどの国でも国粋主義に走りがちだが、これはもっぱら国民の熱烈な支持を得るためだと捉えるべきではない。そこにはもっと重要な要因がある。集産主義の政策はつねに一部の集団の利益にのみ適うということだ。そうでない集産主義が果たして現実にあり得るのか、考えてほしい。また、排他主義（国粋主義であれ、民族主義、階級主義であれ）に陥らない集産主義があり得るのか、考えてほしい。ある集団に属す人が、目的も利害も仲間と同じだと信じられるのは、人間としての共通の理念以上の思想や意見を共有しているという前提があるからだろう。個人的に知り合うことのできないメンバーがいる場合、その人たちもみな身近な仲間と同類であって、同じことを同じように考え、同じように語っていると思えない限り、仲間意識を抱くことはできまい。集産主義に関して言えば、世界規模の集産主義というものは不可能だ。少数のエリートが世界を支配するという形であれば話は別だが、そうなったらそうなったで、技術的に困難だというだけでなく、今日の社会主義者でさえ顔を背けるような倫理問題が持ち上がるだろう。たとえばイギリスの資本が生む利益は搾取の結果だから労働者にも同じだけもらう権利や資本を使う権利があるとしたら、同じ理屈で英連邦に属すインド人にも、イギリスの資本が生む利益に対して権利があることになる。だが、既存の資本が生む利益を全世界の人々で平等に分けようとまじめに考えたことのある社会主義者はいまい。資本は全人類ではなく国家に属すというのが社会主義者の見方である。だが同じ国の中で、富裕層は貧困層を助けるために「自分たちの」資本財を譲るべきだと言う社会主義者はまずいない。また、自国民と分かち合うべきだとは考えても、自国に暮らす外国人と分かち合おうと考える社会主義者もいない。集産主義の考え方を論理的に貫徹するなら、「持たざる」国が世界の生産物を平等に分けよと主張することは完全に正当である（もっとも、この主張を徹底的に実行したら、最も声高に要求した張本人も最富裕国に劣らぬ損失を被ることになるだろう）。そこで集産主義者は、自らの主張の根拠を平等の原則に置くことを用心深く避け、組織力や動員力に優ることを売りにする。

集産主義思想が内包する矛盾の一つは、個人主義の申し子である人道的倫理観に依拠しながらも、その倫理観が実際には少数集団にしか適用されないことである。社会主義は、理論的には国境を越えて適用できるはずだが、いざ実行に移すと、ロシアであれドイツであれ、たちまち激越な国粋主義に陥る。欧米社会の人々が空想する「自由主義的社会主義」が理論倒れに終わる一因も、社会主義を実践した国が必ず全体主義に行き着く一因も、ここにある。*集産主義には、人道的自由主義という幅広い思想を受け入れる余地はなく、全体主義という狭い排他主義しか受け入れることはできない。

ある集団あるいは国家が個人より上に位置づけられ、個人の目的に優先する固有の目的を持っているとすれば、集団の目的に奉仕する人だけが、そのメンバーと見なされることになる。となれば必然的に、個人が尊敬されるのは、あくまで集団のメンバーとして集団の共通の目的のために尽くす場合に限られる。さらに言えば、個人の尊厳は人間としての尊厳ではなく、ひとえに集団のメンバーであることに由来する。人道主義や世界主義のような思想は個人の権利と自由を尊重する思想からしか生まれないのであって、集産主義の発想からは出てこない。**

以上のように、集産主義社会は個人が単一の目的をめざすか、そうした目的が設定される範囲でのみ成立するのであるが、さらにいくつかの要因から、この主義は排他的、党派的になりやすい。中でも重要なのは、人間が何らかの集団に加わりたがるのは、劣等感が原因である

* Franz Borkenau, *Socialism, National or International?* (G. Routledge and Sons, 1942) を参照されたい。この議論はいまとなっては示唆的である。

** ニーチェがツァラトゥストラに語らせた言葉は、集産主義の精神そのものである。

「千の目標が今までに存在した。千の民族があったからである。ただその千の頸を一体とするくびきが、今もなお欠けている。一つの目標が欠けているのだ。人類はまだ目標をもっていない。

だが、さあわたしに言え、兄弟たちよ、人類にはまだ目標が欠けているのであれば、同様にまた欠けているのではないか——まだ人類そのものが？」

ことが多いことだ。集団の一員になることで、集団外の人に対して優越感を得られ、劣等感を払拭できるわけだ。そのような野蛮な本能は、集団内では抑えなければならないにしても、外に向かって集団行動をとる際には思い切り発揮して差し支えない。おそらくこのことが、個人を集団に惹き付け、一体化させるのだろう。そう考えると、アメリカの哲学者ラインホールド・ニーバーの著書のタイトル『道徳的人間と非道徳的社会』（邦訳白水社刊）は、核心を突いていると言えよう（もっとも、この論文の結論にはほとんど賛同できない）。ニーバーが別のところで書いたように、「現代人には、自分の悪行を集団のせいにして、自分は悪いことはしていないと考える傾向が強まっている」ことはまちがいない。[*2] 集団として行動する場合には、個人としての行動を抑制していた倫理規範の多くを人間は投げ捨ててしまうものらしい。

計画論者の大半が世界主義にあらかさまに敵対するもう一つの理由は、集団外との接触が計画の推進に邪魔になることである。彼らには、限られた領域について計画を立てることしかできないのだから。計画に関する網羅的な論文集を編集したフィンドレー・マッケンジーが「大方の計画論者は過激な国粋主義者だ」と苦々しく発見したのも、当然のなりゆきだった。[**]

社会主義を奉じる計画論者が国粋主義や帝国主義に傾倒する現象は、一般に考えられているよりも拡がっている。それにしても、ウェッブ夫妻を始めとする初期の一部のフェビアン主義者ほど甚だしい例はめずらしい。彼らの顕著な特徴は、計画経済に熱狂的に賛同すると同時に、強力な政治大国を崇拝し、小国を軽蔑したことである。歴史家のエリー・アレヴィは、四〇年前に初めて夫妻に会ったときのことを次のように書き留めている。

「彼らの社会主義は、正真正銘の反自由主義だった。保守党を嫌ってはおらず、むしろ寛容だったが、グラッドストン流の自由主義に対しては情け容赦がなかった。ちょうどボーア戦争の頃で、進歩的な自由主義者も、労働党を結成しようとする一派も、ボーア人に味方していた。自由と人道の名の下にイギリスの帝国主義に対抗したボーア人を、心広くも応援したのである。だがウェッブ夫妻とバーナード・ショウはちがった。彼らは骨の髄まで帝国主義者であり、それを隠そうともしなかった。小国が独立することは、自由主義と個人主義を奉じる人々にとって大きな意味があったが、彼らのような集産主義者にとっては無意味なことでしかな

* E. H. Carr, *The Twenty Years' Crisis, 1919-1939: An Introduction to the Study of International Relations* (Macmillan, 1940), p.203（邦訳『危機の二十年』岩波文庫）に引用された。

** Findlay MacKenzie (ed.), *Planned Society, Yesterday, Today, Tomorrow: A Symposium by Thirty-Five Economists, Sociologists and Statesmen* (New York: Prentice Hall, 1937), p.xx.

2 カーの引用元は、Reinhold Niebuhr, "A Critique of Fascism," *Atlantic Monthly*, vol. 139, May 1927.

かった。未来は巨大な管理国家のものだ、そこでは官僚が支配し警察が秩序を維持する、とシドニー・ウェッブは言ったが、そのときの声はいまだに忘れられない」

アレヴィは、別の著作の中でバーナード・ショウの当時の主張も引用している。それによると、「世界は必然的に大国のものになる。小国は大国に吸収されるか、抹殺される」という。*

このいささか長い引用がドイツの国家社会主義の開祖を描いたものだと言っても、おそらく大方の人が信じるだろう。ここに見られるのは、まさに力の賛美である。社会主義を国粋主義に導いたのも、集産主義者の倫理観に強い影響を与えたのも、この力の賛美だった。小国の権利に関する限り、マルクスとエンゲルスも、集産主義者よりすぐれていたとは言えない。チェコやポーランドについて彼らが折りに触れて表明した見解は、現代の国家社会主義と見まがうほどである。**

＊＊＊＊＊

個人の権利と自由を重んじた一九世紀の偉大な社会哲学者アクトン卿やヤーコプ・ブルクハルトから、現代の社会主義哲学者バートランド・ラッセルらにいたるまで、自由主義の伝統を受け継いだ思想家にとって権力はつねに究極の悪だった。一方、徹底的な集産主義者にとって、権力こそが目的となる。ラッセルは、単一の計画の下に社会生活を組織したがる欲求はおおむね権力欲に由来すると述べた。[***]たしかにその通りだが、それだけではない。集産主義者は単に権力を欲するのではなく、目的達成のために必要とする。それは人間が人間に振るう力であり、かつてなかったほど強大な権力である。彼らの成功は、それを掌握できるか否かにかかっている。

いまだに大勢の「自由主義的社会主義者」たちは、個人の権力を取り上げて社会のものにすれば権力を抹殺できるという痛ましい幻想を抱き、その実現をめざしている。単一の計画を実行する目的で少数の手に権力を集中させるのは、単なる移転ではなく無制限の増強になるのだということを、彼らは理解していない。大勢がばらばらに行使していた権力を単一の主体に引き渡せば、権力の総量は前よりも膨れ上がり、あまりに大きくなって、ほとんど別のものに

* Elie Halévy, *L'Ere des Tyrannies: Etudes sur le socialisme et la guerre* (Gallimard, 1938), p. 217 および *History of the English People*, Epilogue (Benn, 1929-1934), vol. I, pp. 105-106.

** Karl Marx, *Revolution and Counter-revolution* および Engels' letter to Marx, May 23, 1851.（邦訳『マルクス・エンゲルス全集　8』大月書店刊）

*** Bertrand Russell, *The Scientific Outlook* (W. W. Norton, 1931), p. 211.

なってしまう。中央計画委員会が強大な権力を行使できるとしても、「すべての民間企業の取締役会が一致団結して行使する権力より大きくなることはない」とよく言われるが、* これを鵜呑みにしてはいけない。まず競争社会では、誰一人として、社会主義下の計画委員会が持つ権力の数十分の一さえ持ち合わせていない。それに、委員会に権力を渡せば権力は抹殺できるとする一方で、資本家をひとまとめにした権力を想定するのは、筋が通らない。** 「すべての民間企業の取締役会が一致団結して行使する権力」などというものは、形容矛盾である。あらゆる企業の取締役会が共同歩調をとることはあり得ないし、もしそれをすれば競争の終焉と計画経済の始まりを意味するからだ。分割し分散させれば権力の絶対量は減る。そして競争体制は、それを可能にする唯一の制度である。競争体制は、人間が人間にふるう力を分散化し、最小限に抑える設計になっている。

すでに論じたように、経済の目的と政治の目的の分離は、個人の自由を保障する必須条件となる。集産主義者がこぞって両者の分離に反対するのはこのためだ。ここにもう一つ、付け加えておかねばならない。今日しきりに叫ばれている「政治権力による経済権力の代用」は、「逃げ場のない権力」が「つねに制限される権力」にとって代わることを意味するのである。経済上の権力はたしかに抑圧の道具にもなり得るが、民間の個人に分散されている限りは独占的な力あるいは逃げ場のない力にはならないし、個人の生活全体を支配する力にもならない。だがこの力が政治権力の道具として一極集中すれば、奴隷制と見まがうような権力への隷従を出現させることになる。

＊＊＊＊＊

集産主義体制に必ず備わっている重要な特徴が二つある。一つは、ある集団の目的が広く受け入れられる必要があること。もう一つは、目的達成のためなら、その集団に最大限の権力を与えたいという強い願望が支配的になることである。ここから生じる固有の倫理観は、自由主義の倫理観と一致するところもあれば、ひどくちがうところもあるのだが、ある一つの点で、果たして倫理観の名に値するのかどうかが疑わしくなるほど決定的に異なっている。それは、個

＊ Benjamin E. Lippincott, in his Introduction to O. Lange and F. M. Taylor, *On the Economic Theory of Socialism* (University of Minnesota Press, 1938), p. 33.

＊＊ 「力」という言葉が、人間のものとしてだけでなく、何らかの決定因として人間以外（とくに人格神）のものとして使われることは事実だが、そのことにだまされてはいけない。どの事象にもそれを決定付ける何かは必ず存在するだろうし、その意味では力の総量はつねに一定だとしても、人間が意図的に振るう力には当てはまらない。

人が自分の良心に従って行動する自由がないということだ。さらに言えば、彼らにとっての原則はあっても、どんな場合にも頼るべき、あるいは頼ってよい規範が一切存在しない。このため、集産主義の倫理観は、私たちが知っているものとは甚だしくちがっている。彼らにとっての原則はあるにしても、私たちからすればあるようには思えない。

自由主義と集産主義における倫理規範のちがいは、法の支配に関して述べたこととよく似ている。個人主義に基づく倫理規範は、成文法と同じく、多くの点で厳密さを欠くとしても、すべてに適用できる絶対的なものである。すなわち、個々の行為の目的とは無関係に、ある種の一般的な行為を規定または禁止する。だます、盗む、暴力をふるう、信頼を裏切る、といったことは、実害のあるなしにかかわらず悪である。誰も痛手を被らなくとも、あるいは崇高な目的のために行われたとしても、悪いことに変わりはない。やむを得ず必要悪を犯す場合でも、やはり悪は悪だ。目的は手段を正当化するという主張は、個人主義の倫理観からすれば倫理の否定にほかならない。ところが集産主義の倫理観では、これが究極のルールとなる。筋金入りの集産主義者にとって、彼らの言う「全体の幸福」に役立つことであれば、してはならないことは文字通り何もない。「全体の幸福」こそが彼らにとって唯一の価値基準である。集産主義の倫理観を単純明快に表す概念に「国家理性《レゾン・デタ》」というものがある。これは国家の存在を至上のものとみなす原理で、国家が恣意的に決める条件以外には、行動を縛る原則はない。個々の行為は、国家の目的に適いさえすればよいのである。集産主義国家においては、国家理性によって国同士の関係で容認されることが、そのまま個人の関係にも適用される。そこでは、社会が定めた目的や指導部が命じる目的に必要とされることなら、市民は何をしてもよいし、個人の良心がそれを妨げてはならない。

＊＊＊＊＊

集産主義の倫理に成文法のような絶対的な規範はないが、だからといって集産主義社会が何らかの行動の奨励や禁止をしないかと言えば、もちろんそんなことはない。実のところ集産主義社会は個人の生活や習慣に大いに干渉するのであって、その度合いは個人の自由を重んじる社会の比ではない。集産主義社会の有用な一員となるにはある特定の資質が求められ、それを絶えず鍛錬し強化しなければならない。そうした資質は、あるいは「役に立つ行動習慣」とは呼べるかもしれないが、倫理的な徳とは言えまい。というのも、そうした習慣よりもつねに優先されるのは、折々に発される命令であり、社会の目的の達成だからである。言うなればそうした習慣は、命令や社会の目的がカバーできない領域を埋めるためにある。だが当局の意志と矛盾を来した場合、その習慣に従ったことは何の言い訳にもならない。

集産主義体制の下では、いくつかの資質あるいは徳は今後も尊重されるが、いくつかの資質はいずれ消滅してしまうだろう。それぞれがどのような資質かを知りたかったら、敵も認めるドイツ人（あるいは典型的プロセイン人）の美点と、一般にドイツ人に欠けているとされる資質を見るとよい。ちなみにドイツ人に欠けている資質は、イギリス人が自分たちの美点と自負するものが多く、それもまずまずもっともと言えよう。大方の人が認めるとおり、ドイツ人は全体として勤勉で規律正しく、ときに非情なほど徹底的かつ精力的である。引き受けた仕事に対しては誠実で献身的であり、秩序や義務や序列を重んじ、よろこんで自己犠牲を払い、生命の危険をものともしない。こうした美点によって、ドイツ人は与えられた任務を遂行するきわめて効率的な道具となる。古いプロイセン人の王国から新しいプロイセン人が支配する現在の国家にいたるまで、ドイツ人はそのように育てられてきた。一方、典型的なドイツ人に欠けているると考えられているのは、他者の存在や思想に対する寛容と尊重、自主自立の精神、己の信念を貫く不撓不屈の意志といった個人主義的な美点である。ちなみにこの最後のものはドイツ語で「市民としての勇気」と言うが、ドイツ人自身がその欠如を自認している。また、弱者への配慮も足りない。さらに、権力に対する健全な軽蔑や嫌悪も持ち合わせていないが、これは個人の自由を重んじる伝統があって初めて生まれるものである。このほかに、親切心、ユーモアのセンス、謙遜、プライバシーの尊重、隣人の善意に対する信頼も乏しい。これらは小さなことかもしれないが、自由な社会で人間関係を円滑にする重要な資質である。

こうしてみると、個人主義的な美点は同時にまたすぐれて社会的な徳であることがわかる。これは当然と言えば当然かもしれない。こうした徳は社会における人間関係の軋轢を減らし、上からの指揮統制を不要にするとともに困難にする。社会的な徳は、個人主義社会や産業型社会で涵養され、集産主義社会や軍事型社会では失われていく。この徳の有無はいまやドイツと西欧の思想的な対立を決定付けるものとなっているが、じつはドイツ国内でも地域的なちがいが見受けられる——いや、見受けられた。ドイツ南部と西部の古い商業都市やハンザ同盟の都市など長らく商業がさかんだった地域で広く認められる倫理観は、すくなくともつい最近までは、いまドイツ全体を覆いつくそうとしている倫理観よりも、おそらくは西欧のほうに近かったと言えよう。

なるほど全体主義国家の国民の大多数は、こちらから見れば倫理的価値の大半を否定しているとしか思えないような体制を熱狂的に支持しているにちがいない。だからと言って、彼らが倫理観念のかけらもない人間だと考えるのはまちがっている。実際には、彼らの大半はむしろ逆だろう。国家社会主義や共産主義運動の背後にある倫理的な感情の強さは、歴史的な宗教運動を支えてきたものに勝るとも劣るまい。人間は社会や国家といった高次の主体の目的に役立つ道具に過ぎないと考えた瞬間に、全体主義体制のおそるべきさまざまな特徴が必然的に生じる。集産主義の立場からすれば、反対意見の抑圧や抹殺も、個人の生活や幸福の無視も、彼らの基本思想から導き出される必然の帰結なのである。集産主義者はこのことを公に認めるだけでなく、自分たちの体制は、個人の「利己的な」権益が容認され社会の目的の実現を妨げかねない体制よりすぐれている、と主張するはずだ。個人の幸福を追求すること自体が倫理に悖る行為だと繰り返し説き、称賛に値するのは与えられた義務を遂行することだけだと述べたドイツの哲学者たちにしても、本心からそう考えていたのである——異なる伝統の下に育った者からすれば理解しがたい思想であるが。

すべてに優先する単一の共通目標の下では、通常の倫理や規範に従う余地はない。戦時には、自由主義社会でもこれに類することが起こりうる。イギリスの場合には、戦争や危機に見舞われても全体主義に傾くことはほとんどなかったし、単一の目標のために他の価値観がすべてないがしろにされることもまずなかった。だが社会全体がそうした目標に向かって突き進む場合には、ときに残酷な仕事を命じられることになるだろう。私たちからすれば耐えがたく感じられる行為、たとえば捕虜を銃殺するとか高齢者や病人を殺すといったことも、目的のための手段としてやむなしと片付けられる。そして、何十万もの人々の強制移住という政策手段に当事者以外のほぼ全員が賛成したり、子どもを産ませるために女性を徴発することが大まじめに検討されたりする。これらの行為は、すべて目標達成のためだ。集産主義者の眼中にはつねにこの目標しかなく、何事もそのために正当化される。社会の共通目標を追求するとなったら、個人の権利や価値観は顧みられない。

私たちにとっては身の毛のよだつような理想のために、全体主義国家の市民の大半は無私の献身をしている。いま挙げたような行為を容認し、ときに実行してしまうのはそのためだ。だがこの弁明は、国家政策の主導者たちには当てはまらない。全体主義国家を率いる指導者の手足となるためには、倫理に悖る行為を正当化するもっともらしい理屈を受け入れるだけでは足りない。与えられた目的の達成に必要とあらば、既存の倫理規範を片端から破る覚悟が必要だ。目的を決められるのは最高指導者だけなのだから、手足となって働く部下は自前の倫理観を持ってはならない。何より重要なのは最高指導者に無条件に心服することであり、次に重要なのは、いかなる主義主張も持たず、命じられたら何でもやることである。個人的な理想も、善悪の基準も、持ってはならない。そうしたものは指導者の意図を妨げる可能性があるからだ。ヨーロッパの良心となってきた倫理観の持ち主から見たら、このような権力者の地位はすこしも魅力的ではあるまい。責任の重い地位には、辛い任務を埋め合わせてくれる要素があるものだが、それがほとんどないからだ。より高い理想をめざす機会も、リスクをとった見返りも、個人的な快楽や自由な時間を犠牲にした報奨も、まずない。唯一満たされるのは権力欲であり、人々を服従させる快感、万事に優先する高性能の巨大な機械の一部となる満足感、といったものにとどまる。

私たちの基準から見て善良な人が、全体主義という巨大な装置の頂点に立ちたがる可能性は低い。それどころか、善良な人の大半は怖気をふるうだろう。だが良心のかけらもない冷酷な人間にとっては、能力を発揮するまたとない機会となる。全体主義社会には、本来的には万人が不正と認めるような行為だが、高邁な目的のためにはやらねばならず、しかも熟練と効率を要するような仕事がある。そうした仕事を、伝統的な倫理観をまだすこしは持ち合わせている人間が尻込みするとなれば、平気でやれる人間が登用され、昇進することになる。残虐行為、脅迫、裏切り、スパイ行為などを伴う仕事が、全体主義社会には少なからず存在する。ゲシュタポ（秘密国家警察）、強制収容所の管理、国民啓蒙・宣伝省、突撃隊、親衛隊や、イタリアおよびロシアの同等の組織の職務は、人道的な感情を持っていたら務まらない。しかし全体主義国家では、こうした地位を経て幹部へと上り詰めていく。アメリカの著名な経済学者フランク・ナイトは、いま挙げたような職務を列挙したうえで次のように結論付けたが、これは哀しいかな真実であった。

「彼らは、望むと望むまいとにかかわらず、これらのことをしなければなるまい。権力の座に就く人間が権力の保有や行使を嫌う可能性は、心やさしい人間が奴隷農場の監督になって鞭を振るう可能性と同じぐらい低い*」

この問題に関しては、まだ議論すべきことが残っている。指導者の選定では、当人の意見や主張よりもむしろ、絶えず変わる教義や綱領に順応する変わり身の早さが重要になる。ここから、全体主義に特有の倫理的傾向の一つが浮かび上がる。しかしこれは、真実という大きな範疇に属するあらゆる徳に関係する重要な問題であるから、章を改めて論じることにしたい。

* Frank H. Knight, "Book Review: Walter Lippmann's the *Good Society*," *The Journal of Political Economy*, vol.46, December 1938, p. 869.

11

第11章
真実の終わり

The End of Truth

産業が国有化された国で必ず並行して思想の国有化も進んできたことは、
興味深い事実である。

——E・H・カー[1]

1 E. H. Carr, *The Twenty Years' Crisis, 1919-1939: An Introduction to the Study of International Relations* (Macmillan, 1940), p.172.（邦訳は前掲書）

計画社会がめざす目的に国民全員を向かわせる最も効率的な方法は、その目的を全員に信じ込ませることである。全体主義体制を効率よく運営するには、同一の目的に向けて全員を強制的に働かせるだけでは十分ではない。社会の目的を自分の目的と思い込ませることが必要である。国家の信条は指導者が選んで国民に押し付けるにしても、国民がそれを自分の信条としなければならない。そうなったとき初めて、国民一人ひとりが当局の思惑通りに自ら行動するようになる。全体主義国家の国民が、自由主義社会の人々が思うほど強い抑圧を感じていないとしたら、政府の企図通りに国民に考えさせることが非常にうまくいった証拠である。

これがあの手この手のプロパガンダの成果であることは、改めて言うまでもない。そのテクニックはいまやすでによく知られているので、ここではくわしくは触れない。一つ指摘しておきたいのは、プロパガンダ自体も、そのテクニックも、けっして全体主義固有のものではないことである。全体主義国家のプロパガンダに通常と異なる性質や効果があるとすれば、それは、単一の目的のために使われること、さまざまな媒体や手法を組み合わせて国民を一つの方向へ向かわせ、全員の意識に強制的同質化（Gleichschaltung）効果を生み出すことだ。その結果、彼らのプロパガンダの効果は、競合する独立組織がそれぞれの目的で展開する宣伝活動とは、規模的にも質的にも異なったものとなる。最新情報の発信源が事実上一手に握られたら、もはやこれを信じさせるとか、あれを勧誘するという話ではない。巧妙なプロパガンダ担当者なら、自分の思い通りの方向へと国民の考えを誘導することが可能だ。どれほど知的で自主独立の精神を持ち合わせた人でも、あらゆる情報源から長期にわたって遮断されたら、プロパガンダの影響を完全に免れることはできまい。

全体主義国家でプロパガンダが存分に力を発揮して国民の心に働きかけるとき、倫理観への影響は避けられない。これは、プロパガンダのテクニックよりも、内容と範囲に起因する。めざすべき目的の価値を国民にひたすら教え込むようなプロパガンダは、結局のところ、全体主義固有の倫理観を教え込んでいるのである（その倫理観がどういうものかは前章で検討したとおりだ)。そしてプロパガンダの目的が国民に決定的且つ包括的な倫理規範を教え込むということであれば、問題はその規範がよいか悪いかということに帰結する。すでに述べたように、全体主義社会の倫理規範は私たちにとって好ましいものではないし、計画経済によって平等をめざした結果は政府が強制する不平等(当局による新たな階層秩序への各人の位置づけ)に終わるだけのうえ、自由主義社会が共有する倫理観のうち、弱者も含めた人命の尊重などの人道的な要素は失われてしまう。だがこれが大方の人にとっていかに不快だとしても、また従来の倫理規範の大幅な改変だとしても、必ずしも全面的な倫理否定とは言えない。保守的で厳格な倫理学者の一部はこのような倫理体系をよしとし、自由主義社会の軟弱な倫理体系よりも好んでいるらしい。

とはいえ、いま考えなければならないのは、全体主義のプロパガンダがもたらす一段と重大な倫理的影響である。倫理の基本の一つは真実を感じとり尊重することにあるが、彼らのプロパガンダはその感覚を徐々に蝕み、ついにはあらゆる倫理的価値を破壊してしまう。人間は、自分が暮らす社会の価値観に多かれ少なかれ染まるものである。全体主義のプロパガンダは、当然ながらそうした価値観を覆し、既存の見解や倫理的信条を排除しようとする。だがじつは、それだけにとどまらない。プロパガンダは、その任務の性質上、知性の問題であるはずの真実や事実の領域にまで踏み込まずにいられないのである。なぜなら、政府の公式の価値基準を国民に受け入れさせるためには、その論理的正当性を示すか、でなければ既存の倫理観とのつながりを示さなければならないからだ。この場合、ふつうであれば目的と手段との因果関係を証明して説得するということになる。ところが、めざす目的とそのための手段との関係は、よく言われるほどには明確ではない。そこで、国民に目的を信じ込ませるだけでなく、手段が依拠する事実をも納得させる必要が出てくる。

＊＊＊＊＊

すでに述べたように、計画社会においては、経済計画に内在する完全なる倫理規範、万事を網羅する完璧な価値基準に対する合意が必要とされる。しかし自由な社会にはそのようなものは存在しないため、計画経済を実現するに当たっては、それを作り出す必要が出てくる。と言っても、計画論者がこの必要性を認識して計画に臨むわけではない。仮に認識していたところで、そのような完成された倫理規範を事前に拵え上げることは不可能だ。結局のところ彼らは、計画を進めるにつれていろいろなニーズが衝突することに気づき、そのたびに必要に迫られて決断を下すことになる。決定の際に参照できるような抽象的な規範や価値観がもとから存在するわけではないので、個々の決定を下すときに急場しのぎで間に合わせざるを得ない。これもまたすでに述べたように、広く浸透した価値観を個別の決定から切り離すことは不可能である以上、国家が価値観を決めることのできない民主政体では、計画の細部を国家が決めることもできないのである。

計画当局は、よりどころとなる明確な倫理規範がないままに次々に決定を下さなければならないにもかかわらず、その決定の正当性を国民に示さなければならない。いや最低でも、決定は正しいのだと思い込ませなければならない。単に偏見に基づいて決定を下したのだとしても、国民を決定に従わせるだけでなく熱心に支持させるためには、何かしらの指針を公に示すことが必要になる。参照すべき何物も持ち合わせていない計画当局は、要するに好き嫌いで決めているに過ぎないのだから、その好き嫌いに理屈をつけ、その理屈を大勢が納得できる形で表明する必要がある。となれば、もっともらしい理論を拵え上げるほかない。そこでいろいろな事実を強引に結びつけて理論化し、それが全体主義の教義の一部に組み込まれていく。とはいえ計画当局の決定を正当化する「神話」の形成は、必ずしも意識的に行われるわけではなかろう。全体主義の指導層は、自分が置かれた状況を本能的に嫌い、自分にとって心地よい新たな階層秩序を作り出したいだけなのかもしれない。現行秩序の下でうだつが上がらない自分を尻目にうまくやっているように見えるユダヤ人が嫌いなだけかもしれず、若い頃に読んだ小説に登場する背が高くて金髪の貴族的な男が好きなだけかもしれない。こうした偏見を持ち合わせている仲間がたくさんいたら、それを合理的に正当化してくれるような理論があれば大いに都合がよい。優生学のような似非《えせ》科学理論が全体主義の教義の一部となり、あらゆる行動の指針となったのは、こうした経緯からである。また、産業文明に対する一般的な嫌悪感、田園生活へのロマンティックな憧れ、農夫はよき兵士となるという（おそらくは誤った）考えから形成された神話もある。「血と土（Blut und Boden）」という民族主義的な標語はまさにそれで、究極の価値を示すと同時に、血と土の保全が国を強くするという論理をも表している。ひとたびこれがすべての行動の指針となったら、もはや疑念を提出することは許されない。

全体主義の理論家たちは、国民を一つの方向に向かわせる手段として、この種の神話や教義が必要だということをだいぶ前から見抜いていた。プラトンの「高貴な嘘[2]」も、ジョルジュ・ソレルの「神話[3]」も、そのめざすところはナチスの民族主義的教義やムッソリーニの組合国家論と同じである。どれも当然ながら事実の勝手な解釈に基づいており、それが科学理論らしきものに練り上げられて、もとの先入観や偏見を正当化するという段取りになっている。

＊＊＊＊＊

従うべき価値観の正当性を国民に認めさせるいちばん簡単な方法は、こうだ。これはみなさんが、すくなくとも良識あるみなさんがこれまでずっと持ち続けてきた価値観とじつは同じものであります、ただ従来の価値観をみなさんはちゃんと理解していなかったか、はっきり意識しておられなかったのでしょう、と説明することである。新しい神はみなさんの健全な本能がつねに信仰してきた古い神と同じものである、ただ古い神をみなさんはぼんやりとしか見ていなかったのだと強弁して、国民の信仰を古い神から新しい神に乗り換えさせればよい。それをうまくやってのける手が、古い言葉をそのまま使って意味だけすり替えることだ。こうして新しい価値観、新しい信仰は、ねじ曲げられた言葉、意味を変えられた言葉で表現されることになる。これは全体主義体制の知的環境に顕著な特徴であり、外から表面だけを見ると困惑させら

2　『国家』には、人間は土から作られ、統治者となる者には金が、戦士には銀が、労働者には鉄が混じっているという神話が登場する。平民を不満なく統治者に従わせるための作り話として、プラトンはこれを「高貴な嘘」と呼んだ（訳注）。
3　フランスの社会哲学者ジョルジュ・ソレルは、群集を統一的な行動に駆り立てるには、意図的に拵えた「神話」が必要だと述べた（訳注）。

れる。

中でも最も意味を変えられてしまった言葉は、「自由」である。この言葉はどの国でも好き勝手な意味合いで使われており、もちろん全体主義国家も例外ではない。しかも、私たちの知っている自由が破壊された国では、例外なく、国民に約束された新しい自由なるものの名の下に破壊が行われてきた。私たちはこの事実を警告と受けとめ、「古い自由に代わる新しい自由」*の誘惑に対して防御を固めなければならない。自由主義社会にさえ、「自由のための計画論者」が存在する。彼らが標榜する「集団的自由」の正体は、当の計画論者たちが「計画された自由が到来しても、それまでの自由をすべて破壊しなければならないということはない」とわざわざ断る必要を感じた事実からもあきらかだろう。この一文はカール・マンハイムの著作**から借用したものだが、そこには「過ぎ去った時代に基づく自由の概念は、自由の真の理解の妨げになる」とも述べられている。マンハイムの「自由」という言葉の使い方は、全体主義論者の口から発される場合と同様、誤解を招く。彼の集団的自由は個人の自由を意味せず、計画論者にとって心地よい社会をつくる無制限の自由だけを意味するのである。***これは、自由と権力の甚だしい混同と言わねばならない。

自由という言葉に限って言えば、意味の変容は、ドイツの哲学者とりわけ社会主義思想家の長い系譜を通じて準備されたものである。だが、全体主義のプロパガンダのために意味が逆転させられた言葉は、自由に限らない。すでに正義、法、権利、平等といった言葉にも逆転が見られ、いずれは倫理や政治にまつわる言葉はすべて同じ運命をたどることだろう。

このプロセスを実際に経験したことのある人でないと、これがどういうもので、どんな混乱を引き起こし、いかにまともな議論の妨げになるかは理解しがたいだろう。たとえるなら、二人の兄弟の片方だけが新興宗教に染まり、あっという間に別世界の言葉を話すようになって、兄弟の間でコミュニケーションがとれなくなってしまうようなもの、とでも言えようか。しかも、政治的理念を表す言葉の意味の改変は一回限りではなく継続的なプロセスであり、国民を誘導する技術が意識的・無意識的に駆使されるため、混乱は悪化の一途をたどる。こうしているうちに言葉全体が汚染され、明確な意味を奪われた抜け殻になり果てて、二つの相反す

＊　これは、アメリカの歴史学者C・L・ベッカーの近著のタイトルである（Carl Becker, *New Liberties for Old* (Yale University Press, 1941)。

＊＊　Karl Mannheim, *Man and Society in the Age of Reconstruction* (1940), p.379.（邦訳は前掲書）

＊＊＊　ピーター・ドラッカーの次の指摘は、まことに正しい。「自由が少ないところほど、〈新しい自由〉という言葉がよく聞かれる。だがこの新しい自由とは、ヨーロッパがこれまで自由という言葉で理解していたすべてのことに対する正反対の概念にほかならない。……ヨーロッパでさかんに喧伝されている新しい自由とは、個人に対する多数の権利なのだ」*The End of Economic Man*, p.230（邦訳『経済人の終わり』ダイヤモンド社刊）。

る意味さえ表すようになる。そしてついには、言葉に最後までまとわりついた感情を想起させる役割しか果たさなくなってしまう。

＊＊＊＊＊

大多数の人から個人的意見を奪うのはさほどむずかしいことではないが、全体主義社会では、批判精神旺盛な少数派も黙らせる必要がある。すでに述べたように、計画経済にはあらゆる行動の指針となるような倫理規範が暗黙のうちに存在するが、全体主義体制の政府は、それを受け入れさせるだけで満足するわけにはいかない。規範の多くは明文化されず、価値基準の大半は計画の中に暗に存在するだけなので、結局は計画そのものをあらゆる細部にいたるまで神聖化し、批判を禁じることが必要になる。それは実際には、政府のすべての行動を神聖化し、批判を許さないということである。計画達成に向けて国民をためらいなく協力させるには、めざす目的もそのための手段も正しいと信じさせなければならない。そこで国民に示す公式の教義には、計画が依拠する事実の解釈が含まれることになる。これに対する公の批判はもちろんのこと、疑念を提出するだけでも弾圧される。国民の支持を揺るがしかねないからだ。ロシアの計画について、ウェッブ夫妻は次のように報告している。「計画を推進中に、疑念を公に表明したり、計画の成否について不安を口にしたりするのは、背信行為であり、反逆罪である。そのようなことをすれば、他の人の士気や努力に悪影響を与える恐れがあるからだ」*。まして計画の一項目に対する疑問ではなく、計画全体の成功を危ぶんだりしようものなら、破壊工作と見なされかねない。

こうして、事実とその解釈に基づく理論が、価値基準とともに、政府の公式の方針の一部となる。そして学校、新聞、放送、映画といった知識を伝える媒体は、政府の決定の正当性を裏付けるような情報や見解だけを広めるために使われ、それが正しいかどうかは問題ではなくなる。同時に、国民の間に疑問や迷いを引き起こしかねない情報は、報道されなくなるだろう。ある情報を公表するか隠蔽するかは、体制に対する国民の忠誠を損なわないかどうかだけを基準に判断される。こうした規制は、ふつうは戦時中の、それも特定分野に限られるものだが、全体主義国家では、これが恒久的に、それもすべての分野にわたって続く。政府の判断力に対する疑念や不満を引き起こすような情報は、ことごとく国民から遮断される。他国に劣っ

* Sidney and Beatrice Webb, *Soviet Communism: A New Civilization?*, p. 1038（邦訳『ソヴェト・コンミュニズム』みすず書房刊）。

ているとことを露呈するような情報、他の政体があり得ることを示唆するような知識、政府の失敗や無能ぶりを示すような情報も、すべて闇に葬り去られる。その結果、あらゆる領域で組織的な情報統制が行われ、同じ見方が強制されることになる。

しかもこれは、政治的権益とはあきらかにかけ離れた領域でも、それどころか最も抽象的な学問の領域でも行われる。人間がかかわる事柄を扱い、したがって政治に直接影響する学問、たとえば歴史学、法学、経済学などで、真理の公正な追究が許されず、当局の公式見解の正当性の立証だけが唯一の目的となることは、容易に理解できよう。こうした例は枚挙にいとまがない。全体主義国家ではこれらの学問は、政府が国民の思考や意志を操作するための「神話」の製造工場と化している。そして当然の成り行きと言えようが、こうした学問領域ではもはや真理を追究するふりさえせず、どの学説を発表しどの理論を教えるかを当局が決めているのである。

それだけではない。全体主義による思想統制は、一見すると政治的な意味合いを持たないような学問にまでおよんでいる。ときに理解しがたい理由から、ある学説は公式に排斥され、ある学説が奨励される。この好き嫌いが、異なる全体主義国家でいくらか似通って見えるのは興味深い。とくに目立つ共通性は、抽象性の高い思考をひどく嫌うことである。自由主義社会でも、集産主義思想を持つ科学者にはこの傾向が見受けられる。たとえば相対性原理を「キリスト教および北欧ゲルマン系物理学の根本に対するユダヤ人の反撃」と貶めたり、「弁証法的唯物論やマルクス主義の教義と矛盾する」として反論したりするのは、要するに嫌いなのである。また、数理統計学の定理を「イデオロギー的階級闘争の一因を作った」とか「歴史的に中産階級の僕《しもべ》だった数学の産物に過ぎない」と攻撃したり、この学問自体が「国民の利益に適うと信ずべき理由はない」と決めつけたりするのも、同じことである。純粋数学でさえ標的になっており、連続性について独自の見解を持つだけで「ブルジョワの偏見」と言われかねない。ウェッブ夫妻によれば、ロシアのマルクス＝レーニン主義自然科学ジャーナルには「われわれは数学において党を代表し、医学においてマルクス＝レーニン主義理論の純粋性を体現する」との標語が掲げられているという。[4] ドイツもこれとよく似た状況だ。国家社会主義数学者協会ジャーナルを見れば、数学が党の色に染まっていることがわかる。ドイツの著名なノーベル賞受賞物理学者フィリップ・レーナルトにいたっては、「ユダヤ人の物理学」を毛嫌いし、自分のライフワークをまとめるときに『ドイツ物理学全四巻』[5] と名づけたものである。

4 Sidney and Beatrice Webb, *Soviet Communism: A New Civilization?* (London: Longmans, Green, 1935), p.1000.
5 Philipp von Lenard, *Deutsche Physik in Vier Bänden* (J.F. Lehmann, 1936-37).

合目的的でない活動の糾弾も、全体主義に共通してみられる。学問のための学問、芸術のための芸術はナチスに忌み嫌われ、自由主義社会にいる社会主義思想家や共産主義者にも疎まれる。彼らに言わせれば、あらゆる活動は社会的な目的によってのみ正当化されるのであり、無目的、無計画の活動はあってはならない。そのような活動は予測不能の結果を引き起こしかねず、そうなれば計画当局は対応できないからである。計画論者の思考では想像もつかないような新奇なことが起きては困る、というわけだ。この姿勢は、娯楽にまでおよんでいる。ある国で（それがドイツかロシアかは読者のご想像にまかせる）チェス・プレーヤーが一堂に会した際に、次のように政府から宣言された。「チェスの非政治性は今後永久に排する。芸術のための芸術同様、チェスのためのチェスは今後永久に禁止する」と。[6]

そんな馬鹿な、と思われた読者もおられよう。だがいかに信じがたいとしても、たまたまはずみでなっただけで、全体主義や計画経済の本質とは無関係だと考えてはならない。こうしたことが起きるのは偶然ではない。これらはすべて、単一の概念に従ってすべてを管理したいという願望、国民につねに犠牲を払わせてでも自分たちの主義主張を堅持しようという決意、国民の知識や信条は単一目的の実現に役立つ道具にすぎないという見方が重なった結果である。学問が真実に仕えることを止め、階級や社会や国家の利益に仕えるものとされた瞬間から、社会が従うべき教義を正当化し普及させることだけが学問的検討や議論の唯一の任務となる。ナチスの法務大臣が述べたように、あらゆる学問理論は「国家社会主義に貢献し、全員の最大利益に寄与する」ことが条件となるのである。[7]

「真実」という言葉自体も従来の意味を失った。かつて真実は、個人が自らの判断力に基づき、証拠（または証言者の適格性）に裏付けられているかどうかを吟味するものだった。だがもはやそうではない。真実は当局が定め、国民に信じさせ、社会の組織的活動に役立てるものになっている。だから、必要とあらば都合よく手を加えるといったことも行われる。

その結果として出現する知的風潮、すなわち真実に対する軽蔑や感性の鈍化、自立的な探究心の喪失、合理的思考の重要性の否定、さらには学問領域における意見の不一致が政治問題として当局に裁定が委ねられる事態といったものは、実際に経験しないととうてい理解できまい。限られた紙面では、それがどういうものかを説明することは不可能である。いま最も懸念

6　発言者は旧ソ連で法務大臣を務めたニコライ・クルイレンコ。一九三二年のチェスプレーヤー会議で述べた。Boris Souvarine, *Stalin: A Critical Survey of Bolshevism* (Alliance, 1939) に収録されている。
7　ナチス政権で法務大臣を務めたのは、フランツ・ギュルトナー（一九三二～四一年）、フランツ・シュレーゲルベルガー（臨時）、オットー・ゲオルク・ティーラック（一九四二～四五年）であるが、誰の発言かははっきりしない。

されるのは、学問や知識の自由の軽視が全体主義社会だけに限らないことだ。このような態度は、集産主義を信奉しオピニオンリーダーとして重んじられる知識人によく見かける。まだ自由主義体制をとっている国も例外ではない。彼らは自由な国の科学者を代弁すると見せかけて、社会主義の名の下になされたものであれば最悪の抑圧でさえ容認するし、全体主義体制をもあからさまに支持している。思想の不寛容も公然と称賛されるようになった。実際、イギリスの科学評論家ジェームス・ジェラルド・クラウザーがつい最近、思想調査を擁護したばかりである。「台頭する階級を守る目的で行うなら学問にとって有益」だからだという。* この意見は、ナチスが科学者を迫害し、学術書を燃やし、被差別人種の知識人の組織的抹殺を図ったときの言い分に瓜二つだ。

＊＊＊＊＊

自分がよいと考える思想や信条を他人にも受け入れさせたいと望むのは、とりたてて目新しいことではないし、いまの時代に限ったことでもない。だが、そうした試みを正当化しようとする大勢の知識人がいま主張している論拠は、これまでになかったものである。それは、こうだ。われわれの社会に真の思想の自由など存在しない。なぜなら、大衆の意見や好みは、結局のところ、宣伝・広告や上流階級の手本や他の環境要因によって形成されているからだ。これらの要素によって、大衆の思考は必ず陳腐な型にはまることになる。このように、われわれに制御可能な要因によって大多数の思考を決定付けられるなら、この力を意図的に使って大衆を好ましい方向に誘導しなければならない、云々。

大方の人はめったに自分から考えようとしない、という主張はおそらく当たっている。たいていのことについて、人は誰かの意見を鵜呑みにするものだし、自分が生まれ育った環境を支配する思想や幼少時に教え込まれた思想から抜け出せないものだ。そう考えれば、どんな社会でも、思想の自由が真に意味を持つのはごく少数の人々にとってだけなのだろう。だからといって、この人には思想の自由を与え、あの人には与えないと誰かが決めてよいとか、決める権限があるということにはならない。誰であれ、自分たちには国民が何を考え何を信じるべきかを決める権利があると主張する人間の傲慢には、何の根拠もない。「どんな体制の下でも大多数の人間は誰かの意見に追随するのだから、全員を何らかの意見に従わせたところで何のち

* James Gerald Crowther, *The Social Relation of Science* (Macmillan, 1941), p. 333.

がいもない」という主張は、完全な錯誤である。思想の自由が保障されていても大多数の人が自ら考えるとは限らないからといって、その自由を軽んじるのは、思想の自由が持つ価値の意味をないがしろにしている。思想の自由が人類の知の進歩の原動力となってきたのは、誰でも好きなことを心の中で考えたり日記に書き留めたりしてよいからではなくて、誰がどんな理念や思想を表明してもよいからである。この点がきわめて重要だ。反対意見が抑圧されない社会では、多数派の主張に異議を唱える人が必ず出てくるだろうし、体制側の見解やプロパガンダの信憑性を覆すような事実を突きつける人も出てくるにちがいない。

異なる知識や異なる意見をぶつけ合うこうしたやりとりがあるからこそ、思想は生命を保つ。ものの見方や考え方のちがいが存在することが、理性を育む社会的プロセスを支えている。このプロセスの結末が予見できないこと、何が思想をゆたかにし、何がそうでないかはわからないことが、大切なのだ。つまり知の進歩というものは、既存の知識でコントロールすることはできない。そんなことを試みれば、必ず進歩を妨げることになる。知の進歩を、あるいは進歩全般を「計画」するとか「組織」するという言い方は、そもそも形容矛盾である。人類の知の発展は人類の知性によって「意識的」に誘導すべきだという主張は、何かを「意識的」に扱えるのは人間の理性だけであることと、知の進歩を促すのは人間同士の相互作用であることを混同している。後者をコントロールしようとすれば、進歩の足を引っ張り、遅かれ早かれ知的活動を淀ませ知を衰えさせることになろう。

集産主義思想は、理性を最上位に位置づけるところから始まったにもかかわらず、理性が育まれるプロセスを正しく理解していないがために、最後は理性を破壊してしまう。ここに、この思想の悲劇がある。集産主義の教義も、それが求める「意識的」な管理や計画も、誰かが最上位の支配者になることを要求せずにおかない。これは、あらゆる集産主義が内包する矛盾だと言える。翻って個人主義の視点から社会を見れば、人類の知の進歩が個人の力のおよぶところではないことに気づかされる。個人主義思想は、社会的プロセスに対する謙虚さと他人の意見に対する寛容を内包しているのである。この意味で個人主義は、自分たちでそのプロセスを率いたいという欲求の根底にある傲慢と、まさに対極にあると言えよう。

12

第12章
ナチズムを生んだ社会主義

The Socialist Roots of Nazism

自由主義に反対する勢力は、あらゆる自由主義的なものに団結して対抗する。

——メラー・ヴァン・デン・ブルック[1]

1 Arthur Moeller van den Bruck, *Das dritte Reich* (Hanseatische Verlagsanstalt, 1931), p.102.

国家社会主義は不合理で何の知的根拠もない理性に反する思想だと決めつける人が多いが、これはまちがっている。このような見方は真実とかけ離れており、人々を誤った方向に導きかねない。もしそのように不合理な思想だったら、いまほど危険ではなかっただろう。国家社会主義の理念の背後には連綿たる思想の進化の積み重ねがあり、この進化の系譜には、ドイツから世界に多大な影響を与えた多くの思想家が連なっている。彼らがどのような前提から出発したにせよ、この新しい理念を生み出した思想家たちがヨーロッパの思想全体に強い印象を与えたことはまちがいない。国家社会主義の思想体系は一分の隙もないほど緻密に組み立てられている。だからいったん最初の前提を認めたら、あとはその論理展開から逃れることはできない。

この思想は、端的に言えば、個人の権利と自由を重んじる個人主義の伝統から、集産主義思想を妨げかねない要素をすべて消し去ったものである。

この思想の発展を主導したのはドイツの思想家であるが、イギリスのトーマス・カーライル、ヒューストン・ステュアート・チェンバレン、フランスのオーギュスト・コント、ジョルジュ・ソレルらの貢献も見落とすわけにはいかない。ドイツにおけるこの種の思想の発展過程は、イギリスの歴史家ロアン・バトラーの『国家社会主義のルーツ』[2]にくわしい。それによると、ドイツでは一五〇年にわたってほとんど変化することなく繰り返しこの思想が説かれてきたという。じつに恐るべきことだが、だからといって一九一四年以前のドイツで国家社会主義が主流だったと考えるのはまちがいだ。当時のドイツの思想は他国に比して多様だったと考えられ、集産主義的な思想はその中の一つにすぎなかった。むしろ全体としてみればこの主義を唱えるのは少数派であり、大多数のドイツ人からは軽蔑されていたのである。これは他の国でも同様だった。

では、なぜドイツ人の大多数、とくに若年層から支持されるようになったのだろうか。その原因を、第一次世界大戦の敗戦とその後の苦難およびナショナリズムの高まりと片付けるべきではない。多くの人は、社会主義の発展に対する資本主義的反動のせいにしたがっているようだが、こちらはますます根拠に乏しい。事実は、こうだ。集産主義的な思想を勢いづかせ、主流の座に押し上げた力は、社会主義陣営に発している。さらに、ドイツに強力な中産階級が存在しなかったことが、この思想の勢力をいっそう強めた。けっして中産階級が後押ししたわけではない。

ここ三〇年ほどドイツの指導層が指針としてきた理念は、マルクス主義思想の中の社会主義的要素とは対立しないが、この思想の中の自由主義的、国際主義的、民主主義的要素とは対立するものだった。そして、社会主義の実現を後者が妨げることが次第にはっきりしてくると、左派の社会主義者は右派の社会主義者に接近した。かくして反資本主義勢力の右派と左派、社会主義勢力の急進派と保守派が一致団結し、ドイツから自由主義的な要素を一掃したのである。

ドイツでは、社会主義は発足当初からナショナリズムと深く結びついていた。国家社会主義の主立った提唱者として知られるヨハン・ゴットリープ・フィヒテ、ヨハン・ロートベルトゥス、フェルディナント・ラッサールらが社会主義思想の父でもあった、という事実に注意

2 Rohan Butler, *The Roots of National Socialism* (E. P. Dutton, 1942).

されたい。社会主義理論がマルクス主義の形でドイツ労働運動の指導原理となっている間は、権威主義的・国粋主義的な色合いは薄かったものの、この期間は長くは続かなかった。＊一九一四年以降は、マルクス社会主義を奉じる一派から次々に理論的指導者が出現する。彼らは、保守主義者や反動主義者ではなく勤勉な労働者や夢見る若者たちに目をつけ、国家社会主義の罠に誘い込んだ。こうした準備期間を経て国家社会主義は主流にのし上がり、急速にヒトラーの教義に取り込まれていくことになる。一九一四年にドイツを襲った戦争熱は、敗戦を経ても完全には鎮静化せずに国家社会主義の火種となった。これを後押ししたのは、古い社会主義者たちだったのである。

＊＊＊＊＊

この動きを代表する人物として第一に挙げられるのは、故ヴェルナー・ゾンバルトだろう。悪名高い『商人と英雄』が出版されたのは、一九一五年のことである。[3] ゾンバルトは当初マルクス主義の立場をとっており、四六歳になった一九〇九年には、自分は生涯の大半をカール・マルクスの思想のために戦ってきたと誇らかに述べている。彼は（彼だけではないが）ドイツに社会主義思想を広めると同時に、資本主義に対する敵意も浸透させた。マルクス思想がドイツで浸透したのは、ゾンバルトの影響が大きかったと言ってよい。これに対して他国で広まったのは、ロシア革命が始まる頃だった。一時期ゾンバルトは、過激な思想ゆえに大学教授になれない迫害された社会主義的知識人の典型とみなされていた。第一次世界大戦後は、政治面ではマルクス主義者としての活動はやめたものの、マルクス主義歴史観は持ち続け、歴史家としての影響力はドイツ内外できわめて大きかった。特筆すべきは、イギリスとアメリカの計画論者に多大な影響を与えたことである。

戦意高揚のために書かれた『商人と英雄』の中で、古いタイプの社会主義者であるゾンバルトは「ドイツの戦争」を歓迎し、イギリスの商業文化とドイツの英雄文化との避けられない戦いだと位置づけている。彼はイギリス人の「商人的」なものの見方を蔑み、イギリス人は闘争本能をことごとく失ってしまったと決めつけた。ゾンバルトからすれば、誰もが個人の幸福

＊ 権威主義的・国粋主義的な色合いは薄かったと言っても、全部が全部にそうだったわけではない。社会民主党指導部の一人であるアウグスト・ベベルは、ビスマルクに対し「ドイツでは社会民主主義が軍国主義の導入の役割を果たしておりますので、首相はご安心ください」と言った。

3 Werner Sombart, *Händler und Helden: patriotische Besinnungen* (Duncker & Humblot, 1915).

を追い求めることほど軽蔑すべきことはないのだった。そしてイギリス人の精神をもっともよく表しているのは、新約聖書の「そうすればあなたは幸福になり、地上で長く生きることができる」（「エフェソの信徒への手紙」六章三節）という約束だとして、「商人根性から発された最も恥ずべき約束」だと断じている。一方、フィヒテ、ラサール、ロートベルトゥスらによる「ドイツ的国家観」によれば、国家を建設し形成したのは個人ではないし、個人の集合体でもない。また国家は、個人の利益に適うことは目的としていない。国家とは、個人が権利を持たず義務だけを負う「民族共同体（volksgemeinschaft）」だという。個人の権利の主張などというものは商業精神の表れにほかならず、フランス革命が掲げた「自由、平等、友愛」はまさにその典型であって、個人に利益をもたらすことだけが目的だったとされた。

　ゾンバルトによれば、第一次世界大戦前にはイギリスの商業的理想や快楽やスポーツが花開く一方で、ドイツの英雄的生活の理想は消滅の危機に瀕していた。イギリス国民はすっかり堕落し、組合活動家も「安楽の泥沼」に首まで浸かったうえに、他国民にまで毒をまき散らし始めた。戦争が勃発して初めて、ドイツ人は自分たちが真の戦士であることを思い出し、経済活動を始めとするすべてに優先するのは戦争目的であることを再認識したという。戦争を崇拝するドイツ人が他国から軽蔑されていることをゾンバルトは知っていたが、逆にこれを誇りとした。戦争を非人間的あるいは無意味とみなすのは商人の見方である。個人の命、国民の命、いや国家そのものの命よりも崇高なものがこの世にはある、そのために自己犠牲を払うことが個人の存在理由だ、とゾンバルトは主張した。彼にとって戦争とは英雄的人生観を体現する場であり、イギリスとの戦争は、対立する理念との戦い、個人の自由とイギリス的快楽という商業的理想との戦いだった。イギリス軍の塹壕からひげ剃りが発見されたことを、このイギリス的快楽主義の象徴として、ゾンバルトはひどく馬鹿にしたものである。

＊＊＊＊＊

ゾンバルトのこの過激な主張は、当時の大方のドイツ人にとっても行き過ぎと感じられたらしい。だが基本的に同じ考えに行き着いたドイツ人の学者がもう一人いた。ヨハン・プレンゲである。こちらは穏やかで学究的だったために、より効果的だったと言える。プレンゲはゾンバルトに匹敵するマルクスの専門家であり、著書『マルクスとヘーゲル』[4]は、マルクスに傾倒す

4 Johann Plenge, *Marx und Hegel* (H. Laupp, 1911).

る学者の間でヘーゲル復活の端緒となった。プレンゲが骨の髄から社会主義者だったことに疑いの余地はない。彼には戦争を論じた著作が多数あるが、中でも最も重要なのは、『一七八九年と一九一四年――政治思想史における象徴的な年』[5]という意味ありげなタイトルの短い本である。同書は当時広く議論を巻き起こした。ここで論じられているのは「一七八九年の思想」すなわち自由の理念と、「一九一四年の思想」すなわち組織の理念との対立である。プレンゲは他の理論家同様、学問理念を社会の問題に荒っぽく当てはめて社会主義を導き出したのであり、彼にとって、組織化は社会主義の本質そのものだった。一九世紀初めのフランスで誕生した社会主義運動を支えたのは組織である、というプレンゲの指摘は正しい。マルクス主義は、自由という抽象概念に空想的に固執した結果、社会主義のこの基本理念に背を向けた。ようやくいまになって組織が重視されるようになったことは、H・G・ウェルズが指摘したとおりである（プレンゲはウェルズの『アメリカの将来』（一九〇六年）から深く影響を受け、ウェルズを現代社会主義における傑出した人物の一人だと評した）[6]。とりわけドイツでは組織の理解が深まり、しかも実行に移された。となれば、イギリスとドイツの戦争は、対立する理想の衝突だったと言えるだろう。「世界経済戦争」とも言うべき第一次世界大戦は近代史における三番目の思想闘争とみなすべきであり、一番目の宗教改革、二番目のフランス革命に劣らず重要だとプレンゲは述べる。一九世紀に発展した経済は、社会主義と組織という新勢力を生んだ。この新勢力が勝利をめざして戦ったのが第一次世界大戦だった、とプレンゲは言う。

「思想の世界では、ドイツは社会主義者の夢を最も力強く語る国であり、現実の世界では、ドイツは高度に組織化された経済システムを最も力強く構築した国である。このように、二〇世紀はわれわれとともにある。戦争がどのような形で終わっても、われわれが模範的な国民であることに変わりはない。人類の目標を定めるのはわれわれの理念だ。世界の歴史はいま、われわれの新しい偉大な理念が最終勝利を収める輝かしい光景を前にしている。同時にイギリスでは、世界の歴史を動かしてきた思想の一つがついに終焉を迎えることになる」[7]

プレンゲは、一九一四年にドイツに出現した戦時経済を次のように描写している。

「社会主義社会を最初に理解し、その精神を息づかせ、ただ追求するだけでなく、初めて具現化した。戦争の必要上、ドイツ経済には社会主義の理念が確立され、祖国の防衛から人類のための一九一四年の思想が生まれた。それはドイツ的組織の理念、すなわち国家社会主義を

5 Johann Plenge, *1789 und 1914: die symbolischen Jahre in der Geschichte des politischen Geistes* (J. Springer, 1916).
6 H. G. Wells, *Future in America: A Search after Realities* (Harper & Brothers, 1906).
7 Johann Plenge, *1789 und 1914.*

奉じる民族共同体である……われわれがはっきり気づかないうちに、ドイツの政治は国家においても産業においてもより高いステージに到達していた。国家と経済は新たな統合を形成している……公務員を特徴づける経済的責任感は、いまや民間にも浸透している……経済活動におけるドイツの新しい協調組合主義（プレンゲも認めるとおり、まだ成熟してはいなかったが）は、かつて存在したことのない最高の形態である」[8]

初めのうちプレンゲは、自由の理想と組織の理想の宥和にまだ望みをかけており、全体への個人の服従は自主性に委ねるとしていた。だがこうした自由主義の痕跡は、やがて彼の著作から消えていく。一九一八年には、プレンゲにとって社会主義と権力政治は完全にイコールで結ばれていた。戦争終結の直前には社会主義者の機関誌「ディー・グロッケ」に寄稿し、同胞に次のように呼びかけている。

「社会主義は組織でなければならない、よって社会主義は力の政治でなければならない。この事実をいまこそ認めるべきだ。社会主義は力を勝ちとらなければならず、盲目的に力を破壊してはならない。民族が対決する戦争を戦ういま、社会主義にとって最も重大な問題は当然ながらこうなる——複数の民族を組織する模範的な指導者として権力の座に就くべき卓越した民族はどれか、ということだ」

そしてプレンゲは、やがてヒトラーの新秩序構想を正当化する思想をことごとく先取りしてみせた。

「組織を本質とする社会主義の立場からすれば、自決権という国民の絶対的権利は、個人主義的に経済を無秩序化する権利ではない。経済活動における自決権は個人に与えるべきものではない。社会主義においては、歴史が決めてきた力の分配に従う範囲でのみ、国民に団結権を与えることになる」

＊＊＊＊＊

プレンゲがこのように明確に示した理念は、ドイツのある種の科学者や技術者の間でとくにもてはやされた。いやむしろ、プレンゲの見方は彼らの中から生まれたと言うべきかもしれない。彼らは生活のあらゆる面を政府が計画して組織することを要求し、いまではイギリスの同様の一派も同じようなことを主張している。ここで指導的な役割を果したのは、著名なノー

8 Johann Plenge, *1789 und 1914*.

ベル賞受賞化学者ヴィルヘルム・オストヴァルトである。公の場で表明したとされる彼の主張の一つは、とくによく知られている。

「ヨーロッパはいまだに組織されておらず、ドイツはヨーロッパの組織化を望んでいる。ここで、ドイツの偉大な秘密をお教えしよう。ドイツ人は、いや正しくはドイツ民族は、組織の重要性を理解しているということだ。他国の体制はいまなお個人の自由に基づいているが、われわれの体制はすでに組織に基づいている」

軍事省戦時原料局長を務めたヴァルター・ラーテナウが君臨する部局では、これとよく似た考えが浸透していた。このラーテナウは、ナチス思想史のようなものが書かれるとしたら、相当に重要な位置付けをされるべき人物である——とはいえ、自分の全体主義経済理論の行き着く先にもし気づいていたら恐怖に襲われたにちがいないが。ともかくもラーテナウの著作は、第一次世界大戦の戦中・戦後世代の経済観に多大な影響を与えた。さらに近しい協力者の一部は、のちにゲーリングの五カ年計画で中心的役割を果たしている。やはりプレンゲやオストヴァルトに近い思想の持ち主として、フリードリヒ・ナウマンも挙げておかねばなるまい。ナウマンは当初マルクス主義者だった政治家で、その著書『中欧論』は、戦争関連の著作としてはドイツでおそらく最も読まれたと言ってよかろう。* とはいえ、この種の思想を最も深化させると同時に広く浸透させたのは、何と言ってもパウル・レンシュである。レンシュは行動派の社会主義政治家で、議会では社会民主党左派に属していた。彼は初期の著作ですでに、第一次世界大戦を「社会主義の発展を目の当たりにしたイギリス中産階級の逃走」と捉えるとともに、社会主義の自由の理念とイギリスのそれとのちがいを論じている。そして三作目の『世界革命の三年間』では、プレンゲの影響を受けつつ自説を存分に展開し、戦争に関する著作として大きな成功を収めた。** 同書では、ビスマルクがとった保護主義政策がドイツの産業集中とカルテル形成にどのように寄与したかを取り上げ、多くの点で正確かつ興味深い歴史的分析に基づいて議論を展開している。レンシュのマルクス史観によれば、こうした産業の推移は、より高次の発展段階に達したことを表しているという。

「ビスマルクが一八七九年に下した決定には、ドイツに革命家の役割を与える効果があった。つまり世界の他の国に比して、より高度で先進的な経済制度を代表する国と位置づけるこ

* ナウマンの思想の要約は、Rohan D. Butler, *The Roots of National Socialism*, (E. P. Dutton, 1942), pp. 203-9 を参照されたい。本文中に引用した他の文章に劣らず、ドイツにおける社会主義と帝国主義の結びつきを的確に説明している。

** Paul Lensch, *Three Years of World Revolution*, with a Preface by J. E. M., (Constable and Co., Ltd., 1918). 先見の明のある人々がいたおかげで、第一次世界大戦中に同書の英訳が出版された。

とになった。この点を自覚し、現在進行中の世界革命においてドイツは革命の側に立ち、最大の敵国イギリスは反革命の側に立っていることを認識しなければならない。この事実から、一国の政体が代議制・共和制か、君主制・専制君主制かということは、歴史的観点からその国を自由な国とみなせるかどうかには、ほとんど影響しないことがわかる。手っ取り早く言えば、自由主義や民主主義といった概念は、英国流個人主義思想の産物にすぎない。彼らの見方からすれば、弱い政府を戴く国が自由な国で、個人の自由に些細な制限を設けただけでも独裁や軍国主義のやり口だということになる」

レンシュによれば、ドイツは高次の発展段階に達し、歴史によって「先進的な経済制度を代表する国」と位置づけられた国である。この国では「社会主義が実現する条件がすでに整っていたため、社会主義のための闘争はきわめてわかりやすいものとなった。そこで、ドイツが敵に勝利を収め、世界に革命を起こすという歴史的使命を果たせるかどうかということが、あらゆる社会主義政党の重大な関心事となった。ドイツ対三国協商の戦いは、資本主義以前の時代に下位中産階級が没落を食い止めようとした試みとよく似ている」と述べ、次のように続けている。

「資本の組織化は第一次世界大戦前にとくに意識せずに始められ、大戦中は意識的に続けられたが、戦後は組織的に継続されることになろう。この背景にあるのは、組織化そのものへの憧れではない。また、社会の発展にとって社会主義のほうが好ましいと認められたからでもない。いま社会主義の先頭に立っている階級にしても、すくなくともつい最近までは、この主義に反対を表明していた。社会主義は、いま生まれようとしている。いや、もうそれなしには生きられないという意味からすれば、かなり広い範囲ですでにわれわれとともにある」

それでもなおこの流れに逆らうのは自由主義者だけだ、とレンシュは語る。

「この種の人たちは、無意識にイギリスの基準に従って考える癖がついている。教育水準の高いドイツ中産階級は、例外なく自由主義者とみなしてよろしい。自由、市民権、立憲主義、議会政治といった自由主義の政治概念は、個人主義的な世界観の申し子だと言える。それを古典的に体現したのがイギリス自由主義であり、ドイツには一八五〇年代から七〇年代にかけて中産階級の指導者によって導入された。だがイギリスの基準はもはや時代遅れだ。第一次世界大戦で古くさいイギリス自由主義が破壊されたように、イギリスの基準も破壊された。いますべきは、これらの古い政治概念を捨て、国家と社会の新しい概念を育むことである。この新しい世界では、社会主義は個人主義にはっきりと反対の立場を表明しなければならない。このことと関連して、驚くべき事実を一つ挙げておこう。ドイツはよく反動的だと言われるが、じつは労働階級が国家の中で堅固な地位を自ら勝ちとっている点では、イギリスをもフランスをも上回っているのである」

そしてレンシュは次のような考察を披瀝するが、ここにもまた多くの真実が含まれており、一考に値する。

「社会民主党は、普通選挙のおかげで帝国議会、地方議会、商事裁判所、保険基金その他の機関で手に入る限りのポストを手に入れ、国家組織に深く根を下ろした。しかしその代償として、国家が労働者階級に多大な影響力を行使するという事態を受け入れなければならなかった。たしかに五〇年におよぶ活発な社会主義労働運動の結果、国家は普通選挙が初めて実施された一八六七年と同じではなくなっているが、しかし社会民主主義もまた、当時とはちがってきている。国家は社会主義化のプロセスを、社会民主主義は国家主義化のプロセスをたどったのである」[9]

＊＊＊＊＊

こうしてプレンゲとレンシュは、国家社会主義の直接の生みの親となる思想家たちに主要な理念を提供したのだった。ここでは、その中で最もよく知られた人物として、哲学者のオスヴァルト・シュペングラーと歴史家のアルトゥール・ヴァン・デン・ブルックの二人を挙げておこう。[*10] シュペングラーが社会主義者かどうかは意見の分かれるところだろうが、『プロセイン主義と社会主義』(一九二〇年)[11] と題する小冊子に表明されたのは、まさしく当時ドイツの社会主義者の間で広く共有されていた思想そのものである。そのことを示すには、文章の一部を引用するだけで十分だろう。たとえば「かつてのプロセイン精神と社会主義思想は、今日では近親憎悪のように憎み合っているが、実際には同根であり、一つのものである」がそうだ。またドイツにおける西欧文明の代弁者として自由主義者を挙げ、彼らのことを「隠れイギリス軍」と

* 同じことは、ナチスを生んだ世代の知的指導者の多く、たとえばオトマール・シュパン、ハンス・フライヤー、カール・シュミット、エルンスト・ユンガーらにも当てはまる。Aurel Kolnai, *The War against the West* (V. Gollancz, 1938) を参照されたい。ただし同書は、興味深くはあるものの、研究対象が戦後に限定されている。このため、これらの理念はすでに国粋主義者に取り入れられた後であり、そのルーツが社会主義にあったことが見落とされてしまったという欠点がある。

9 Paul Lensch, *Three Years of World Revolution*, p210.
10 ArthurMoeller van der Bruck, *Das dritte Reich* はヒトラーに多大な影響を与えた。
11 Oswald Spengler, *Preussentum und Sozialismus* (Beck, 1920).

呼んだ。「イエナの戦いに勝利したナポレオンがドイツに残した置き土産」だという。シュペングラーは、プロセイン王国の宰相を務めたカール・アウグスト・フォン・ハルデンベルクや同初代教育相を務めたカール・ヴィルヘルム・フォン・フンボルトといった自由主義的な改革者を、一括りに「イギリス人」と片付けた。そしてこのような英国精神は、一九一四年に始まったドイツ革命によって排除されるだろうと述べた。

「西ヨーロッパで最後まで残る三カ国（イギリス、フランス、ドイツ）は、三通りの政体をめざしてきた。それぞれの政体は自由、平等、共同体というキーワードで表すことができ、具体的には自由主義的議会制、社会主義的民主制、独裁的社会主義という形をとった。[*]……ドイツ人、正確にはプロセイン人は、権力は全体のものだと直観的に考える……全員にしかるべき位置が与えられ、命令するか、服従する。このようなあり方は一八世紀からずっと独裁的社会主義と呼ばれており、イギリスの自由主義とフランスの民主主義を基準とする限りにおいて、基本的に自由主義にも民主主義にも反するとみなされてきた。……ドイツには、イギリスやフランスと一致せずに憎まれ非難されるものが多くあるが、ドイツ国内で軽蔑されているのは自由主義だけである。

イギリスの国民構成は富者と貧者を、プロイセンでは命じる者と従う者を基本とする。このように、階級区分の意味合いは両国でまったくちがう」

シュペングラーは、イギリスの競争制度とプロイセンの管理経済制度の根本的なちがいを論じ、さらに(意識的にレンシュを受け継いで)ビスマルク以後、経済活動の意図的な組織化が次第に社会主義の色合いを深めてきたことを指摘した一節に続けて、次のように述べている。

「プロイセンには、気宇壮大な真の国家が存在していた。厳密に言えば、そこには私人というものは存在できない。精密機械のような体制の中で暮らす人はみな、ある意味でこの機械の歯車だった。したがって議会制とは異なり、公の事柄を民間人に委ねるといったことはあり得ない。すべては公務である。責任ある政治家は公務員であり、公僕である」

「プロイセン的構想」では国民全員が国家公務員となり、賃金は国が決めることになる。特筆すべきは、あらゆる財産の管理が給料をもらってやる仕事になることだ。そして未来の国家は官僚国家になるという。

＊ シュペングラーのこの見方は、ナチスの憲法学者カール・シュミットが取り上げており、こちらはひんぱんに引用されている。それによれば、政体は次のように進化するという。「一七〜一八世紀の絶対国家、自由主義的な一九世紀の中立国家、そして国家と社会が一体化する全体主義国家と、弁証法的三段階を踏む」。Carl Schmitt, *Der Hüter der Verfassung* (Mohr, 1931), p. 79(邦訳『憲法の番人』第一法規出版刊)を参照されたい。

「ドイツにとってだけでなく世界にとって重大な問題は、将来的には商業が国を支配するのか、国が商業を支配するのか、ということだ。これは、ドイツが世界に代わって解決すべき問題である。この問題を前にしたとき、プロイセン主義と社会主義は一つになる……プロイセン主義と社会主義は、ドイツの中のイギリスに対して共闘するのだ」

　ここから国家社会主義の守護神ブルックまでの距離はほんのわずかだ。ブルックは、第一次世界大戦は自由主義対社会主義の戦いだったと主張した。「われわれは西との戦争に負けた。社会主義が自由主義に負けたのだ」と。* シュペングラーと同じくブルックにとっても、自由主義は天敵だった。彼は、誇らしく語っている。

「今日のドイツには自由主義者は一人もいない。若い革命家と若い保守主義者はいるが、自由主義者になりたがる者はいない。……自由主義と聞くと、いまやドイツの若者は吐き気や怒りや不快な軽蔑をもよおして背を向ける。彼らの人生観とこれほど隔たり、矛盾し、敵対する思想はほかにない。今日のドイツの若者は、自由主義者を天敵と見なしている」

　ブルックが唱えた「第三帝国」は、ドイツ人にふさわしい社会主義、西洋の自由主義思想に冒されていない社会主義を意図していた。そしてドイツはまさにそうなったのである。

　こうした考えを抱いていたのは、シュペングラーとブルックだけではない。早くも一九二二年には、アメリカの心理学者カール・プリブラムが、当時のドイツに見られた「一見して奇妙な異変」に第三者の視点から言及している。

「彼らの見方によれば、資本主義的な秩序との戦いは、三国協商との戦争の続きだという。この戦いの武器はドイツの精神性と計画経済だ。この戦いが現実の社会主義への道を拓き、ドイツ人を彼らにとって最も高貴なよき伝統に回帰させるというのだ」**

ドイツを敗戦に追いやったのは自由主義である。だから、あらゆる形態の自由主義と戦う——社会主義者も保守主義者もそう考え、両者は共闘するにいたる。この精神を歓迎し、社会主義と国粋主義を一体化させたのが、ドイツ青年運動である。この運動は、発想も取り組み方もじつに社会主義的だった。一九二〇年代後半になってヒトラーが台頭するまで、青年たちは機関誌ディー・タートを中心に集まり、フェルディナンド・フリートの薫陶を受けて知的指導

＊ Arthur Moeller van den Bruck, *Sozialismus und Aussenpolitik* (W. G. Korn, 1933), pp. 87, 90, 100. ここに収録された論文が最初に発表されたのは、一九一九〜二三年の間である。ここには、本文中で取り上げた主張をくわしく論じた「レーニンとケインズ」が含まれている。

＊＊ Karl Pribram, "Deutscher Nationalismus und Deutscher Sozialismus", *Archiv für Sozialwissenschaft und Sozialpolitik*, vol. 49, 1922, pp. 298-99. プリブラムはこのほかの例として、哲学者のマックス・シェーラーが「ドイツが世界で果たすべき社会主義の使命」を説いていること、マルクス主義理論家のカール・コルシュが民族共同体の精神を訴えていることを挙げた。

者に育っていった。この集団はやがてドイツで「高貴なナチス」と呼ばれるようになるのだが、そこから生まれた代表的な著作がフリートの『資本主義の終焉』(一九三一年)だったと言ってよかろう。このような著作が世に出たことはまことに遺憾である。というのも、今日のイギリスで見られる多くの主張がこれに酷似しているからだ。イギリスでもやはり右派と左派の社会主義者が団結しているし、古い意味での自由主義的なものに対しても片端から軽蔑を露《あらわ》にしている。多くの思想家は、民主社会主義だとか、キリスト教社会主義といった表現を使って、国家社会主義につながる気運を高めた。そしていまのイギリスでは、民主社会主義が世論を席巻している。となれば本物の戦争が始まる前に、「ドイツの精神性と計画経済」を武器とする戦いでは、ドイツは西欧にほとんど勝利したと言えるのではあるまいか。

13

第13章
いまここにいる全体主義者

The Totalitarians in our Midst

権力が組織という衣裳をまとったときの魅力は抗しがたく、
自由な人々の社会を全体主義国家に変貌させるにいたる。

——ザ・タイムズ[1]

1 "The Home Front," *The Times*, February 24, 1937, p.15.

全体主義国家の政府のやることが常軌を逸しておぞましいために、あの体制がいつかイギリスにも出現するかもしれないという懸念は逆に高まらず、むしろ、まさかあのようなことは我が国では起こるまいという安堵感のほうが強まっていると言えそうだ。ナチス・ドイツを目の当たりにすると、彼我の隔たりはあまりに大きく、彼の国で起きていることがイギリスの今後に何か意味を持つとはとても思えない。しかも両国の乖離は大きくなる一方なのだから、イギリスも同じ方向に向かっているという見方など頭から否定できそうである。だが、忘れないでほしい。ほんの一五年ほど前には、九割方のドイツ人も、このようなことが起きるとは想像もしていなかった。いやドイツ人だけではない、ドイツ嫌いの観測筋でさえそうだった（いまになって、そんなことはお見通しだったと宣《のたま》うかもしれないが）。

だがすでに述べたように、いまのイギリスが一段と似通ってきているのは、いまのドイツではない。二、三〇年前のドイツである。二、三〇年前に「ドイツだから」と片付けられていた多くのことが、いまやイギリスで頻々と見かけるようになった。この流れが加速していることを示す徴候も少なくない。とりわけ重大なのは、右派と左派の経済観が近づいてきたこと、そして長らくイギリスの政治を支えてきた自由主義に対して共同歩調をとって反対していることだ。こうした事情にくわしい外交官にして歴史家のハロルド・ニコルソンは、前回の保守政権では、「新米議員の中で有能な連中はみな……本音では社会主義者だった」と述べている。*それに、フェビアン運動のさかんな頃がそうだったように、多くの社会主義者が自由主義者よりも保守主義者に同調するようになってきたことは、疑う余地がない。これに類する現象は枚挙にいとまがない。国家称揚、権力崇拝、弱肉強食思想、組織（いまではこれを計画と呼んでいるが）への傾倒などがそうだ。また六〇年前にはドイツでさえ、歴史家のハインリヒ・フォン・トライチュケが「経済に内在する成長力に頼っているわけにはゆかなくなった」と歎いたものだが、こうした傾向も、当時のドイツに劣らずイギリスでも歴然としている。

イギリスはこの二〇年で、ドイツが歩んだ道をどれほど進んできたことだろう。第一次世界大戦中には、政治や倫理に関する英独間のちがいがいまより真剣に論じられたものだが、そのうちのいくつかを今日読んでみると、この国がドイツに近づいていることを痛感させられる。当時のイギリス人は、彼我のちがいを今日より正しく評価していたと言って差し支えあるまい。多くの人が自国固有の伝統に誇りを抱いていた。だが、当時イギリスらしいと認められていた政治観のうち、いま残っているものはほとんどない。イギリス人の大半は、かつての政治観をことさらに否定しないまでも、半ば恥じているらしい。政治や社会問題に関して、かつてイギリス的と世界から見られていた思想家ほど、いまや自国で忘れられた存在になったと言っても誇張にはなるまい。たとえばモーリー卿、ヘンリー・シジウィック、アクトン卿、アルバート・ヴェン・ダイシーといった人々は、かつては自由主義イギリス政界の良識を体現する傑出した人材として世界中から尊敬されていたが、現世代にとっては、古色蒼然たるヴィクトリア朝の歴史的人物にすぎない。また近頃のイギリスでは、ビスマルクを好意的に扱う文献には事欠かないが、四度にわたり首相を務めたグラッドストンの名前を若手研究者が言及することはめったにない。仮に言及しても、ヴィクトリア朝の倫理観や素朴な理想主義に対する冷

＊ Harold Nicolson, *Spectator*, April 12, 1940, p. 523.

笑を伴うことがつねである。このことほど、イギリスの変質を痛ましく示す事実はほかにない。

第一次世界大戦中のドイツの思想についてはすくなからぬイギリス人が論じているが、彼らが発した警告の大半は、今日のイギリスで堂々と主張されている思想にも当てはまる。本章ではいくつかのパラグラフを割いて、当時のイギリス人が抱いた懸念と危機感をできるだけ正確に読者にお伝えしたい。まずはケインズ卿だが、一九一五年に書かれた論文から一節を引用するだけで事足りるだろう。歴史学者フィリップ・ヤッフェによる当時のドイツを代表する著作『産業活動の軍事化』を解説して、卿は「悪夢」だと述べている。

「平時であっても、産業はつねに動員状態にすべきだという。これが、産業の軍事化ということであるらしい。個人主義は廃絶されねばならず、規制を制度化せねばならない。その目的は、個人の幸福を増やすことではない（ヤッフェは厚顔にも、多弁を弄してこの点を強調している）。目的はあくまで、効率を最大化するために国家の組織的統合を強化することだ。それが個人にもたらす恩恵は副次的なものにすぎない。このおぞましい信条は、ある種の理想主義として神聖視されている。国家は閉じた統合体となり、ゆくゆくはプラトンの言う理想の姿、すなわち国家の上位を実現しなければならないというのである。具体的には、戦争が終わったら、産業への国家介入を強化する……対外投資も、海外移住も、世界全体を市場とみなす近年の産業政策も、どれも危険きわまりないという。産業の古い秩序は利益中心だったが、この秩序はいまや死に体である。新生ドイツは、利益に拘泥しない二〇世紀の大国となり、一〇〇年前にイギリスから輸入された資本主義体制の息の根を止めるという」*。

たしかにイギリスには、個人の幸福を堂々とないがしろにするような思想家は、私の知る限りではまだいない。だがこの点を除けば、現代イギリスの多くの文献はまさに同じことを述べているのではあるまいか。

しかも、ドイツなどの全体主義を導いた思想のみならず、全体主義自体の主張の多くまでもがさまざまな国で求心力を発揮し始めたことは、疑いようのない事実である。いまのところイギリスでは、全体主義を全面的に受け入れようとする人は、たとえいたとしても一握りだろう。だが、その一握りの人たちを見習うようご親切にも忠告してくれる連中は、あちこちにいる。ヒトラーの著作に書かれていることはイギリスのためにも実行したほうがいいと奨める人が、イギリスにもかなりいるのである。その多くが、反ユダヤ主義を掲げるヒトラーに恨みを

* John Maynard Keynes, "The Economics of War in Germany," *Economic Journal*, vol. 25, September 1915, p. 450.

抱いているはずの人たちだ。この特異な政策のために祖国を脱出し、ヒトラーの敵に回った多くの人が、じつはドイツ流の確固たる全体主義者であるという事実を肝に銘じなければならない。*

かつてドイツでは、西洋文明への信頼を覆し、ナチズムが台頭する精神的素地をつくった著作が数多く出版された。現在のイギリスの政治的文献の多くは、それらに酷似してきている。だがそのことをふつうの言葉で説明したところで、読者にはうまく伝わりそうもない。似ていると言っても、何らかの論拠に類似性があるのではなくて、問題に取り組むときの気分が似通っているのであり、過去との文化的なつながりをきっぱりと断ち切り、壮大な社会実験の成功にすべてを賭すという気運が似ているのである。ドイツでもそうだったが、イギリスでも、全体主義への扉を開く著作の多くを生み出したのは真摯な理想家であり、すぐれた研究者である。

同じような考えを発表する人がたくさんいる中で、ここでとくに誰かを例に挙げるのは不公平にはちがいない。だが、全体主義へ向かう動きがイギリスでどれほど進行しているのかを示す効果的な方法を、私はほかに知らない。そこでここでは敢えて、誠実で無私な姿勢を誰もが信頼している学者を代表例として選ぶことにする。こうすれば、全体主義につながる思想がどれほど急速にイギリスで拡がっているかを読者にはっきり示せると期待するからだ。とはいえこのやり方で、論理に劣らず重要な気運の類似性までうまく伝えられるとは思っていない。直観的に気づいた徴候を明確に説明するためには、考えや言葉のかすかな変化までくわしく数え上げねばならないだろう。「小」より「大」だとか、「静」より「動」だとか、「部分」より「全体」だといった主張をする人たちと話していると、始めは意味がないと感じたことが、同じ思考の持ち主に共通する特徴だと気づかされる。だがここで扱えるのは、彼らが言葉や文字にしたことだけだ。

＊＊＊＊＊

＊ ナチスに転向した元社会主義者がどの程度いるかを調べる場合には、元社会主義者の総数に占める割合ではなく、ユダヤ人でない元社会主義者の数に占める割合を見ないと意味がない（ユダヤ人の場合、ナチスに転向することはあり得ない）。ドイツからの政治亡命者のうち、ドイツで使われる意味でのユダヤ人でない左翼思想の持ち主が比較的少ないことは、意外な特徴である。彼らがドイツの制度を褒めるのを何度聞かされたことだろうか。そのたびに判で押したように「ヒトラー氏が私の偶像だなんて、とんでもない。個人的な理由からしても、そんなことになるはずがありません。しかしですね……」という前置きがつく。最近の学会では、「一考に値する全体主義の経済的動員テクニックの特徴」をまとめた報告の中でこうした例が紹介された。

最初の例として挙げるのは、すぐれた歴史学者の手になる二冊の著作、E・H・カーの『危機の二十年』と『平和の条件』[2]である。どちらもここ数年で多くの人に読まれてきた。今日のイギリスを見渡すと、いま問題にしているドイツ思想の影響がこれほどはっきりと表れている著作は、ほかには見当たらないと言ってよいほどだ。

一九三九年に発表された『危機の二十年』の冒頭で、カーは自分が「ドイツが本場であり、ヘーゲルやマルクスといった偉大な人物を手がかりにしてその発展の経緯をたどることができる現実主義者の〝歴史学派〟」の信奉者であることを率直に認めている。彼の説明によれば、現実主義者とは「倫理に対する政治の優位を主張する人々」であって、「事実以外の価値は論理的に受け入れられない」人を意味する。カーはこの「現実主義」を、まことにドイツ的なやり方で、一八世紀に生まれた「ユートピア」思想と対比させる。このユートピア思想は「最終判断を人間の良心に委ねる点で本質的に個人主義思想」であるとされ、このように「抽象的な一般原則」に基づく古い倫理観は放逐せねばならない、なぜなら「経験主義者は個別のケースをその利害得失に基づいて扱う」からだという。これはご都合主義にほかならず、「合意は拘束する（pacta sunt servanda）という原則は、倫理規範ではない」とまでカーは述べている。抽象性の高い一般原則を捨てれば、ことの善悪は裁量的な判断に委ねられるし、国際条約も信義上の拘束力を持たないのであれば意味をなさないが、そうしたことはカーにとっては問題ではないらしい。

それどころか、本人があからさまに述べたわけではないが、第一次世界大戦でイギリスはまちがった側についたと考えている節がある。イギリスの戦争目的に関する二五年前の声明をいま読み直してみると、ドイツ的とされていた当時の考え方がいまのカーとよく似ていることに気づくだろう。もっともカー自身は、イギリスにさまざまなものの見方が存在したのはイギリス的偽善の結果だと言いかねない。イギリスが掲げていた理想と今日のドイツが実践している理想はほとんど同じだ、とカーは考えている。そのことを雄弁に物語る一文を引用しよう。

「ある有名な国家社会主義者が『ドイツ国民を利することはすべて正しく、ドイツ国民を害することはすべて誤っている』と述べたが、これは、ウィルソン、トインビー教授、セシル卿を始め多くの人々が英語圏の国々のために行った主張、すなわち国益と普遍的正義を同一視する考え方と同じことを主張したにすぎない」

[2] E. H. Carr, *The Twenty Years' Crisis* (Macmillan, 1940)(邦訳岩波文庫)、*Conditions of Peace* (Macmillan, 1942)(邦訳建民社)

カーの著作の多くは国際問題を論じており、彼の特徴的な傾向がよく表れているのもこの分野である。そこから垣間見えるカーの未来社会像は、全体主義モデルに基づいているように見える。ときには、これほど似ているのは偶然なのか、それとも意図的なのか、迷うほどだ。たとえばカーは、「一九世紀のように〈社会〉と〈国家〉を区別することに、われわれはもはやさしたる意味を見出せない」と主張している。これが、ナチスの全体主義の指導的理論家カール・シュミットの主張そのものだということ、さらには、シュミット自身による全体主義の定義の本質だということに、カーは気づいていたのだろうか。

また、「意見の大量生産は商品の大量生産の帰結」であり、よって「今日多くの人々の心の中に宣伝という言葉がいまだに引き起こす偏見は、産業や貿易の国家管理に対する偏見とよく似ている」と述べているのは、じつはナチスが実行している世論操作を釈明しているのではあるまいか。

『危機の二十年』の三年後に書かれた『平和の条件』では、前章の最後で提起した疑問にカーはきっぱりとイエスと答えている。

「戦勝国は平和を失った。平和を勝ちとったのは、ソビエト・ロシアとドイツである。戦勝国は、国民の権利や自由放任《レッセフェール》資本主義といった理念をいまだに掲げ、その一部を実行している。だがこれらは、かつては正しかったかもしれないが、いまや国家を破滅させるものだ。これに対してロシアとドイツは、中央集権的な計画と統制の下で世界の統合に向けて前進している。この二つの国は、意識的にせよ、無意識にせよ、二〇世紀の潮流に乗っている」

西の自由主義に対抗する東の社会主義革命をドイツは主導した。このときにドイツが掲げたスローガンが同書には再現されている。

「第一次世界大戦中に始まり、過去二〇年間ずっと重要な政治運動の原動力となってきた革命……この革命は、一九世紀の主流的な思想、すなわち自由民主主義、国家の自決権、自由放任経済の打倒をめざす革命だった」

カーは「一九世紀の思想にドイツは一度として共鳴したことがなかった。だから、この思想に対する最強の反乱者がドイツに表れたのは必然だったと言える」と指摘したが、これは正しい。そして、ヘーゲルとマルクス以降の似非歴史家がこぞって抱いた宿命的歴史観よろしく、この流れは不可避だとする。「世界がいまどこに向かっているかはわかっている。われわれはそれに従わなければならない。さもなくば死ぬだけだ」。

このような見方は、経済学でおなじみの誤謬に基づいている。技術が進歩すれば独占が拡大するとか、「潜在的なゆたかさ」が存在するといった類いの誤謬で、この手の著作にはよく見かけるものだ。カーは経済学者ではないし、経済に関する彼の議論の多くは検証に耐えられるものではない。だがカーは、こうした誤謬や、社会生活において経済が果たす役割は急速に縮小するという誤った信念を抱いているにもかかわらず、堂々と経済学的な論拠に基づいて今後の展開を予想しているし、未来への提言までしている。なんと「平等や自由といった民主主義の理想を経済の観点から再解釈」すべきだというのである。

自由主義経済学の理論に対するカーの軽蔑は、前章で引用したドイツの思想家たちに劣らず根深い（カーは自由主義思想を「一九世紀の思想」と呼ぶことに固執している。ドイツがこの思想に一度として共鳴したことがなく、一九世紀には彼が賛美する理念をはやくも実践していたことを承知しているにもかかわらず、である）。カーは、ドイツの経済学者フリードリヒ・リストの主張の受け売りもしている。それは、「自由貿易は、一九世紀イギリスの権益に基づいて立案され、同国の権益にのみ適う政策だった」というものである。そしていまでは「ある程度の自給自足経済を人為的に作り出すことは、秩序ある社会にとって必要条件である」という。「貿易障壁の廃止や一九世紀の自由放任経済の復活によって……多様で幅広い世界貿易に回帰することは……あり得ない」のだそうだ。未来はドイツ流の「大規模経済圏」にあり、「われわれが望む結果は、ちょうどヒトラーが着手したような計画的な欧州再編によってのみ実現する」というのである！

これを知ったら、『平和の条件』の中に「戦争が果たす倫理的役割」というひときわ目を引く章があるのも驚くには当たるまい。ここでカーは、「お人好しな（とくに英語圏の）人々が一九世紀の伝統に首まで浸かり、相変わらず戦争を無意味で無目的と考えている」ことを見下した態度で憐れんでいる。そして「社会の連帯を生む最強の手段」である戦争が「意味と目的」を作り出すことを歓迎する。こうした主張はいまやありふれている――それにしても、イギリスの学者の著作にそれを発見するとは、誰が予想しただろうか。

＊＊＊＊＊

ドイツでは過去百年間に知識人の間で意外な動きが見られ、これがいまほぼ同じ形でイギリスでも表面化している。それは、学者が社会の「科学的」な組織化を煽動していることだ。このことに私たちは十分な注意を払って来なかったように思う。上層部により全面的に組織化された社会という理想がドイツで推進された背景には、同国の科学技術の専門家が世論形成に固有の影響力を与えたという事情がある。ほとんど忘れられているが、ドイツの近代史においては、政治学者がフランスの政治家に匹敵する役割を果たしてきた。* こうした学者出身の政治家は、近年では必ずしも自由の味方ではない。科学者にありがちな理性の不寛容、凡人に対する専門家特有の苛立ち、優秀な頭脳による科学的計画の過信とそれ以外に対する軽蔑といったものは、いまやイギリスでも目につくようになってきたのだが、ドイツでは数世代前から日常的に見られた。教育機関の大半を「人文学」から「実学」へ全面的にシフトすると、国民にどのような影響が出るか——それを如実に示す事例は、一八四〇〜一九四〇年のドイツを措いてない。**

こうしてドイツでは、一握りの例外を除き、学者、科学者がこぞって新しい支配者に加勢する事態となった。国家社会主義の歴史を通じて、まことに気の滅入る恥ずかしい光景である。*** よく知られているとおり、科学者は自分たちこそよりよい世界への先導役であると声高に主張し、どの階級よりも熱心に新しい独裁者に服従した。****

全体主義社会への転換において知識人が果たした役割は、フランスの哲学者であるジュリアン・バンダによって予見されていた。代表作の『知識人の裏切り』(邦訳未来社刊)[3] は、出版から一五年を経たいま読むと、新しい意味を帯びてくる。ここでは、とくに重要な一節を引用しておこう。ぜひともよく咀嚼し、イギリスの科学者の政治干渉を考える参考にしてほしい。

「科学は倫理を含むあらゆる分野で有効だという迷信がある。繰り返しになるが、この迷信は一九世紀に生まれた。この迷信を喧伝する輩が本気で信じていたのか、自分たちの情熱

* Franz Schnabel, *Deutsche Geschichte im neunzehnten Jahrhundert*, vol. 2 (Herder, 1933), p.204を参照されたい。

** 古典を教えることをやめさせるべきだ、なぜなら自由という危険思想が含まれているから、と最初に述べたのは『リヴァイアサン』の著者だったと私は考えている（編注　同書第二一章を参照されたい）。

*** ドイツでは、国家主導の科学の発展とともに、科学者が権力に追従する現象が早くから出現した。それが今日イギリスでは称賛の的になっている。ドイツの著名な科学者である生理学者のエミール・デュ・ボア＝レーモンは、ベルリン大学学長兼プロイセン科学アカデミー会長として、一八七〇年の演説で恥ずかしげもなく次のように述べた。「王宮の正面に位置するベルリン大学は、ホーエンツォレルン家の学問的護衛たることを建学の使命とするものであります」（A Speech on the German War (Bentley, 1870), p. 31）。デュ・ボア＝レーモン自身がこの演説の英訳版の発行を示唆したのだとしたら、驚くべきことだ。

**** このことを裏付ける文献としては、ロバート・ブレイディの『ドイツ・ファシズムの精神と構造』（Robert A. Brady, *The Spirit and Structure of German Fascism* (V. Gollancz, 1937)を挙げれば十分だろう。ブレイディは同書でドイツ学術界の動向をくわしく解説し、次のように結論付けている。「こうして現代の社会で最も高度な教育を受けた科学者自身が、たやすく利用され、〈調整〉させられたのだった。言うまでもなくナチスは、大勢の大学教授を解雇したし、研究所から多くの科学者を追放した。だが追放されたのは、ナチスの構想に精通し強く批判していた主に社会科学分野の教授だった。厳密な考え方をするとされる自然科学分野の教授たちは、追放の対象にならなかったのである。自然科学分野で追放されたのは、ユダヤ人の教授か、とくにナチスに対立する思想の持ち主とされた教授たちだけだった。その結果、ナチスは残された教授や科学者を比較的容易に〈調整〉することができた。かくしてナチスの巧妙なプロパガンダには、ドイツ学術界の知識と支持があるという重々しさが加わることになったのである」

3 Julien Benda, *La Trahison des Clercs* (B. Grasset, 1927).

（彼らはこれが理性でなく感情に過ぎないことをちゃんとわかっていた）に科学で箔をつけたいと思っただけなのかは、わからない。ともあれ、歴史は科学の法則に従うという教条的な信念を振りかざす手合いには、独裁政権の支持者が目立って多いことに注意すべきである。これは当然の成り行きと言えよう。彼らが憎悪する二つの現実、すなわち人間の自由も個人の歴史的偉業も排除できるからだ」[4]

この手合いによく似たイギリス人には11章で言及しておいた。ジェームス・ジェラルド・クラウザーである。マルクス主義を信奉するクラウザーの著書には、全体主義に共鳴する知識人の特徴があふれており、ルネサンス以降のヨーロッパ文明に特徴的なほとんどすべてのものを憎悪していることがうかがわれる。だから、思想調査を容認するような発言が出てきたのだろう。

しかしここではこうした極端な例ではなく、知識人の代表によりふさわしく、それなりに知名度の高い人物の著作を取り上げることにしたい。生物学者コンラッド・ハル・ウォディントンの『科学的態度』[5]である。じつに個性的なタイトルのついたこの短い本は、権威あるネイチャー誌に強く支持されており、例として取り上げるのにふさわしいだろう。同書は科学者に政治権力を与えるよう要求すると同時に、計画経済を熱烈に擁護している。ウォディントンはクラウザーほどあからさまに自由を軽蔑してはいない。ではウォディントンのほうが危険でないかと言えば、そうは言えない。彼は、自分の支持する思想が不可避的に全体主義体制につながることをはっきりと理解し、ことさらに強調している点で、同種の思想家の多くとちがっている。ウォディントンに言わせれば、「売春宿のようなあさましい今日の文化」よりも全体主義のほうが好ましいという。

「科学者には全体主義社会を率いる資格がある」とするウォディントンの主張は、「科学は人間の行動に倫理判断を下すことができる」との持論に基づいている。これについてくわしく述べた論文は、ネイチャー誌に掲載され広められてきた。[6]改めて言うまでもなく、この種の主張はドイツの科学者上がりの政治家にとってはだいぶ前からおなじみのものであるし、そのことをバンダが正しく指摘してもいる。

4 前掲書の英訳による。Julien Benda, *The Betrayal of the Intellectuals* (William Morrow, 1928), p.182.
5 C. H. Wadington, *The Scientific Attitude* (Penguin, 1941).
6 ネイチャー誌一九四一年九月六日号にウォディントンの論文 "The Relations between Science and Ethics" が掲載された。一連の論文は、C. H. Waddington et al., *Science and Ethics* (George Allen and Unwin, 1942) に収録されている。

では、ウォディントンの考えは具体的にどういうものか。それを知るには、本人の著作を読めば十分だ。『科学的態度』によれば、自由とは「科学者が論じるには厄介な概念である。その一因は、結局のところ自由というものは存在しないと科学者が確信していることが、その一因だ」という。にもかかわらず、この種の自由やあの種の自由を「科学は認める」と書かれてある。しかし「ふつうでない生き方をする自由や隣人とちがうことをする自由には……科学的価値がない」そうだ。ウォディントンが罵詈雑言を浴びせる「売春婦の人文学」は、人々に寛容を教えて道を誤らせたというのである。

この種の本にありがちなことだが、『科学的態度』も、社会や経済の問題を論じ始めた途端に科学的でなくなる。そして、「潜在的なゆたかさ」やら独占の必然性といったお決まりの戯言と根拠のない一般化のオンパレードになる。自説を裏付けるためにウォディントンが引用している「権威ある著作」なるものは、よく調べてみれば大半が政治的パンフレットで、その科学的正統性は大いに疑わしい。その一方で、同じ問題を扱った学問的な研究のほうは意図的に無視されている。

この種の著作の例に漏れず、ウォディントンの主張の大半は「歴史の必然」信仰に裏付けられている。ウォディントンによれば、科学はこの必然の法則を発見したのであり、それはマルクス主義の「深遠なる科学哲学」に支えられているという。この深遠なる科学哲学の基本概念は「自然科学のそれと同一とまでは言わないがほぼ同じ」であり、ウォディントンの見るところ、いかなる学問よりも進歩しているそうだ。そして彼は、「今日のイギリスが一九一三年より住みにくい国になったことは否定しがたい」が、「大規模地域圏の経済のあらゆる面が統合的に計画されるという意味において中央集権的かつ全体主義的な」経済体制を待ち望むと語る。そのうえ、全体主義体制の下でも思想の自由は保障される、との安易な楽観論を述べている。彼の「科学的態度」から繰り出されたのは、「全体主義と思想の自由の調和」が可能かどうかといった問題に関しては「専門家でなくても容易に理解できるような答が必ずあるはずだ」という根拠のない信念だけである。

＊＊＊＊＊

イギリスが全体主義に向かっているさまざまな傾向をくわしく分析するためには、ある種の中産階級社会主義を提唱する試みにも注意を払うべきだろう。これらの試みを主導する思想家は、自分たちの運動がヒトラー以前のドイツで展開された運動と似ているという憂慮すべき事実に、あきらかに気づいていない。* 厳密な意味での政治運動に限るなら、『われらの闘争』の著者リチャード・アクランド卿が指導する「前進」や「社会福祉」運動、J・B・プリーストリーの一九四一コミッティーを取り上げるべきだろう。プリーストリーはアクランド卿と共闘したこともある。しかし、これらの運動の予兆的な意味合いを無視すべきではないにしても、重要な政治勢力に育っているとは言いがたい。全体主義へ向かう動きを牽引しているのは、先ほど挙げた知識人の影響を除けば、主に二つの既得権団体、すなわち資本家の組織と労働者の組織である。両者はともに同じ方向をめざす方針を掲げている点で、最も重大な脅威となっている。

両者はどちらも、しかもひんぱんに共同歩調をとって、産業の独占化を推進している。この動きこそ、当面の最大の脅威と言わねばならない。この流れは不可避ではないが、この道を進み続ければ全体主義にたどり着くことに疑いの余地はない。

この動きを意図的に計画してきたのは、言うまでもなく、主に独占を狙う資本家たちである。だから資本家がこの脅威を生んだ主要因の一つであることはまちがいない。なるほど、彼らがめざすのは全体主義ではない。資本家集団がめざすのは一種の協同組合国家であり、組織化された産業が自らの決定権を持つ「階級」となることを企図しているのだが、だから無害だとは言えない。イギリスの資本家はドイツの資本家と同じく近視眼的で、そうした体制を実現することのみならず、長期的に維持することも可能だと信じ込んでいる。しかし産業が組織化されたとして、その経営者の集合体が絶えず下すべき決定は、体制の如何を問わず、いつまでも民間人に委ねておけるような性格のものではない。仮に国家がこのような権力の膨張を容認したとしても、それを民間の思いのままにさせるとは考えられない。また、企業家がそのように有利な立場を長期にわたって享受できると仮定するのも、あまりに非現実的である。競争社会においてそうした地位が正当化されるのは、リスクをとった多数のうち、とるに値するリスクをとった少数だけが成功しているからだ。ところが独占を狙う企業家たちは、競争社会で成功者だけが手にする高所得と、公務員の安定の両方を手にしようと目論んでいる。巨大な民間産業と公営企業が共存する状況であれば、経営の手腕に長けた人間が高い報酬と安定した地位

＊　この傾向を第二次世界大戦後に一段と加速させそうな要因がもう一つある。それは、戦時中に権力の蜜の味を覚えた人間は、戦後の地位低下を受け入れがたいと感じる可能性が高いことだ。第一次世界大戦後にもそうした輩はいたが、今回見込まれるほどの数ではなかった。それでも彼らは戦後イギリスの経済政策に少なからぬ影響を与えている。私は一一、二年ほど前にそのうちの何人かと交流があった。かつて経験した完璧に「ドイツ的」な知的環境にいきなり投げ込まれたような気分をイギリスで味わったのは、そのときが最初である。とはいえ当時はまだ、そのような感覚を味わうことはめったになかった。

の両方を手にする可能性はあるだろう。だが独占にいたる過渡的な段階では目論見通りになったように見えても、やがてはドイツの企業家同様、自分たちはもはや勝者でないと気づくことになる。そして、政府が恵んでくれる権力や俸給で満足せざるを得なくなるだろう。

とはいえ、独占へ向かう動きをすべて、あるいは主に資本家のせいにするのは誤りである。こう言っても、本書のこれまでの議論をよく理解してくださった読者なら、私が資本家に甘いわけではないことはおわかりだろう。資本家が独占を目論むのはいまに始まったことではないし、それが今回に限って恐るるに足る一大勢力になるとも思えない。しかし、他の集団からの加勢を得たこと、援軍が増え続けた結果、その助けを借りて国家の支援をとりつけられたことが、流れを加速させる結果となった。

独占指向の資本家が他の集団からの支援を得ることができたのは、いくらかは利益を分配したからだである。独占は公共の利益に適うと説得したことも効果があったかもしれない。だが何よりも大きな要因は、世論の風向きが変わったことである。世論の趨勢は立法や司法にも影響を与え、*独占への動きを加速させる重要な役割を果たした。このような世論の変化を演出したのは、左翼による反競争プロパガンダだった。じつは、独占を喰い止めるために講じた措置が、逆に独占を促す結果を招くことはめずらしくない。独占企業の利潤を、他の集団のため、または国家全体のためと称して吸い上げれば、結局は新たな既得権集団を作ることになり、そちらの独占化を後押しすることになるからだ。巨大な特権集団が独占の利潤を分け合う体制のほうが、個々の独占企業の利益をその経営者が手にする体制よりも、政治的にはるかに危険である。また前者の独占企業が後者の独占企業よりはるかに強力になることは確実だ。とはいえ、世間が独占企業に好感を抱く要因があることは認めなければならない。たとえば独占企業は、高い賃金を払える立場にある。これは彼らの利益と同じく搾取の結果であり、結果的にすべての消費者を貧しくしている。だが独占企業が高い賃金を払うほど、その企業の従業員だけでなく、他の賃金労働者を含めた世間一般は、高い賃金を払えるのなら独占はいいことだと考えるようになる。**

* この点については、示唆に富む論文 W. Arthur Lewis, "Monopoly and the Law: An Economist's Reflections on the Crofter Case," *Modern Law Review*, vol. 6, April 1943, pp.97-111 を参照されたい。

** さらに驚かされるのは、多くの社会主義者が、不労所得生活者である債券保有者にひどく甘いことである。ひんぱんに債券を発行して彼らに収入を保証してやっているのは独占企業にほかならない。社会主義者は利潤に対する根拠のない敵意をあからさまにし、労せず手に入る定期収入のほうが利潤より社会的あるいは倫理的に好ましいのだという印象を人々に植えつける。さらには独占企業にも、例えば鉄道債券保有者への償還資金の確保を強要している。こうしたことはここ二、三〇年ほどの間に起きており、価値観の倒錯を示すきわめて異常な現象の一つと言えよう。

独占が避けられないような産業であっても、その経営を国家に委ねることが果たして最善なのかどうかは大いに疑わしい。ことが単一の業種にとどまるなら、国に任せてもいいかもしれない。だが独占になりがちな業種がたくさんあるなら、民間にとどめおいて経営者に任せておくほうが、ひとまとめにして国家の手に委ねるよりよほどいい。鉄道、道路、航空、電気、ガスなどはどうしても独占になりやすいが、これらが別々の独占企業にとどまるほうが、政府が束ねて「相互調整」する場合より、消費者が強い立場に立てるのはまちがいない。民間企業が完全な独占を実現することはまれであるし、仮に独占できたとしても、それを長期にわたって維持し、競争相手の出現を無視できるほどの地位を保つことは、一段とむずかしい。これに対して国家による独占の場合には、例外なく国家の庇護を受けることになる。つまり潜在的な競争相手や手厳しい批判から守ってもらうわけだ。これでは、短命のはずの独占企業に、その地位を恒久的に保つ権利が与えられたも同然である。この権利を行使しない企業はあるまい。こうして本来独占を規制監督すべき国家権力が独占を守るために使われ、独占企業の不始末や不振には政府が責任をとって償い、独占企業の行動に対する批判は政府批判とみなされるようになる。この状況では、独占企業が社会に仕えてくれるとはとうてい期待できない。独占企業の経営に手を出した国家は、個人に対しては破壊的な権力を持つ一方で、政策決定の自由度に関しては立場が弱くなる。かくして独占という装置が国家という機構と一体化し、国家はしだいに国民よりも国営独占企業の経営者と利益を共にすることになる。

独占がどうしても避けられない場合には、民間の独占企業を国家が強力に規制するというアメリカ流のやり方を徹底するほうが、国が直接経営に乗り出すよりも好ましい結果につながる可能性が高い。すくなくとも、国が厳格な価格規制を強行し、独占企業でなければあり得ないようなあつかましい利益を上げる余地を徹底的に排除する政策には、効果が期待できる。このやり方だと、独占産業におけるサービスがお粗末になる（実際にアメリカの公益事業では、こうしたことがままあった）恐れはあるものの、独占企業の力を効果的に抑え込むために払う代償としては安いものだ。個人的には、そうした非効率を我慢するほうが、組織された独占企業から生活に干渉されるよりはるかにましだと思っている。そもそも政府が独占にそのように対処すれば、独占企業の経営は企業家にとって全然魅力的でなくなるにちがいない。やむを得ない業種だけに独占を限定する効果も期待できるし、競争環境に置かれている企業に代替財の開発を促す誘因にもなるはずだ。企業が経営不振に陥ると経営者は格好の批判の対象になるものだが、独占企業の経営者をもう一度その立場に置いてみるといい。読者はきっとびっくりするだろうが、有能な経営者ほどすぐに、競争の緊張感が大好きだったことをきっと思い出すはずである。

＊＊＊＊＊

戦うべき相手が独占指向の資本家だけなら、独占の問題は今日ほど厄介なことにはならなかっただろう。だが先ほど述べたように、独占が危険な問題と化したのは、少数の資本家集団が独占を画策したからではなく、他の集団の援護射撃をとりつけることに成功したからである。資本家集団は、利益をいくらか分配することによって、また独占によってより公正で秩序ある社会が出現すると説得することによって、巧みにそれをやってのけた。そうした最近の流れの中で決定的な転換点となったのは、労働運動が反競争プロパガンダの影響を受け、本来はあらゆる特権に反対することを身上とするはずのこの大きな運動が、自らの特権獲得闘争にはまり込んだときである。このところの独占の拡大は、だいたいにおいて資本家組織と労働者組織が結託した結果だと言ってよい。かくして労働側の特権者集団が独占の利益の分け前に与るという事態になっている。これは、社会全体、とくに組織化率の低い産業の労働者や失業者など、最も貧しい人々を犠牲にする行為にほかならない。

主要な民主運動である労働運動が、確実に民主主義の破壊につながる動きを支持し、その大勢の支持者のうちほんの一握りだけが恩恵に与る——いまの時代にこれほどあさましい光景もあるまい。独占へ向かう流れを制御不能な奔流に変え、未来の展望に暗い影を落としたのは、左翼である労働者組織がこの流れを後押ししたからだ。民主主義は、これまですべての労働者にいくらかなりとも自由と独立を保障してきた唯一の秩序である。それを破壊する手助けを労働運動がこの先も続けるなら、未来に希望の光は見えないと言わざるを得ない。労働運動の指導者たちは、いまや声高に「狂気のような競争体制を完全に打倒した」と宣言しているが、[*]これは個人の自由の破滅を宣告したに等しい。市場という人間の関与しない規律による秩序か、それとも一握りの人間の意志による秩序か。このほかに選択肢はないのであって、前者を叩き潰そうとする人間は、好むと好まざるとにかかわらず、後者のお膳立てをすることになる。一部の労働者の賃金は上がるかもしれない。そしてすべての労働者は、新しい秩序に一様

＊　一九四二年五月二六日にロンドンで開かれた第四一回労働党大会で、ラスキが行った演説の一節（H. J. Laski, "A Planned Economic Democracy," *The Labour Party Report of the 41st Annual Conference*, p.111）。この部分は引用しておく価値があるだろう。ラスキによれば「国民すべてにとって貧困を意味し、その結果として戦争をもたらすのは、狂気のような競争体制である」という。一五〇年の歴史のまことに奇妙な解釈と言わざるを得ない。

に馴らされることだろう。だからといってイギリスの労働者の大半が、労働運動の指導者に最終的に感謝するかどうかは疑わしい。「個人の自由を脅かす社会主義の信条を教えてくれてありがとう」と彼らが言うだろうか。

欧州大陸主要国のここ二五年の歴史に通じた人が、「計画社会」の創設を公約に掲げる労働党の最近の綱領をよく読んでみたら、ひどく憂鬱になることはまちがいない。そこにあるのは、「イギリスの伝統を復活させようとするあらゆる試み」に真っ向から反対する方針である。その概略から、細部、さらには言葉遣いにいたるまで、二五年前にドイツの政治議論を席巻した社会主義の理想と、区別がつかないほどよく似ている。このほど、「戦時中に国家資源を徴発するために必要な政府の措置」を平時にも継続することを定める決議案が、政治学者ハロルド・ラスキの動議に基づいて党大会で可決されたが、似ているのはこうした決議案の文面だけではない。ラスキが掲げる「均衡経済」、生産を集中管理する「社会的消費」といったものまで、ドイツのイデオロギーと瓜二つである。二五年前であれば、「競争的な自由放任に代えて計画を導入すればもっと自由な社会になるだろう」といった無知な信念を抱くことも、まだ致し方なかったかもしれない。*だが二五年の経験を積み、その経験から古い信条を再確認したいま、しかもまさにあのイデオロギーと闘っている最中のいまになって、そのような無知な信念が広まっているのを目の当たりにするのは、悲劇以外の何物でもない。労働党は、いまや議会においても世論においても、過去の進歩的な政党の大半にとって代わるようになった一大勢力である。その政党が、これまでの歩みからすれば反動的と言うほかないような変わり身を見せたことは、自由主義が重んじるあらゆる価値に破滅的な危険をもたらす重大な変節と言わねばならない。進歩的な思想が保守的な右翼に脅かされるのは、いつの時代にも見られる現象で、とくに驚くべきものではない。だが世論においても議会においても、この先ずっと反動的な第二党の労働党以外に野党のいない状況が続くなら、もはや将来に希望は見出せない。

* *The Old World and the New Society*, an Interim Report of the National Executive of the British Labour Party on the Problems of Reconstruction, pp. 12 and 16.

14

第14章
物質的な条件と観念的な目標

Material Conditions and Ideal Ends

統治の主目的に反対する大勢の人々が、自由を望む少数の人々を従わせるのは、正義あるいは道理に適うと言えるのだろうか。どうしても強制するなら、多数が下等な喜びのために少数を従属させるよりも、少数が多数に自由を押し付けるほうが、実害もないし、まちがいなくよほど正しい。自らの正当な自由以外に何も求めない人々は、つねにそれを手にする権利がある。こうした人々が権力を手にしても、それに反対する声はけっして大きくはならないものだ。

——ジョン・ミルトン[1]

1 John Milton, "The Ready and Easy Way to Establish a Free Commonwealth," in *Areopagitica and Other Prose Works* (J. M Dent and Sons, Everyman's Edition, 1927), p.181.

私たちの世代は、両親や祖父母の世代と比べると、経済などさして重要ではないという態度をことさらにとりがちである。このままではドラッカーの言う『経済人の終わり』[2]が、現代の神話となりそうだ。こうした見方を認めたり、この変化はいいことだと受けとる前に、それがどこまで正しいのか、もうすこし踏み込んで考えてみるべきだろう。社会改革を喫緊の課題として求める主張をつぶさに調べてみると、その大半が経済に関わっていることがわかる。自由、平等、安全保障といった過去の政治的理念を「経済の観点から再解釈」せよという主張を前章

2 Peter Drucker, *The End of Economic Man: A Study of the New Totaliarianism* (The John Day Co., 1939).（邦訳は前掲書）

で取り上げたが、結局のところこれが、経済人の終わりを喧伝する人たちの主な要求なのである。現代の人々の意見や願望が、昔よりずっと経済学的な言説に左右されやすくなったことはまちがいない。たとえば、現行の経済体制は不合理だとする入念な立論、「潜在的ゆたかさ」という誤った主張、独占は不可避だとする似非理論、大々的に報道された事件の印象などに人々は振り回されるようになっている。ちなみに最後に挙げた事件とは、原料在庫の廃棄や特許の差し止めといったことで、これらはすべて競争のせいだとされている。だがあきらかにこのようなことが競争経済において起きるはずはない。独占企業、とくに政府に庇護された独占企業の場合にだけ、そうしたことが起こりうる。*

だがある意味では、私たちの世代が前の世代ほど、熟慮すべき経済問題を真剣に考えようとしなくなったことはたしかだ。現世代は、自分の欲求が経済的要因に阻まれるのが大嫌いである。目先の欲望に制限を加えられるのは我慢できないし、経済上の必要性に屈服させられるのも承服できない。物質的ゆたかさや欲望に関しては現世代も前の世代もさしてちがわないが、現世代があきらかに異なるのは、自分の欲望の実現を妨げる障害物や、他の目的との衝突をけっして容認しない点である。この意味では、誤解を招きがちな「経済人の終わり」よりも「経済嫌い」のほうが当たっているだろう。「経済人の終わり」という表現は、存在したこともない状態から向かってもいない方向へ向かっていることを示唆する点で、二重にまちがっている。かつて人間は、人格を持たない力、人知を超えた力に挫折感を味わいながらも従っていたものだが、いまやそうした力を憎み、抵抗するようになった。

この抵抗は、より幅広い傾向の一部に過ぎない。それは、合理的に理解できないことには従わないという傾向である。こうした姿勢は日常生活でも全般的に見受けられるが、とくに倫理面で目につく。しかも、ものごとにこのような姿勢で臨むのはよいことだと見なされがちだ。だが、理解したくともできない領域は必ず存在するし、自分に理解できないことには従わないという態度をとっていたら文明が破壊されるという領域も存在する。私たちを取り巻く環境が複雑化するにつれ、自分には理解できない要因によって欲望や計画が阻まれるという事態がしばしば起きるようになる。その要因を突き止めて抵抗したくなるのは、自然なことだと言えよう。だが逆に言えば、複雑な環境に置かれているからこそ、自分にとって不都合な要因を

＊ 小麦やコーヒーなどの在庫がときおり廃棄されることが、競争批判の根拠としてしばしば持ち出される。だがこれはあきらかにごまかしだ。すこし考えればわかることだが、競争市場では、こうした在庫の持ち主がそれを投棄して儲かることはあり得ない。一方、有用な特許の利用が禁じられているという件のほうは、もっと複雑であり、ここで十分に検討するには紙面が足りない。社会の利益を考えれば活用すべき特許を、寝かしておくほうが得をするという状況はきわめて例外的であり、果たして重要な特許にそのようなことが起きるのか、大いに疑わしい。

完全に理解することがますます困難になるのである。となれば、自分には原因も性質も理解できない変化に適応していかないと、現代のような複雑な文明は成り立たない。なぜ自分の財産は増えるのか、あるいは減るのか。なぜ転職しなければならないのか。なぜ他人が簡単に手に入れているものが自分には手に入らないのか……。こうしたことは多くの環境要因に左右されるので、個人の力ではまず理解できない。悪くすれば、不利な立場に追いやられた人は、わかりやすく攻撃しやすい単一の要因のせいにするだろう。その場合、変化を引き起こした複雑な相互関係は人目に触れないままとなる。完全な計画社会の指導者でも、この仕事を割り当てるのはなぜか、賃金を上げる（または下げる）のはなぜか、といったことを説明しようと思ったら、計画全体をまず説明して正当化しなければならない。だが言うまでもなく、一人ひとりを相手にそんなことができるはずもない。

過去に文明が発展したのは、人格を持たない市場の力に人間が従ってきたからである。もしそうしていなかったら、これほどまでに発展することはなかっただろう。言い換えれば、そうした力に従うことによって、誰一人完全には理解できない偉大なものの構築に人間は日々貢献してきたのである。人々が従ってきたのは、いまや迷信と見なされがちな信念のためか、謙虚だったからか、古い経済学理論を鵜呑みにしたせいかは問題ではない。重要なのは、宗教が呼び覚ます畏怖の念だとか、あるいは経済学への素朴な尊敬に基づく謙虚な気持ちからなら、よくわからない力に従わざるを得ない状況を受け入れやすいことである。これに対して、そのような事態を合理的に理解するのははるかにむずかしい。理性で理解できないことは誰もやらないのであれば、現代の複雑な文明を維持するためだけでも、すべての人がいまとは比べものにならないほどの知性を備えていなければなるまい。自分に理解できない力には従わない、従うのは頭のいい人が下した決定だけだ、という態度は、幼稚で誤った合理主義に基づいている。なぜ幼稚なのか、説明しよう。まず、複雑な社会において多種多様な個人がもたらす作用を計画的に調和させようとすれば、考慮すべき要素があまりに多く、いかに頭のいい人間でもそれを完全に把握するのは不可能だということがわかっていない。また、いまの社会を壊すというのでない限り、市場の力（それがいかに非人間的で不合理であろうとも）に従う以外の道は一つしかないことも、わかっていない。それは、誰かの権力に従う道である。しかしその権力は恣意的であり、市場の力に劣らず制御不能だ。人々は、いま感じている面倒な制約から逃れようとするあまり、これに代わって必ず押し付けられることになる独裁体制の制約が見えていない。だが新たな制約は、もっとおぞましいものになるだろう。

自然の力を征服し活用することに関して人間は驚くべき高度な知識を備えるにいたった

が、残念ながら社会の力に関しては立ち後れている、というようなことを言う人がいる。この主張は、それ自体としてはまことに正しい。だが両者の比較を推し進めて、自然の力の場合と同じように社会の力を征服し活用する術を学ばねばならないと主張するのであれば、それはまちがいだ。それは全体主義につながる道である。そのうえ、確実に現在の文明を破壊し、進歩の息の根を止めてしまうだろう。そのような主張をする人は、それだけで無知を露呈している。これまでに築き上げた文明を維持するだけでも、個々人の作用を調和させる非人格的な力が必要だということがわかっていないのである。

＊＊＊＊＊

ここで、ある重要な点にしばし立ち帰ることにしたい。それは、一つの目的を最優先し社会全体が徹頭徹尾その目的に仕えるような状況は、個人の自由とは相容れないことである。唯一の例外は戦争と天災であり、この場合にはほぼすべてのことを後回しにしてでも当面の緊急の必要を最優先しなければならない。しかしこれは、長期的な自由を確保するための代償なのである。こうしたわけだから、戦争目的のために行ったことを平和のためにも実践しようという主張は、最近よく耳にするけれども、完全な誤りである。将来の自由を確保するために一時的に自由を犠牲にするのは理に適っている。だが、自由の犠牲を恒久化するために同じ主張をすることは不可能だ。

平時には唯一の目標の絶対的な最優先は許されないということは、今日の最大関心事である失業の撲滅にも当てはまる。もちろん失業問題の解決には、最大限の努力を払うべきである。だからといって、この問題を重視するあまり、「あらゆる犠牲を払ってでも」という軽薄な口車に乗せられて他の問題をすべて放擲してよいということにはならない。失業問題に関しては「完全雇用」という中身のはっきりしない言葉がいまや大人気だが、これに取り憑かれると、近視眼的な対策に走りがちになる。凝り固まった理想主義者の「あらゆる犠牲を払ってでも実現すべきだ」という教条的で無責任な発言が重大な悪弊をもたらすのは、まさにこのようなケースである。

失業に関しては、戦後に必ず直面する任務がある。これを明確に認識し、何をほんとうに実現したいのかをよくわきまえておくことがきわめて重要だ。終戦直後に表面化する事実の一つは、戦争遂行の必要性から大量の男女が特殊な仕事に就き、戦時中はそれで比較的高い賃金をもらっていたことである。しかし戦後になれば、そうした仕事にそれだけの人数を雇い続けることは不可能だ。したがって大量の人員を他の仕事に転換させることが緊急に必要になる。だが新たな職に就いた人の多くは、戦時中より賃金が下がることになるだろう。もちろん職業再訓練を大規模に提供しなければならないが、それでもこの問題を完全に解決することはできまい。どのような体制であれ、提供するサービスの社会的価値に応じて賃金が払われることになれば、多くの人が物質的生活水準の相対的低下に甘んじなければならなくなる。

こうした状況で、労働組合が特定集団の賃金引き下げを断固阻止しようとしたら、選択肢は二つしかない。一つは強権を発動し、一部の労働者を相対的に賃金の低い業種に強制的に移すことである。もう一つは、戦時中の高い賃金ではもう雇えない人たちは失業させておき、低い賃金の仕事を受け入れるようになるのを待つことだ。この問題はどんな社会でも起こりうるのであって、社会主義体制も例外ではない。労働者の大半は、戦時の特殊な事情で高給をもらっていた人たちに、その賃金水準を恒久的に保障してやることは望むまい。こうなったとき、社会主義体制では、政府が強権を発動することになるだろう。では、自由主義社会ではどうか。失業は何としてでも許さないと決意し、しかし強権を発動する気はないとすれば、ありとあらゆる弥縫策に頼るしかあるまい。そのどれもが長期的な解決にはなり得ず、逆に国家資源の生産的な活用を甚だしく妨げることになる。とくに指摘しておきたいのは、金融政策ではこの問題を根本的には解決できないことである。唯一の例外として、全面的な大幅インフレを誘発する政策があることはある。ただし、賃金引き下げ阻止を勝ちとった特定集団以外の賃金や所得をも同水準まで押し上げるほどの大幅インフレでなければならない。この政策で望みの結果を得られたとしても、それは、表立ってはできない実質賃金の引き下げを狡猾に隠れて行った結果に過ぎない。しかも、こうした目的で大規模なインフレ拡大策を採用すれば、それに伴う混乱、苦痛、不正は、当初の問題以上に深刻なものとなるだろう。

失業問題は、戦争直後にとくに顕著に表面化するけれども、不断の変化に経済システムが適応していく限りは、絶えずつきまとう問題である。短期的であれば、その時点で最大限の雇用を創出することはつねに可能だ。財政出動によって雇用を作り出せばよい。だがこの雇用を維持するには、インフレを伴う景気拡大が必要になる。しかも雇用を硬直的に維持すれば、状況変化に応じた労働力の再分配を妨げることになる。しかし労働者が自由に仕事を選べるなら、一定のタイムラグとそれに伴う一時的な失業は生じるものの、労働力の再分配は必ず起きるものだ。だから金融政策を通じてつねに最大限の雇用をめざすのは、結局のところ当初の目的の達成をかえって邪魔立てしているのである。こうした政策は労働生産性を押し下げる傾向もあり、そうなると労働力率は次第に高まる。そうなったら、人為的な手段を講じない限り、増え続ける労働人口に現行賃金を払い続けることはできない。

＊＊＊＊＊

戦後には、経済運営の知恵というものが戦前よりはるかに重要になることはまちがいない。必ず直面することになる経済問題をどう解決するかが、最終的にはいまの文明の命運を決めるだろう。終戦直後の私たちは貧しい。いや、非常に貧しいにちがいない。戦前の生活水準を回復し、さらに改善していくことは、おそらくイギリスにとって他国より困難かもしれない。だが賢明に行動するなら、そして勤勉に働き、生産設備や産業組織の修復と再建に注力するなら、数年以内には戦前の水準を取り戻し、さらには上回ることができるはずだ。ただしそれには条件がある。当面は復興事業を妨げない程度の消費で満足すること、それ以上の消費の欲望を抑えられなくなるような過大な期待を抱かないことだ。さらに重要なのは、資源をなし崩しに使ってしまう前に、国民の幸福に最も寄与する目的に効率的に使うことである。* これに劣らず重要なのは、経済成長ではなく所得再分配によって貧困を減らすという近視眼的な政策を講じないことだ。所得の再分配を行えば、多くの階級を現行の政治体制に対する決定的な敵に回してしまう。さいわいにもイギリスはまだそうなっていないが、ヨーロッパ大陸で全体主義の台頭を許した決定的な原因の一つは、中産階級という巨大な階級が財産を奪われたからだということを忘れてはならない。

差し迫った脅威を回避できるかどうかは、ひとえに高度成長を再開できるかどうかに懸かっている。どれほど出発点が低いとしても、ハイペースの成長は生活水準を着実に押し上げてくれるにちがいない。そのためにまず必要なのは、大幅に変貌を遂げた世界にすみやかに適応していくことだ。特定集団に対する特別な配慮は、適応の妨げとなるので絶対に認めてはならない。あらゆる資源は全国民をゆたかにするために投入すべきだと改めて肝に銘じなければならない。戦前の生活水準を回復し、さらに改善するために必要になる調整は、これまでに行ったどんな調整よりも大規模なものになるだろう。一人ひとりがこの再調整の必要性を受け入れ、進んで協力する場合にのみ、自分の生き方を自分で選ぶ自由人として困難な時期を乗り

＊ ここで強調しておきたいのだが、自由主義経済への迅速な復帰をどれほど望むとしても、戦時中の統制の大半を一気に解除してよいということにはならない。その結果として起きる激しい混乱と不安定は、おそらくは一時的ではあろうが、自由企業経済に対する信頼をこれ以上ないほど深刻に損ねてしまうだろう。大事なのは、戦時の動員体制を解除してどんな体制をめざすのかということである。統制の緩和は数年をかけて行う必要があるにしても、けっしてそれを通じて戦時体制をより恒久的な体制に転換するのではない。

切ることができる。あらゆる手を尽くしてすべての人に一律の最低所得保障をするのはよかろう。だが同時に、この保障と引き換えに、特定集団の特権的な保障の要求は断固はねつけねばならないし、特定集団が自分たちの権益を守ろうとして新規参入者を排除するための口実も、一切認めてはならない。

「経済学は地獄に堕ちろ、ゆたかな世界はわれらの手で築く」といった宣言は高尚に響くかもしれないが、実際には無責任なだけである。いまある世界を目の当たりにし、物質的条件の改善が急務だと誰もが感じているとき、ゆたかな世界を築く可能性は一つしかない。国民の富の水準を持続的に押し上げることである。平時にもかかわらず生活水準の大幅低下が起きればもちろんのこと、経済の停滞が長引いただけでも、現代の民主主義はぐらつきかねない。

＊＊＊＊＊

現在の政治の潮流が経済の見通しに重大な影を落とし、より高い規範や価値までもが脅かされていることに、気づいている人がいないわけではない。だがそうした人たちも、いま自分たちは理想のためにやむを得ず犠牲を払っているのだ、と自分で自分をだましている。だが集産主義へと向かう五〇年を通じて倫理規範は向上するどころか、むしろ低下したのではあるまいか。私たちは社会的な意識が高くなったと自慢したがるが、この自慢が個人の行動で裏付けられているとは言いがたい。後ろ向きの方向、たとえば不平等に対して義憤を抱くといった点では、たしかに過去の世代を上回るだろう。だが、厳密な意味での倫理、すなわち個人の行動を律する倫理観や、社会という機構の上からの要求に逆らって倫理原則を貫く気概といった前向きの方向については、とてもそうは言えまい。

この問題はひどく込み入っているので、まずは基本に立ち帰る必要がある。倫理とは本来的に個人の行動に関わるものであり、個人が自分の自由意志で決められる領域にのみ存在しうるのだということを、私たちは忘れかかっている。自分の自由意志で決められるからこそ、倫理原則を守るために自分の利益を自ら犠牲にすることができるのである。責任がないところには、善いも悪いもない。正しいと信じることのために自分の欲望を犠牲にして信念の強さを示す機会もないし、そのことに倫理的な価値もない。個人の意思決定が倫理的に重要な意味を持つのは、自分の利害に責任があり、それを犠牲にする自由を持っている場合に限られる。身銭を切らずに慈善をする資格はないし、強制されて慈善をしても自慢はできない。命じられて善行をしたところで称賛には値しないのである。ミルトンはこう語っている――「成熟した大人の行いが、善行であれ悪行であれ、お金をもらって、あるいは命じられて、あるいは強制されてのものだったら、どこに徳があるというのか。善行に与えるべき称賛に値するのか。高潔や正義や自制心に与えるべき感嘆の声を挙げられるのか」[3]と。

物質的制約の下で選択を迫られたときに自分の行動を自分で決める自由。自分の良心に従って自分の責任で人生を決める責任。この二つがそろった環境でのみ倫理観は育まれ、自由な意思決定の積み重ねによって日々試され、鍛えられていく。地位の上の人ではなく自分の良心に対する責任、強制によらない義務感、自分が大切にする価値のうちどれを犠牲にするかを自分で決め、その結果を受け入れる覚悟こそ、倫理の名に値するものの本質だと言える。

この個人の行動の領域に集産主義が破壊的な影響をもたらしていることは否定できない。しかしこれは、避けられないことでもあった。というのもこの運動の主たる目的は、責任からの解放だからである。* これでは、発足当初にいかに高邁な理想を掲げていたとしても、倫理観に悪影響をおよぼすのは当然と言えよう。たとえば個人の力が許す限り不平等と闘うのは自らの義務だ、と受けとめる感覚が弱まっていないだろうか。選択肢を知って自ら選び、その責任と義務を引き受ける意志が損なわれていないだろうか。望ましい社会を作るのは国家の責任だとし、みんなが従うなら自分も従うという態度と、自分が正しいと思ったことは自分の欲望を犠牲にしてでも、また敵対する世論をものともせずにやり抜く姿勢——このちがいは大きい。多くの徴候が、私たちが権力の濫用を容認し、不平等に無関心になったことを示している。なぜそうなったかと言えば、政府が万事よろしくやってくれるという異質の体制に目を奪われているからだ。私たちは、個人としては利己心を抑えることをすこしは学んできたはずだが、集団としてはいまや良心の呵責もなく利己主義に走っている。これが集産主義への熱狂が辿る道だと言ってよかろう。

　いまや多くの徳や価値が尊敬されなくなり、且つ実践もされなくなっていることは、悲し

＊　このことは、社会主義が全体主義に近づくにつれて表面化する。責任からの解放がイギリスで最もはっきり謳われたのは、リチャード・アクランド卿が指導する「社会福祉」運動だった。卿が公約した新秩序なるものでは、社会が「個人に対し、生計を立てることについてもう悩まなくてよい」と告げるのだという。そうなれば当然ながら、「ある個人を雇用するかしないか、いつどこでどうやって働くかといったことはすべて社会が決めることになる」のであり、この社会は「義務を怠る人のために、十分耐えられる程度の収容所を運営する」のだそうだ。となれば、ヒトラーが「人間として最後の最後にやることのうちごくわずかな部分、というよりもごく特殊な側面をたまたまやることになった（あるいはやる必要に迫られた）」と言ったのも、驚くには当たるまい（Sir Richard Acland, Bt., *The Forward March* (George Allen and Unwin, 1941), pp. 127, 126, 135, 32 を参照されたい）。

[3] John Milton, "Areopagitica", reprinted in *Areopagitica and Other Prose Works*, p.18.（邦訳『言論・出版の自由』岩波文庫）

いかな事実である。個人主義社会を成り立たせているのは独立心、自主自立の精神、リスクをとる勇気、多数の反対に対して信念を貫く強さ、協調精神であるが、集産主義はこれに代わる何物も持ち合わせていない。この主義がすでに徳を破壊してしまったところでは、その空白を埋めるために服従が要求され、集団が正しいと決めたことの強制が行われている。この体制でも定期的に選挙は行われるが、倫理的な価値判断で候補者を選ぶことは少なくなってきた。選挙は、候補者の倫理観を糾す場でもなければ、候補者が自分の価値基準の正しさを有権者に示す場でもなく、高い価値のために犠牲を払うことで政治家としての誠意を立証する場でもなくなっている。

政治的な行動が依拠する倫理原則は個人が育んできた行動規範に由来するのだから、個人の規範が低下する一方で社会の規範が向上しているとしたら、驚くべきことと言わねばならない。何かが大きく変わったことはあきらかである。もちろん世代によって重きを置く価値はちがうものだ。それにしても、いま軽視されるようになった価値は何だろう。他の価値と衝突したときに捨てるよう迫られている価値はどれだろう。両親の世代の夢や希望の中では尊ばれていたのに、いま人気の思想家や政治家が約束する未来像の中では輝きを失っている価値はどれだろう……。軽んじられるようになったものが、物資的快楽や生活水準の向上や地位の維持でないことはあきらかだ。何か崇高な価値のために物質的繁栄を犠牲にすべきだ、と大衆に訴える思想家や政治家がいるだろうか。いやいや、まったく逆のことを言っているのではないか。私たちは、自由と独立、真実と誠実、平和と民主主義といった価値あるものはすべて「一九世紀の幻想」だと教え込まれているのではないだろうか。また、組織された集団の一員だからという理由によってではなく、純粋に人間だからという理由によって個人は尊重されなければならないということも、幻想だと決めつけられているのではないか。いま、絶対不可侵の動かぬ軸となっているのは、何だろう。いかなる計画においても越えてはならない一線として、改革者が手を触れられない価値は、どれだろう。それはもはや、個人の自由ではない。移動の自由でもない。言論の自由でさえもない。いま絶対不可侵のもの、それは、特別な庇護を受けた特定集団の生活水準であり、仲間内でのみ分配し他人を排除する「権利」なのである。外国人や他民族の差別は言うにはおよばず、閉鎖的な特定集団に属す人とそうでない人との差別も、いまでは当然のことのように受け入れられるようになった。何らかの集団の利益を守るために政府が個人に働く不当な行為も、冷淡と言えるほどの無関心で見逃されている。さらには、強制移住といった基本的人権の最悪の侵害ですら、容認されている――それも、自由主義者と目される人々によって。以上のことから確実に言えるのは、私たちの倫理観念は鈍らされているということだ。最近ひんぱんに「卵を割らずにオムレツを作ることはできない」という表現を耳にする。成功には多少の犠牲がつきものというほどの意味で使われているのだろうが、ここで割られる卵は、一世代か二世代前には文明の基本的価値とみなされていたものの大半なのである。いま「自由主義者」と呼ばれている人たちの多くは、権力者の主義主張に共鳴し、彼らが犯してきた残虐な行為をいともたやすく容認してきたことを否定できるだろうか。

＊＊＊＊＊

集産主義の浸透に伴う価値基準の変化の中には、いま真剣に考えるべき重大な点が一つある。それは、次第に軽んじられるようになった徳はどれもイギリス人が誇りとしていたものだ、ということである。独立心、自主自立の精神、指導力、共同体に対する責任、隣人に対する不干渉、ちがいに対する寛容、伝統と慣習の尊重、権力や権威に対する健全な疑念などがそうだ。これらの徳に関して、スイスやオランダなど小国の国民を除けばイギリス人がとくにすぐれていることは広く認められており、イギリス人の自負ももっともだと言える。しかしこれらの徳は、尊敬されなくなるとともに、徐々に見かけなくなっている。イギリス国民の力、個性、成功は、自らの力を信じて何かに乗り出す精神がみなぎっていたからだった。だが、イギリスならではの独立独歩の精神を開花させ、その国民性を形成した伝統も制度も、そしてイギリスという国の精神的な土壌もすべて、集産主義の浸透とそれに伴う中央集権的な傾向によって、徐々に蝕まれつつある。

こうした問題になると、外国で生まれ育ったことがいくらか役に立つ。外国人の視点からは、ある国民の道徳的・倫理的な資質がどのような環境要因によるのかが見えやすくなるからだ。法律上はどうあれ永久に外国人でしかない筆者がこう言っても、きっとお許しいただけるだろう——かつてイギリスが世界に誇ってきた貴重なものの一部が、いま当のイギリス人によってないがしろにされている光景を目の当たりにするほど無念なことはない、と。イギリス人は党派に関わりなくみな自由主義思想と呼び得る理念を大なり小なり信奉しており、この点で他国民と大きくちがっている。だがイギリス人自身はこのことにほとんど気づいていない。ほんの二〇年前でも、イギリス人は、自由党の主義主張を信奉するかどうかは別として、他国の人よりも自由主義の精神に満ちていた。そして今日でも、自由主義的なイギリス人はもちろんのこと、保守的あるいは社会主義的なイギリス人でさえ、外国を旅していてトーマス・マコーリー、ウィリアム・グラッドストン、ジョン・スチュアート・ミル、ジョン・モーリーの伝統を受け継ぐ知的な人々と知り合ったなら、お互いに育った環境はちがっても自分と同類であり、自分と同じ言葉を話していると感じるにちがいない。とはいえ外国を旅すれば、ナチスや全体主義者など自分とまるで共通点のないイデオロギーの持ち主の間で、トーマス・カーライル、ベンジャミン・ディズレーリ、ウェッブ夫妻、H・G・ウェルズがむやみに人気があることにも気づくにちがいないが。

イギリス的な価値観に対する自信が失われたことは、戦争の勝利という差し迫った大きな目標の追求にも影を落としている。このことを端的に表しているのが、イギリスのプロパガンダの大半はまるで効果がないという事実である。他国民に向けてプロパガンダをするからには、相手国にもよく知られている自国固有の価値や信念を高らかに掲げることになる。だからプロパガンダを成功させるには、とにもかくにもそれに誇りと自信を持っていることが必須条件となる。イギリスのプロパガンダがうまくいかないのは、イギリス文化に固有の価値を当のイギリス人が信じていないか、でなければ、自国と他国のちがいを全然わかっていないかのどちらかだ。左翼のインテリは外国の思想にかぶれ、自分の国の伝統や制度のよさが目に入らなくなっているらしい。この社会主義者たち自身がひそかに誇りにしている徳や価値の多くは、いま躍起になって破壊しようとしている制度の賜物なのだが、もちろん彼らがそれを認めるはずもない。しかも悲しいことに、こうした姿勢を示すのは公然と社会主義者を名乗る人に限らない。声高にイデオロギーを主張しない教養あるイギリス人の数は、公然の社会主義者よりずっと多い。彼らがいま述べた風潮に染まっていないことを心から期待するが、しかし現在の政治議論やプロパガンダから察するに、「シェイクスピアの言葉で話し、ミルトンの信念と倫理観を備えた」イギリス人は、もうあらかた姿を消してしまったと言わざるを得ない。*

ともあれ、いまのようなやり方のプロパガンダが、敵に対して、とりわけドイツ人に対して有効だなどと期待するのは、勘違いも甚だしい。ドイツ人はイギリスのことをそうよくは知らないとしても、イギリスに固有の伝統的価値はよく知っているし、過去二、三世代にわたって彼我を乖離させた原因も十分に承知している。イギリスが本気であることをドイツにわからせ、彼らが突き進んで来た道とは別の道を示したいなら、彼らの思想体系に譲歩してはだめだ。国家社会主義、現実的政治《リアルポリティーク》、「科学的」計画、協同組合主義等々は、もとはと言えばドイ

＊ 本章ではすでに一度ならずミルトンを引用したが、ここでもう一度だけ引用することを許してほしい。これはよく知られた言葉だが、いまとなっては引用する勇気を持ち合わせているのは外国人だけらしい。それは「かつてイギリスが他国に教えた生き様をイギリス自身が忘れてはならない」というものである。だが現世代は、大勢のアメリカ人やイギリス人がミルトンを裏切る行動をとっているのを見てきた。その筆頭は、ファシズムに傾倒した詩人エズラ・パウンドだろう。彼は第二次世界大戦中にイタリアからラジオ放送で発信した。

ツ人が生んだ思想をイギリス人が借用して気の抜けた形に焼き直したものである。そんなものを掲げてみせたところで、本家を眩惑できるはずもない。しかもイギリスは、ドイツが先頭を走る全体主義への道をもう半ばまで追随している。これでは、別の道を選ぶようドイツを説得できるわけがない。イギリスが個人の自由と幸福という至高の理念を捨てるなら、自分たちの文明は維持する価値がなく、ドイツの行く道に従うのが最善だと暗に認めるなら、イギリスが与えられるものはほんとうに何もないということである。ドイツ人の目には、これはイギリス人の遅きに失した告白と映るだろう。私たちはこれまでまちがっていました、たとえ途中の道のりがどれほど悲惨であろうとも、あなた方は新しいよりよい世界への道を先導してください、と。ドイツ人は、イギリスの伝統と自分たちの新しい理念とが根本的に対立し共存不能であることをよく承知している。ドイツの選んだ道はまちがっていると説得することは、あるいは可能かもしれない。だがドイツがいま進んでいる道をイギリスのほうがよりよく先導できると信じさせることは、まずもって不可能である。

　戦争が終わったら、ヨーロッパの復興をめざすに当たり、ドイツ人の中でイギリスに最も近い価値観を持つ人々の助けを借りなければならない。だがこの人たちにとって、いまのイギリスのプロパガンダはいっこうに心に響かないだろう。なぜなら、今回の経験で彼らは賢く悲観的になっているからだ。社会の組織化の意図がいかに正しくいかに効率的であったとしても、個人の自由と責任が失われた体制の下ではよきものも失われてしまうことを、彼らは身を以て知った。苦い教訓を学んだドイツ人とイタリア人は、二度と再び怪物国家に脅かされないことを望むだろう。壮大な規模の巨大組織計画はもういらない、自分の小さい世界を平和に自由に築く機会を再び与えてほしいと願うだろう。敵だった人々からの協力をイギリスが期待できるとしたら、それは、プロイセン人に命令されるよりイギリス人に命令されるほうがましだと彼らが考えるからではない。イギリスの理念が勝利を収めた世界では、誰からもあまり命令されなくなり、平和のうちに自分のことを自分で決められるようになるだろうと信じるからである。

このイデオロギーの戦いに勝利し、敵国の良識ある市民を味方につけるためには、まずはイギリス人が、この国がかつて持っていた伝統的価値観に対する誇りと自信を取り戻さなければならない。そして、敵から攻撃された理想を毅然として守り抜く勇気を持たなければならない。弱気に弁明したり、イギリスも改革中だと請け合ったり、イギリスの伝統的な価値観と全体主義的理念の妥協点を模索中だと説明したのでは、信頼も支援も勝ち得ることはできまい。イギリスが最近行った社会制度の改革など、彼我の対立する生き方の根本的なちがいと比べたら、吹けば飛ぶようなものである。イギリスは、自由で高潔で寛容で自立心あふれる人々の国だ。いま大切なのは、イギリスをイギリスたらしめてきた伝統に対して、揺るぎない誇りと自信を取り戻すことである。

15

第15章
国際秩序の展望

The Prospects of International Order

民主主義に監視の目を光らせる機構として最も効果的でなじみがよいのは、連邦制である……連邦制は主権を分割し、中央政府には特定の権利しか与えないことで、主権を制限し抑制する。連邦制だけが、多数派のみならず国民全体の力を抑制しうる政体である。

——アクトン卿[1]

1 Lord Acton, “Review of Sir Erskine May’s *Democracy in Europe,*”, p.98.

一九世紀の自由主義を投げ捨てた結果、世界は手痛い代償を払わされることになった。中でも、自由主義の後退が最初に表れた国際関係において払った犠牲は大きい。にもかかわらず、この経験から私たちが学んだ教訓はあまりにも少ない。国際関係における今後の課題や実行可能性を巡る現在の認識は、願望とは正反対の結果をもたらしかねず、深刻に懸念される。

そうは言っても、最近の苦い経験から得た教訓のうち、徐々にではあるが広まっているものもある。それは、たくさんの国が国家レベルでばらばらに経済計画を実行したら、経済面だけをとっても、全体としては有害だということだ。しかもそこに、国家間の軋轢が加わる。各国が目先の権益に囚われて自国に都合のいい政策を推進し、他国にどんな損害を与えようと眼中にないというのでは、国際秩序や恒久的な平和など望むべくもないことは、改めて強調するまでもあるまい。計画経済は、本来的に、計画当局が外部からの影響を遮断しない限り遂行できないものである。したがって計画を実行するとなれば、必然的に人やモノの移動が制限されることになる。

国民全員の経済水準の人為的な均質化や、互いに利害の対立するブロック経済の出現も、平和を脅かす要因となる。この危険は外からは見えにくいが、現実に起こりうるものだ。国境を境にして生活水準が大幅に乖離するような事態や、ある国の国民の分け合うケーキの大きさが他国と大幅に異なる事態は、必然でもなければ望ましくもない。また、あるブロックの資源が排他的にそのブロック参加国で独占され、国際的な経済関係が個人や企業同士の関係ではなくブロックとして組織された国同士の関係になれば、摩擦や軋轢が生じることは避けられない。市場や原料を求める民間の競争に代わって、国またはブロック同士の交渉で決めることにすれば摩擦は減るというのは、重大な思い違いである。民間の競争は比喩的に「争奪戦」というふうに呼ばれはするが、実際に暴力を使うわけではない。しかし国同士の交渉は露骨な力の誇示になる。だから、力に訴えることなく解決できていた民間の競争関係を、武力を背景にした国家間の力関係に移すことになる。しかも国家を拘束する上位の法は存在しないのである。

国家というものは、自らの行動の最終審判者であり、従うべき上位の法を持たず、その代表者は自国の目先の利益以外は考慮する必要がない。そうした国と国の間で取引をするとなったら、確実に最後は力の衝突になるだろう。*

ブロック経済へ向かう動きは、一九三九年以前にすでに露骨に表面化していた。もしこの大戦に勝利しても、この動きが止まらないなら、ナチスの国家社会主義は敗北させても、国家社会主義国が乱立する結果を招くだけである。それぞれの国は細部ではちがっていても、どれもみな全体主義や国粋主義の体質を備え、互いに衝突を繰り返すことになる。ドイツ人は平和の撹乱者に見えるかもしれないし、実際にそう見なす人もいる。** だがもしそう見えるとしたら、それは、平和を侵す道を彼らが最初に歩き始めたからにすぎない。その道を他国も結局は追随することになる。

* この問題を検討するには紙面が足りないため、以下を参照されたい。Lionel Robbins, *Economic Planning and International Order* (Macmillan, 1937), passim.

** 次の重要な著作を参照されたい。James Burnham, *The Managerial Revolution* (John Day, 1941).（邦訳『経営者革命』東洋経済新報社刊）

この危険にいくらか気づいている人は、計画経済を「国際的に」運用すればよいと結論付けたがる。「国際的に」とは、超国家的な機関を想定しているらしい。たしかに国際的に経済計画を立てれば、各国が独自に計画経済を実行する場合の危険の一部は避けられるだろう。しかしこの大がかりな計画を主張する輩は、それがより重大な問題を引き起こすことに気づいていないようだ。国家レベルの計画経済はさまざまな問題を引き起こすが、それを国際的にやろうとすれば、問題が一段と大きくなることは必定である。単一の計画に従わせられる人の数が増え、規範や価値観の共通性が乏しくなるにつれて、計画と自由は相容れなくなる。家庭で家計の計画を立てるのはさほどむずかしくないし、小さな地域社会でも問題は少ないだろう。だが規模が大きくなるほど、目的の優先順位に関する合意は成立しにくくなる。そうなれば、権力による強制に頼らざるを得ないだろう。規模の小さい共同体であれば、多くのことについて、相対的な重要度や一般的な価値基準が共有されているものだ。だが規模が大きくなるほどそうした共通認識は減り、力頼みのケースが増えていく。

＊＊＊＊＊

どんな国でも、自国の誇りとみなす鉄鋼業や農業を支援するためなら、あるいは同じ国の人々の最低生活水準を維持するためになら、国民は何らかの犠牲を払うことを受け入れるだろう。暮らし方や考え方が似ている人に手を差し伸べるのであれば、また、容易に思い浮かべられる人々や価値観も環境も本質的には共通する人々の間で所得分配や労働条件を調整するのであれば、たいていの人が少々の犠牲は払ってもいいと考えるだろう。だが国際的な経済計画ということになったら、たとえそれが西ヨーロッパに限られるとしても、そこからどんな問題が持ち上がるか具体的に考えてみてほしい。すると、自分たちが犠牲を払うべき道義的理由など何もないと感じられるにちがいない。ノルウェーの漁師がポルトガルの漁師を助けるために自分たちの生活水準の向上を諦めるとか、オランダの労働者がイギリスの機械工を助けるために自転車の値上がりを容認するとか、フランスの農家がイタリアの工業化を後押しするために増税に同意するといったことを想像してほしい。分配の正義の理念を彼らが共有できるとはとても思えない。

このことに多くの人が目を向けようとしないのは、他国との分配の問題に最終決定を下すのは自分たちであって、自分たちには公正かつ公平に決定できると、意識的あるいは無意識のうちに考えているからだ。どうもそうではなさそうだ、と先んじて気づいたのはイギリス人である。西ヨーロッパ全体で計画経済をするということになったら、イギリスはおそらく少数派になるだろう。すると、イギリスの未来の大筋は、イギリスを含まない多数派によって決定されることになる。その決定がいかに民主的な手続きを踏んでいるとしても、スペインの製鉄業の発展をイギリスに優先すべしとか、光学器械はドイツに集中しイギリスは撤退すべしとか、石油精製は産油国のみが行いイギリスは精製済みを輸入すべし、といった決議にイギリス国民が喜んで従うだろうか。

大規模な計画は必ずこうした問題を引き起こすのであり、さまざまな人種や民族が暮らす広大な地域の経済活動を、民主的な手続きを経て管理したり計画したりできると考えること自体、無知をさらすようなものである。多数の国にまたがる計画経済は、一国の計画経済以上に露骨な力の支配にならざるを得ず、結局は少人数の決定機関が適切と判断した基準を押し付け、雇用を割り当てることになる。一つ確実に言えるのは、ドイツがめざしてきた「広域経済圏」の類いは、「支配民族」を自認するドイツ民族が他民族に冷酷非情に強要しない限り実現しない、ということである。小国の国民の希望や理想をドイツ人は暴力的に無視しているが、これをドイツ人特有の悪徳と見なすのはまちがいだ。やるべき仕事の性質からして、そうならざるを得ないのである。価値観の異なる大勢の人々の経済活動を計画管理することは、権力を振るう人間の存在が前提になっている。そのような地位に就いたら、当人がいかに善意の人であっても、管理される側からすれば倫理に悖《もと》るとしか思えないようなふるまいを必ずすることになるだろう。*

この権力を握るのが、思いつく限りで最も公平な理想の人間だったとしても、結果は同じだろう。誘惑はあまりに大きく、公正であり続けることはあまりにむずかしい。私はイギリス人の良識と公正の精神を信じており、とりわけ国際問題に関してイギリス人の規範の高さは他国にまさるとも劣らないと考えている。そのイギリス人にしても、戦時中の特殊な生産体制をイギリスの産業がフル活用できるようにすべきだとか、ヨーロッパの復興はイギリス産業に有利な条件で、イギリス人が望みの雇用を確保できるような方向で行うべきだといった主張をしている。こうした主張がなされることはもとより、良識ある人々が何の罪悪感もなく当然のようにこうした主張をすることに憂慮を禁じ得ない。この人たちは、このような目的に行使され

* イギリスは他国に劣らず植民地経営の経験が豊富である。そこから言えるのは、植民地の発展をめざすゆるやかな計画であっても、好むと好まざるとにかかわらず、何らかの価値観や理念を植民地の住人に押し付けるということだ。本国が彼らを助ける意図で行うとしても、このことに変わりはない。その結果、広い視野を持つ植民地経営の専門家でさえ、植民地の国際信託統治の実行可能性にきわめて懐疑的になっている。

る権力が堕落する可能性にまったく気づいていないのである。*

＊＊＊＊＊

民主的な手段による国際的な計画経済が可能だという信念は、致命的な幻想の産物である。この幻想によれば、決定を「人民」に委ねれば、共通の利益で結ばれた労働者階級の共同体が形成され、現在のような支配階級間の衝突は解消されるという。だが国際的な計画経済をするとなれば、現在一国の経済政策を巡って生じている利害対立が、今度は国民同士の利害対立として激越化することは火を見るよりあきらかだ。そうなれば、力で解決するほかなくなる。国際経済の計画当局が決定すべき問題を巡って、各国の労働者の利害と意見はまちがいなく衝突するだろう。その激しさは国内の場合の比ではなく、合意にいたる可能性も国内の場合よりはるかに低い。たとえばゆたかな国の労働者が最低賃金法を制定し、低賃金労働者との競争から保護されるとしよう。この措置は、貧しい国の労働者の利益にもなるようにみえるかもしれない。だが現実には貧しい国の労働者にとって、ゆたかな国の労働者より安い賃金で働いてもともとの不利を挽回するよりほかに、生活水準を向上させる道はないのである。だから最低賃金法は、貧しい国の労働者の唯一のチャンスを奪ってしまうことになる。それに貧しい国の労働者にしてみれば、自分が一〇時間働いて生産したものと、ゆたかな国の労働者が効率的な機械を使って五時間で生産したものが等価だというのは、資本家による搾取以上に不当と感じられるにちがいない。

国際的な計画経済においては、富裕国つまり大国は貧困国の憎悪と羨望の対象になりやすく、その度合いは自由経済の場合よりも甚だしくなる。そして貧困国は、自分たちの望む政策をとりさえすれば生活はもっと早くよくなるはずだと、正しいかどうかはさて措き考えるようになる。こうして国境を越えた分配の正義の実行が計画当局の仕事だということになったら、教条的な社会主義の必然のなりゆきとして、一国内の階級闘争が各国の労働階級間の闘争に発展することは避けられない。

＊　この可能性にまだ気づいていない人や、善意があれば解決できると信じている人は、計画経済を世界規模で実行した場合に何が起きるかを考えてみるといいだろう。世界規模の計画経済は、白人による支配を多少なりとも意図的にめざすことになるにちがいない。少なくとも他の民族がそう見なすのはもっともであろう。「世界議会」なるもので決定した生活水準や進歩の速度にヨーロッパ人が自発的に従うと本気で信じているまともな人間に出会わない限り、私はこのような計画を愚の骨頂と考える。だが悲しいかないくらそう主張しても、世界規模の計画経済が実行可能である場合にのみ正当化できるような政策が大まじめに支持されることを防ぐことはできまい。

現在、「生活水準の平準化計画」を巡ってあちこちで議論が闘わされている。この種の計画の一つを取り上げてくわしく検討してみたら、実際にどういうことが起きるかがよくわかるだろう。計画論者の現時点でのお気に入りは、ドナウ川流域と東欧・南欧の経済開発計画である。なるほどこれらの地域の経済条件の改善が喫緊の課題であることは、人道的・経済的見地からも、ヨーロッパの将来の平和の点からもあきらかだ。そうした改善に取り組むには、従来とは異なる政治手法が必要になることも、まちがいあるまい。だからといって、これらの地域の経済活動を単一のマスタープランの下で管理すべきだ、ということにはならない。まして産業の育成は予め決められた計画通り行うべきで、個々の事業は当局の承認を得て計画に組み込まれない限りやってはいけない、ということにもならない。たとえばテネシー川流域開発公社のようなものをドナウ川流域にも設けるとしたら、どうだろう。この広い地域にはじつにさまざまな民族が暮らしている。その人たちが今後到達すべき生活水準を当局が予め決め、それぞれが抱く期待や願望を無視して計画を優先させることになる。

この種の計画を立てる場合には、まずはさまざまな要求に優先順位をつけなければならない。大勢の人の生活水準を人為的に平準化するからには、重要度や緊急度に応じた順位付けが不可欠であり、そうなればある事項は他の事項より優先され、後者は後回しということになる。後回しにされた人たちが、自分たちの優先度のほうが高いとか、勝手にやらせてくれれば当局よりうまくやれると考えたとしても、どうにもならない。とはいえ、ルーマニアの貧しい農家とアルバニアの貧しい農家のどちらを優先すべきか、スロバキアの羊飼いとスロベニアの羊飼いのどちらが緊急か、いったい誰に決められるだろう。それでも単一の計画に沿って彼らの生活水準を引き上げるとなれば、膨大な要求事項の重要度を誰かが判断して順位を決めなければならない。そしていったん計画が実行に移されたら、計画対象地域のすべての資源は計画に従って割り当てられることになる。自分たちに自由にやらせてほしいという人がいても、例外は認められない。優先順位の低い人たちは、まずは順位が上の人たちの生活水準の向上のために働かねばならないのである。こうした状況では、別の計画なら自分たちの順位はもっと上だったはずだとか、当局の恣意的な決定のせいで自分たちは本来より不利な立場に追いやられたと、全員が感じても当然だろう。まして小国がひしめき合い、どの国の国民も他国よりすぐれているという強烈な自負を抱いている地域でこのような試みをするとなったら、これはもう、力を頼りに推し進める仕事にならざるを得ない。具体的には、マケドニアの農民とブルガリアの農民のどちらの生活水準を先に引き上げるか、チェコの坑夫とハンガリーの坑夫のどちらの生活水準を先に西側の水準に近づけるか等々を、大国たとえばイギリスが強権を発動して決めることになるのである。そうなったときに何が起きるかは、人間性の深遠な知識などなくとも、中央ヨーロッパの事情をいくらかでも知っていれば十分に予想がつく。押し付けられる決定がどのようなものであっても、順位をつけられた多くの人、いや大多数の人は、その決定をひどく不当だと感じるにちがいない。いくら公平無私のつもりでも、大国は事実上これらの人々の命運を決めてしまったわけだから、早晩大勢の怒りの標的になるだろう。

自分がこの仕事を任されたらきっと公平公正に決定を下せる——そう本気で信じている人が大勢いることは承知している。だが実際にこの人たちがこの任に就いたら、人々が自分を不信と憎悪の目で見るのを知って驚愕するだろうし、利益を与えてやろうとする相手が頑強に抵抗してきたら、おそらくまっさきに強権を発動するだろう。よかれと思ってやっているだけに情け容赦なく人々に強制するのも、この人たちだ。こうした手合いは危険な理想主義者にほかならない。価値判断を伴うこの種の責任を引き受けるということは、自分と異なる価値観を持った他の社会に自分の価値観を力ずくで押し付けることであり、道義的に行動することなど不可能な立場に自らを置くことなのだが、彼ら理想主義者は、それがわかっていないのである。この道義的に不可能な任務を戦勝国が引き受けるとなれば、戦勝国は確実に腐敗堕落し、信頼を失うことになろう。

私たちがぜひともしなければならないのは、貧しい人々が自助努力によって生活を立て直し、生活水準を高めていく過程を全力で支援することである。国際的な機関は、各国の国民が自分で自分の生活を営めるような状況の整備と秩序の維持にだけ専念するならば、その存在を正当化できるし、経済的繁栄に多大な貢献をすることもできよう。だが資源の分配や市場の割当に乗り出したり、人々の自発的な努力を許可制にして当局の承認なしには何もできないようにするなら、それはとうてい正当化できないし、人々の自立の実現も遠のく。

＊＊＊＊＊

これまでの議論から、国際的な計画当局に「単なる」経済に限定した権限を与えれば問題が解決するわけではないことは、読者はすでにおわかりだろう。それが現実的な解決だという思い込みは、経済計画の立案は技術的な作業にすぎないから専門家が厳密に客観的なやり方で解決できる、そして重要な事柄は政治が決めればよい、という誤解に基づいている。だが「国際計画当局」といった機関が上位の政治機関に従属しない場合には、予めどれほど厳密に対象範囲を限定しておいても、あっという間に独裁的な力を無責任に振るうようになるだろう。基本的な資源やサービス（航空輸送など）の独占管轄権は、およそ何らかの機関が手にしうる中で最大の権力と言ってよい。しかもたいていのことは「技術的必要性」の一言で正当化できるとなれば、門外漢には質問すら許されないことになる。まして、恵まれない一部の人々を救うにはこれしか方法がない、という人道的でおそらくは善意からの主張がなされた場合には、なおのことだ。こうした理由が持ち出されたら、当局の強大な権限はもはや制御不能になる。このところ、世界の資源を独立的組織で管理するという案が意外な人々に支持されている。各国政府の承認を受けた独占組織が包括管理するという。しかしこの組織を統括する政治機関がないとすれば、各資源の管理担当者がこのうえなく誠実な人物であっても、結局は最悪の闇取引に堕すことになるだろう。

基本的な資源の供給を計画的に管理・分配することが未来の経済秩序にとって必須だと、いまや多くの人が考えているらしい。こうした提案は一見無害に見えるが、それが実際に何を意味するのかをよく吟味したら、政治と倫理の両面でいかに重大な結果を招くかがわかるはずだ。石油、木材、ゴム、錫といった資源の供給を管理する人は、産業や国の命運を事実上一手に握ることになるのである。ある資源の供給拡大を許可するかしないかで、資源価格すなわち生産者の所得が決まり、一国がゆたかになって新しい産業を開発できるかどうかまで決まってしまう。とくに必要と判断した一部の人々の生活水準をこの管理者が守ってやったら、それは同時に、よりよい生活を可能にするおそらくは唯一かつ最善の機会を大勢の人から取り上げることになる。こんな具合にありとあらゆる基礎資源が管理されたら、管理者の許可が得られない限り、新しい産業も新しい事業も興せなくなるだろう。どんな開発計画も改善計画も、管理者に却下されたら日の目を見ることはできない。市場のシェアも決められ、天然資源の開発・投資も規制されることになる。

硬派の現実主義者を自認する人たちは、国際的な政治秩序の可能性を信じているユートピア主義者をことあるごとに馬鹿にする。ところがその同じ人が、計画経済の下で多種多様な人々の生活に厚かましく無責任に介入することは現実的だと考えているのだから、おかしなことである。おまけに、国際的な機関はこれまで法の支配の強制さえできかねたというのに、それに類する機関にこれまで思いもよらなかったような巨大な権力を与えれば、広く合意の得られるようなやり方でこの権力を公平無私に行使するだろうと信じ込んでいるのも、奇妙と言わざるを得ない。国際的な計画経済や資源管理に関して確実に言えることは、こうだ。各国は自分たちが合意した公式のルールは守るとしても、国際計画当局なるものの指示にはけっして従うまい。言い換えれば、各国はゲームのルールには同意しても、自国のニーズが絡む限り、多数決で決められた優先順位にはけっして同意しないだろう。当初は眩惑されて自国の権限の委譲に同意する国はあるかもしれない。だが、自分たちが任せたのは単なる技術的な作業ではなくて、自分たちの命運を決する包括的な権限だということにすぐさま気づくはずだ。

この種の構想を支持する非現実的な「現実主義者」には、あきらかに次のような思惑がある。大国としては、自分より上位の機関に従うのはお断りである。だが「国際的」な機関という場はわれわれが支配できるのだから、それを活用して小国にこちらの意図を押し付ければよい……。たしかにこれは「現実主義」ではあるだろう。計画当局に「国際的」という隠れ蓑をかぶせれば、国際的な計画経済すなわち単一の絶対権力による計画経済は実行しやすくなるかもしれない。だがいくら偽装したところで、小国にとっては、外部権力への全面的な従属を意味することに変わりはない。これは主権の一部放棄よりも重大な事態であり、しかもその権力に抵抗することは実質的に不可能なのである。

経済の一元管理を伴う「欧州新秩序」構想を熱烈に支持する人々が、小国の独自性や権利を完全に無視しているのは、きわめて重大である。じつはフェビアン主義者やドイツ人によるこの構想の原型でも、小国の権利は無視されていた。E・H・カーは、国内面よりも国際面において、全体主義へ向かう思想的傾向のイギリスの代表者と言える人物だが、彼の見解に対しては、すでに同じ教授仲間から鋭い質問が提起されている。「小国に対するナチスのやり方が今後ほんとうに一般化するのであれば、あれは何のための戦争だったのか」*。この問題を巡っては、「ザ・タイムズ」や「ニュー・ステーツマン」など多様なメディアの論調が、連合国に参加する小国に懸念と警戒の念を引き起こしている**。このことを知っている人なら、小国の権利を無視する姿勢が大切な友好国を不快にさせていることがよく理解できるだろう。そして、カーのような知識人の言うとおりにしたら、大戦中に築き上げられた信頼関係があっという間に崩壊してしまうことも。

＊＊＊＊＊

小国の権利を踏みつけにする人たちの主張にも、正しい点が一つだけある。大国であれ小国で

* カーの『平和の条件』に対するC・A・W・マニング教授の書評から引用した。C. A. Manning, *Professor Carr's Conditions of Peace* in the *International Affairs Review Supplement*, vol.19, June 1942, p.443.

** ある週刊誌に掲載された記事によれば、「カーもどきの主張がザ・タイムズやニュー・ステーツマンに現れるのをわれわれは期待するようになってしまった」という。この指摘は多くの点で意味深長である（"Four Winds" in *Time and Tide*, February 20, 1943）。

あれ、あらゆる国が経済に関して野放図に主権を主張したら、戦争が終わっても、秩序の回復も恒久的な平和も望めない、ということだ。だからといって、一国の中でも賢く使えないほどの権利を新しい超大国に与えよと言うつもりはないし、資源の使途を指図する権限を国から国際的な機関に委譲せよと言うつもりもない。必要なのは、他国に対する有害な行為を抑止でき、国家の行動に関するルールを施行できる機関、それだけだ。そうした機関が持つべきなのは主として抑止力であり、他国の主権を侵害・制限するような行為にノーと言えることである。

国際経済には統轄機関が必要であり、それを設けても各国の主権は制限されることなく維持できる——今日では広くそう考えられているが、実際には正反対である。いま必要かつ実現可能なのは、責任のない国際経済機関といったものに強大な権限を与えることではない。各国の経済的利害を監視し、中立な立場から利害対立を仲裁できる政治的な機関である。この組織は、各国の国民にあれをせよ、これをせよと指示する権限は持っていないが、他国に損害を与えるような行為を抑止する権限は持っていなければならない。各国はこの国際機関に、最近はやりの強権ではなく、平和な国際関係の維持に欠かせない必要最低限の権力、本質的には超自由主義的な「自由放任」国家の権力を委譲する。さらに重要なのは、国際機関が持つことになるこうした権力は、法の支配によって厳格に制限されなければならないことである。この点は国内の場合以上に重要だ。経済運営の単位が国となり、国が経済の監督者にとどまらず主体となって、その結果として個人間や企業間でなく国家間の軋轢が増えるにつれて、こうした超国家機関の必要性はますます高まるだろう。

各国は厳密に定義した権限を国際機関に委譲するが、それ以外の国内統治については引き続き責任をもつという国際政治のあり方は、連邦制に当たる。連邦制は、各国民の正統な独立願望を不当に制限することなく国際秩序を形成し、ゆるやかな連合を生み出すことができる唯一の形態だと考えられる。しかし「世界連邦」運動なるもので主張されている全世界の連邦組織論は誤解に基づく愚かな議論であり、このようなものに幻惑されて連邦制の本質を見失ってはならない。* 連邦制は、改めて言うまでもなく民主主義を国際的に応用した制度であり、人類がこれまでに発明した中では平和的制度転換を可能にする唯一のものと言える。ただしここで

* 世界連邦論者の著作が近年氾濫したために、熟読に値する数少ない重要な著作への注意が削がれてしまったのは遺憾なことである。ヨーロッパの新しい政治構造を練り上げるときがきたら参照すべき著作として、Dr. W. Ivor Jennings, *A Federation for Western Europe* (Macmillan/Cambridge University Press, 1940)（邦訳『西ヨーロッパ聯邦論』大東書館刊）を挙げておく。

言う民主主義には、権力の明確な制限を伴う。たくさんの国を単一の中央集権国家に統合するという主張は、非現実的であるうえ、そもそもそれが望ましいのかどうかもはっきりしない。これに対して連邦制は、国際法の理念を実現できる唯一の方法だと信じる。なるほど過去には国際行動のルールを国際法と呼んでいたが、これはひたすら願望を込めた呼び名に過ぎなかった。殺し合いをやめさせたいなら、殺し合いはやめましょうと言うだけでは不十分で、それを抑止する権力が必要である。これと同じで、強制力のない国際法に効果はない。国際機関の設立が進まないのは、近代国家が持つ事実上無制限の権力をすべてその機関に握られることを恐れるからだが、連邦制の下では権限分散が行われるので、そうはならない。

権限を分散すれば、必然的に国際機関の権限と同時に個々の国の権限も制限されることになる。となれば、いま大流行の計画経済の大半はおそらく実現不能になるだろう。* だからといって、計画が一切できなくなるわけではない。連邦制のすぐれた点の一つは、有害な計画の大半を封じる一方で、望ましい計画には実現の余地を残せることだ。連邦制は、他国の主権を制限するような政策を禁じるものだし、またそのような制度にすることができる。そして国際的な計画を、真の合意（直接の利害関係国だけでなく影響を被るすべての国による合意）が成立した領域に制限することが可能だ。制限的な政策措置を必要とせず各国が独自に推進できるような好ましい計画は、最適任者に任せて自由に行えばよい。連邦制の下では、個々の国が強国になる必要もないので、中央集権化に向かう動きがいくらか逆転すると期待できる。そして権限の一部は国から地方へ委譲することもありうるだろう。

　いくつかの国家を大きな連邦グループに吸収し、最終的にはおそらく単一の連邦制を形成することによって平和を実現するという発想は、けっして目新しいものではない。一九世紀の自由主義思想家の大半がこうした理想を抱いていたことを、ここで思い出しておくべきだろう。たとえばよく引用されるテニスンの詩には、最後の戦いの後には連邦が形成されるという構想が謳われている。[2] 以来一九世紀末にいたるまで、文明の次の偉大な一歩は世界連邦の形成だと多くの人が繰り返し語ってきた。一九世紀の自由主義者は、連邦の形成にとって自由主義の原則がどれほど重要かに気づいていなかったかもしれないが、** それでも彼らのほとんどは連

* 拙稿 "Economic Conditions of Inter-State Federation", *The New Commonwealth Quarterly*, vol. 5, September 1939, pp.131-49 を参照されたい。

** Lionel Robbins, *Economic Planning and International Order* (Macmillan, 1937), pp. 240-57.

2 Alfred Lord Tennyson "Locksley Hall". *The Poetical Works of Alfred Lord Tennyson* (Houghton Mifflin, 1892), p.60.

邦を究極の目標としていたのである。* ところが二〇世紀になると、いわゆる現実的政治《リアルポリティーク》が台頭する前にすでに、そうした連邦の希望は非現実的で空想的とみなされるようになった。

＊＊＊＊＊

おそらく文明の再建は巨大な規模で行うべきではあるまい。一般に小国の国民の生活のほうが品位があり美しいのは、けっして偶然ではない。大国の場合でも、中央集権化の弊害をうまく避けられている国ほど幸福度や満足度が高い。権力のすべてと重大な決定の大半が巨大な組織に委ねられ、一般の人にはその組織の内実を知ることも調べることもできないという状況では、民主主義を育て守ることなどできない相談だ。民主主義がうまく機能するのは地方自治があってこそであり、地方自治は将来の指導者にとっても一般市民にとっても政治のよい訓練になる。地方自治は、自分が関心を持つ公的なことに誰もが実際に参加できる場である。そこで扱うのは自分たちになじみのある事柄であり、行動の指針となるのは見知らぬ人に関する理論的な知識ではなく、隣人についての実際の知識だ。こうした場でのみ、責任を引き受け実行するとはどういうことかを学ぶことができる。政治の扱う範囲が広くなりすぎると、必要な知識を持ち合わせているのは官僚だけということになり、民間人の活力や刺激はしぼんでしまう。この方面でのオランダやスイスといった小国の事例はきわめて示唆に富んでおり、イギリスのような幸運な大国もそこから学べることが少なくないと信じる。小国が暮らしやすい世界を作り出すことができたら、誰もが多くを得られるだろう。

　だが小国が国際的に独立を維持しうるのは、法の支配が真に実現している場合、すなわち一定のルールが一貫して執行されることと同時に、その執行を司る機関は他の目的に権力を濫用しないことが保障される場合に限られる。この超国家機関は、ルールを執行するからには強力でなければならないが、その下でさまざまな国際機関や政府が強権的にならないよう、制度設計に注意が必要だ。ときには望ましい目的のためでも権力行使を禁じるほどまで権力の行使を積極的に制限しない限り、濫用を防ぐことはできまい。ルールの執行は大国が担うことが多いが、この戦争が終わった暁には、勝利した大国はルールに率先して従うべきである。それに

＊　一九世紀末に、ヘンリー・シジウィックは次のように述べた。「将来西ヨーロッパ諸国が何らかの形で統合されると考えるのは、けっして突飛ではない。もし統合が実現するとすれば、おそらくはアメリカの例に倣って、連邦制を基本にした政治集合体になるだろう」(Henry Sidgwick, *The Development of European Polity* (Macmillan, 1903), p.439)。

よって、何らやましいところなく他国にも適用する権利を手にすることができる。これは得がたい機会であり、ぜひとも活かすべきだ。

個人に対する国家権力の濫用を国際機関が効果的に制限できるなら、それは平和を守るうえできわめて望ましいあり方だと言える。国際的な法の支配は、個人に対する国家の圧政を防ぐとともに、新しい超大国が他国に対して強権的になることも食い止めなければならない。めざすべきは超越的な万能の国家でもなければ、いわゆる「自由主義国」のゆるやかな連合でもなく、自由な人々の国から成る共同体である。国際関係において望ましいふるまいはわかっているが、他国がゲームのルールに従わないからできないのだ――私たちは長いことそう弁明してきた。ならば戦争が終わり平和が到来するときこそ、私たちが誠実であることを示すまたとないチャンスだ。それは言い換えれば、何らかの自由の制限を課すことが共通の利益になると判断したときには、自分たちも同じ制限を受ける用意があると世界に示すことである。

連邦制という制度は、賢く使いさえすれば、世界の困難な問題の一部を解決するすぐれた方法であることを証明できるだろう。だがその実現はきわめて困難であり、連邦制の限界をわきまえずにあまりに野心的な目標を掲げたら、成功は望めまい。戦争終結後には、あらゆる国が参加する新しい国際組織を求める気運が高まることだろう。新国際連盟とも言うべきそうした世界規模の組織が必要であることは、言を俟たない。とはいえ、この国際組織に過度に依存し、国際機関の仕事と考えられるものをどれもこれもこの組織に押し付けたら、すぐさま機能不全に陥りかねない。かつての国際連盟が機能しなかった原因はそこにある、と私は考えている。世界規模に拡大しようとして失敗したことが、結局は国際連盟を弱体化させた。国際連盟がもっと小さくてもっと力を持っていたら、平和維持にもっと貢献できただろう。このことはいまも当てはまると考えられる。たとえばイギリスと西欧諸国、そしてたぶんアメリカとの間には協力関係が成り立つにしても、全世界で、というのはまず不可能だ。「世界連邦」のように比較的緊密な国家連合を、たとえば西欧より広い地域で初めから発足させるのは現実的ではない。限られた狭い地域から徐々に拡大していくことは、あるいは可能かもしれないが。

地域ごとに連邦が形成されたとしても、連邦間で戦争が勃発する可能性があることは事実だ。このリスクを減らすためには、より規模の大きいゆるやかな連合が必要になることも認めなければなるまい。だがそうした組織が必要になるとしても、文化や価値観や規範がよく似た国同士で連合を組む妨げになってはならない、ということはぜひ言っておきたい。再び戦争が起きることはぜひとも防がなければならないが、世界中の戦争を完全に抑止できるような恒久的な国際機関を一気に作れると期待すべきではない。そのような試みは失敗に終わるだろうし、より限られた範囲であれば成功したかもしれないチャンスの芽を摘み取ってしまうことになる。巨悪を撲滅する試みがどれもそうであるように、将来の戦争の可能性を根絶やしにするような手段も、戦争そのものより悲惨なことになりかねない。戦争につながりうる摩擦や軋轢のリスクをすこしでも減らす——おそらくそれが、私たちに望みうる最善のことであろう。

結論

Conclusion

本書を書いたのは、望ましい未来の社会秩序についてあれこれ述べるためではなかった。現状を批判的に検討するという本来の目的を離れてまで国際問題を少々踏み込んで論じたのは、すぐにでもこの方面での枠組み作りが必要になると考えたからである。これから作るこの枠組みは、この先しばらくの方向性を決定づけることになるだろう。このとき私たちが手にする機会をどう活用するかにきわめて多くのことが懸かってくる。とはいえ私たちが何をするにしても、それは新しく始まる長く困難な道のりの第一歩にすぎない。この道のりを通じて、過去二五年間とはちがう世界をたゆみなく作っていくことを願う。いまこの段階で、国内の社会秩序について詳細な青写真を描くことに何か意味があるのか、そもそもそのような青写真を描ける人がいるのかは大いに疑わしい。いま重要なのは、いくつかの原則に合意すること、そしてこのところ犯してきた過ちから脱却することである。私たちは戦争の前に、人間の愚行で閉ざされた道から障害物を取り除き、個人の創造的なエネルギーを発揮できるようにすべきだった。個人のエネルギーを管理し指図すべきではなかった。進歩を促す条件をつくるべきで、進歩を計画すべきではなかった。過ちを認めるのは不快にはちがいないが、このことを認めなければならない。今日では、真実から目を逸らさせようとする輩が、あのときの行動はあれでよかったのだとか、やむを得なかったのだ、などとしきりに言い立てている。だがいま何よりも必要なのは、こうした発言に耳を貸さないことだ。自分たちはひどく愚かなことをしてきたのだと認めない限り、前よりも賢くなることはできない。

よりよい世界を作るためには、新たなスタートを切る勇気を持たなければならない。もしかするとそれは、遠くに跳ぶために退くことを意味するとしても。この勇気を持てるのは、歴史の必然を信じる人ではない。過去四〇年の再生に過ぎない「新秩序」を声高に叫ぶ人でもないし、ヒトラーの思想をなぞるだけの人でもない。じつは新秩序論者とは、今回の戦争を導き現在の苦難を招いた思想にかぶれてしまった人たちである。若い人たちが、先行世代の大半を虜にしたこの思想に懐疑的だとすれば、それは正しい。逆に、この思想は一九世紀自由主義思想の一種だとまだ信じているなら（なにしろ彼らは自由主義思想自体をよく知らない世代である）、誤解しているか、させられているのである。一九世紀に戻りたいと願うことはできないし、それを強制することもできない。だが私たちには、一九世紀の理想、あの偉大な理想を実現する機会が与えられている。この点に関して、私たちは祖父の代よりすぐれているとうぬぼれるべきではなかろう。今回の悲惨な事態を引き起こしたのは、祖父の代ではなく二〇世紀の私たちである——このことをけっして忘れてはならない。祖父の代の人々は、望ましい世界を作るためには何が必要かを十分に知らなかったかもしれない。だがその後に私たちは経験を積み、多くを学び、たくさんの知識を得てきた。自由人の世界をつくる最初の試みが失敗したなら、もう一度取り組まなければならない。個人の自由の尊重が真の進歩を促すという原則は、一九世紀と変わらず、今日もなお真実である。

索引

な

に

は

ひ

著者略歴

フリードリヒ・ハイエク（Friedrich Hayek）

一八九九～一九九二。オーストリア・ハンガリー帝国の首都ウィーン生まれの経済学者、哲学者。ウィーン大学で法学と政治学の博士号を取得。ルートヴィヒ・フォン・ミーゼスらの流れを汲むオーストリア学派の一員として、景気循環をめぐってケインズ、社会主義経済計算をめぐってオスカー・ランゲらと論争を展開。一九三一年にロンドン・スクール・オブ・エコノミクス（LSE）教授に就任。一九四四年刊行の『隷従への道』は英米でベストセラーに。一九五〇年にシカゴ大学教授、一九六二年からフライブルク大学教授。一九七四年ノーベル経済学賞受賞。主な著作に『貨幣理論と景気循環』、『自由の条件』、『法と立法と自由』、『致命的な思い上がり』、『貨幣発行自由化論』。

訳者略歴

村井章子（むらい・あきこ）

翻訳家。上智大学文学部卒業。主な訳書にスミス『道徳感情論』（共訳）、フリードマン『資本主義と自由』（以上、日経BPクラシックス）、ピケティ『トマ・ピケティの新・資本論』、アラン『幸福論』、ブリニョルフソン、マカフィー『ザ・セカンド・マシン・エイジ』、（以上、日経BP社）、セドラチェク『善と悪の経済学』（東洋経済新報社）、カーネマン『ファスト&スロー』（早川書房）ほか。

隷従への道

二〇一六年一〇月一八日　第一版第一刷発行
二〇二五年　三　月二五日　第一版第四刷発行

著　者　フリードリヒ・ハイエク
訳　者　村井章子
発行者　中川ヒロミ
発　行　日経BP社
発　売　日経BPマーケティング
〒一〇五-八三〇八
東京都港区虎の門四-三-一二
https://www.nikkeibp.co.jp/books/
装丁・造本設計　祖父江慎+福島よし恵（cozfish）
製　作　アーティザンカンパニー
印刷・製本　中央精版印刷株式会社

ISBN978-4-8222-5173-4

本書に関するお問い合わせ、ご連絡は左記にて承ります。
https://nkbp.jp/booksQA

『日経BPクラシックス』発刊にあたって

グローバル化、金融危機、新興国の台頭など、今日の世界にはこれまで通用してきた標準的な認識を揺がす出来事が次々と起っている。しかしそもそもそうした認識はなぜ標準として確立したのか、その源流を辿れば、それは古典に行き着く。古典自体は当時の新しい認識の結晶である。著者は新しい時代が生んだ新たな問題を先鋭に捉え、その問題の解決法を模索して古典を誕生させた。解決法が発見できたかどうかは重要ではない。重要なのは彼らの問題の捉え方が卓抜であったために、それに続く伝統が生まれたことである。

世界が変革に直面し、わが国の知的風土が衰亡の危機にある今、古典のもつ発見の精神は、われわれにとりますます大切である。もはや標準とされてきた認識をマニュアルによって学ぶだけでは変革についていけない。ハウツーものは「思考の枠組み（パラダイム）」の転換によってすぐ時代遅れになる。自ら問題を捉え、自ら解決を模索する者。答えを暗記するのではなく、答えを自分の頭で捻り出す者。古典は彼らに貴重なヒントを与えるだろう。新たな問題と格闘した精神の軌跡に触れることこそが、現在、真に求められているのである。

一般教養としての古典ではなく、現実の問題に直面し、その解決を求めるための武器としての古典。それを提供することが本シリーズの目的である。原文に忠実であろうとするあまり、心に迫るものがない無国籍の文体。過去の権威にすがり、何十年にもわたり改められることのなかった翻訳。それをわれわれは一掃しようと考える。著者の精神が直接訴えかけてくる瞬間を読者がページに感じ取られたとしたら、それはわれわれにとり無上の喜びである。